OBAMA'S CHINA POLICY IN THE FIRST TERM
—SEEKING TO ADDRESS THE RISE OF CHINA AND NON-ZERO SUM RELATIONSHIP MODALITIES

奥巴马政府第一任期对华政策析论

——寻求应对中国崛起的非零和关系模式

杨文静◎著

中央编译出版社
CCTP
Central Compilation & Translation Press

图书在版编目（CIP）数据

奥巴马政府第一任期对华政策析论：寻求应对中国
崛起的非零和关系模式 / 杨文静著. —北京：中央编
译出版社，2014.2
ISBN 978 - 7 - 5117 - 2003 - 0

Ⅰ.①奥…　Ⅱ.①杨…　Ⅲ.①对华政策－研究－美国
－2009～2013　Ⅳ.①D822.371.2

中国版本图书馆 CIP 数据核字（2013）第 311956 号

出 版 人：刘明清
出版统筹：谭　洁
责任编辑：张　静　曲建文
责任印制：尹　珺
出版发行：中央编译出版社
地　　址：北京市西城区车公庄大街乙 5 号鸿儒大厦 B 座（100044）
电　　话：(010) 52612345（总编室）　　(010) 52612363（编辑室）
　　　　　(010) 66130345（发行部）　　(010) 52612332（网络销售部）
　　　　　(010) 66161011（团购部）　　(010) 66509618（读者服务部）
网　　址：www.cctpbook.com
经　　销：全国新华书店
印　　刷：北京振兴源印务有限公司
开　　本：710 毫米×1000 毫米　1/16
字　　数：296 千字
印　　张：20
版　　次：2014 年 2 月第 1 版第 1 次印刷
定　　价：58.00 元

本社常年法律顾问：北京市吴栾赵阎律师事务所律师　　闫军　梁勤
凡有印装质量问题，本社负责调换。电话：(010)66509618

自　　序

　　算算自己进入国际政治研究这一行，也有 25 年的光阴了。从高中时代萌生对国际知识的兴趣，到大学本科选择到复旦大学国际政治系，毕业工作几年后又到外交学院攻读国际政治方向的硕士，之后到中国现代国际关系研究院工作至今，自己在国际关系研究中浸淫已久矣。1988 年初入复旦之时，国际政治还非一个广泛学科，在综合性大学中，当时耳熟能详的仅有四大高校有此学科，除复旦之外，就是北京大学、人民大学与南京大学了。其中尤以"海派"复旦开风气之先，将国际政治研究侧重于欧美研究，在对西方国际关系理论研究方面处一定领军地位。然而，20 世纪 80 年代末、90 年代初亦是中国国内各种思潮涌动、实用主义与物质主义广为流行的一个时期，尽管复旦国政系设立了很好的学科体系与知识架构，在思想传承与知识建构方面与国际相当接轨，但国际政治还是被冠之以"万金油"的学科，在一个讲求实用、实际的时代无处遁形。同期的同学后多选择了金融、法律、会计等实用专业，继续在国政这个领域内深耕的仅为寥寥几人。沧海桑田、星移斗转，当个人的境遇与国家的发展相联结、相映照、相影响之时，个人的困惑与抉择无疑就有了更为辽阔的宏大背景。一些关于专业选择、个人志向的问题也有了更为广泛的参照系。现在，在经历了我们改革开放以来几十年的时代变革及其引发的思想变迁，以及在一个开阔时代里更为世界性的比较之后，我个人慢慢发现，大学本科教育本来就应该是一个通识教育的阶段，或者称之为"万金油"的阶段，它提供的更是全面知识的积累、思考的方法、独立的思维以及"批判精神"。至于个人未来志趣的确定，仍需机缘巧合与自身的努力与探索。这就是为什么当我们国政八八的、来自天南地北、各行各业的同学们聚在一起，仍能从价值观上有所认同、仍能对国际、国内事务有一定洞察力的主因了吧。

在经历了最初的"阳春白雪"或曰"少而精"的发展阶段后，从90年代特别是中后期开始，国际政治专业如雨后春笋般冒了出来，各主要大学、高校均开始设立国际政治学科，似乎它开始成为一个普及性的学科了。这一方面与我国高校的扩招、扩充有关，另一方面也与90年代以来我国的外交观由被动消极向主动参与的意识转变有关，从而使我国外交日益活跃，在国际机制中参与度日益增加，外交、外事、智库部门需要的国际政治专业人才大增。就我个人而言，本科毕业后在一所大学担任了四年的英文教师，当我决定再次深造、攻读硕士时，发现国际政治仍是我最熟稔、最亲切也最有把握的专业方向。由是，硕士毕业后到选择到中国现代国际关系研究院美国所工作，并攻读了美国问题方向的博士，我最初的选择也成为最终的选择。国际问题研究对我而言不再是个专业，而成为一项毕生的事业。当你把事业作为朋友，你会发现它是一位守信、讲感情的朋友，你投入多少，它回报多少；你日积月累，它融会贯通；你难舍难分、魂牵梦绕，它亦俯首低眉、回报激情。历经多年，在个人的学业、事业上也非一帆风顺，个中挫折、纠结不一而足，但对这份研究的执着与信念始终如一，研究的兴趣与激情亦不断增长，本书就算是对自己多年来研究的一个总结与回报吧。

本书主要基于2013年自己的博士毕业论文。从定题到成书大致经历了两年多时间。2011年下半年，在现代院前院长、我的导师崔立如老师的启发下，大致将博士论文题目锁定在奥巴马第一任内对华政策。这一方面与自己的研究领域密切结合，是一个动态感与研究性兼具的题目，另一方面出于奥巴马上台正值中美实力对比发生转折性变化的关键节点，如何评判与定性其对华关系性质与走向，不论从学术研究还是政策分析方面均有一定前瞻意义。但是，面对一个动态感强（从收集资料到落笔写作的多数时间奥巴马第一任期尚未结束）、各方极为关注、且资料文献纷繁芜杂的重大题目，如何有独特视角和新意，既能从一定深度与高度把握美国对华政策的"变与不变"及其本质，又能结合新时代背景与国际结构深层变化概括出新时期美国对华政策的变化规律，从而使经济、政治、军事、文化各个领域的细节在得以关照的同时被纳入一个大的概念化体系，并最终上升到一定理论高度，非对此课题有多年深入研究而不能得以为之。在此关键时刻，崔老师提出"寻求应对中国崛起的非零和关系模式"思维框架以指点迷津。通过对奥巴马政府人员与报告所折射出的思想的梳理，以及其四年以来对华政策演变的细密分析，本书发现这一判断客观地概括了奥巴马政府四年对华政策的特点及趋势，并将其梳理为全面合作加有限制约的一整套政策工具，以说明其内涵与独道之处；通过与冷战后历届政府对华政策对比，分析其延续性与变化性，以期最终对未来走向加以预测。在此过程中，崔老师不断给予指点与鼓励，包括对"寻求"一词的强调，以证明其仍是一个追寻的过程；以及对美国对华政策两面性的重视，防止过于乐观而淡化竞争的现实与冲突的可能，等等，均是非常有见地的观点并被收入文中，以求得不偏不倚、保持平衡与客观。

应该看到，美国对华政策向来是国际研究的显学。有关奥巴马政府对华政策的研究更是汗牛充栋。但奥巴马政府上台以来，美国对华政策由一系列乐观期盼迅速降为谷底，由国务卿希拉里与助理国务卿坎贝尔主导的亚太再平衡使本来缺乏战略互信的中美关系进一步恶化，新冷战的说法胜嚣尘上。但抽丝剥茧，研究的真谛在于防止人云亦云，在于从大量的事实中探求真相。这应该就是本书的初衷，即在看起来矛盾、纠结的中美关系中，美国对华政策的真相是什么，它有看上去的那样坏吗？在中美实力对比发生变化、"老大、老二"关系突显守成、崛起国历史困境的转折关头，美国对华政策变化了吗，它的实质是什么？而要审慎严肃地回答这一问题，必须依据于对事实的精微考察，从蛛丝马迹的动态演变中把握表面之下的"潜流"，从而透过现象抓住本质。经过梳理、研究、比对、推敲，本书发现奥巴马政府并不志在于谋求一种对抗性的对华政策，因为在今天的语境下，全面遏制中国就是连最极端的保守派也难以接受，认为既不现实也不符合美国利益。通过研究还发现，奥巴马政府对华的消极面往往是复杂因素造成的，并非所谓遏制中国这一简单化描述的结果。如人权问题主要是一个内政问题，它植根于美国的立国之本与核心价值观；对台售武有牵制大陆的考虑，但也出于军工集团利益、盟友信誉、《对台湾关系法》以及所谓对"民主"的"同情"；海空一体战、重返亚太等的确主要是针对中国崛起，但其含义主要在于威慑、预防或曰对冲（抵消坏的可能性），而不在于主动挑衅。有时候，美国奉行的强硬政策有其具体指向，如希拉里有关"南海是美国的国家利益"旨在"回击中国在地区采取的日益咄咄逼人的进取性政策"，这需要把事件放到因果关系的框架下（put into context），从而避免得出情绪化的结论。

通过对奥巴马政府执政要员的表态、相关战略文本的解读以及按照经济、政治、军事、外交四个维度对华政策的动态跟踪与线索分析，本书又找到了其寻求对华非零和、非对抗政策的佐证。而且这一态势在奥巴马二任以来的对华政策中仍在持续。而本书又认为，美国对华政策这样一种特征在相当长的时间内都不会改变，这是由经济、安全、制度三个关系结构的相对稳定性决定的。除非这些结构被打破，美国对华政策或中美关系才会发生实质性的改变。由此，本书对中美关系的未来，特别是中美构建新型大国关系的前景，秉持一种谨慎乐观或"进步现实主义"的哲学观。当世界、美国及中国进入现代甚至后现代，相互依存、废止战争、人的幸福这些理念会更加流行，它会修正国家自私的本性，或者说，它会令国家重新定义国家利益，而非零和与合作将是应有之义。

当本书定稿之际，奥巴马二任的第一年已接近尾声，美国面临的国际、国内形势又发生了新的变化。国际上，因美国监控丑闻引发的美欧、美俄甚至与日、韩矛盾发酵，中东、叙利亚变局尽管暂时缓和，但其进入"扯皮期"也将长期牵扯美国精力，美国推行亚太"再平衡"亦有心无力。国内看，政府关门危机刚刚结束，债务危机悬而未决，经济复苏势头缓慢。所有这一切也深深地影响着美国对华政策的背景与情境。本书所勾勒出的、主要基于奥巴马一任对华政策的画面已渐行渐远。但深入挖掘其认知与行为框架，抽取和归纳其对华基本特征，对于理解其第二任期对华政策走向乃至把握世界变局中中美关系的未来是非常重要的基础工作，亦是具有战略开拓意义的课题。追根溯源、温故而知新，本书试图建立在对事实的精妙演化及对文本的细致解读基础上，抽象出奥巴马政府对华政策寻求非零和的实质。抓主要矛盾，"牵一发而动全身"，美国对华政策无疑又是更为广阔世界事务乃至格局变化的缩影。因而，在此过程中，本书注意四个逻辑线索：一是宏观背景与国际格局的综合变化，与美国对华政策演变相互折射、对照；二是美国对华政策的延续性与变化性，即所谓的"变"与"不变"；三是引入中国变量，将奥巴马政府对华政策看成是美中双向互动的结果；四是将人与事、思想与行为或认知与政策有机结合起来进行考察，注意挖掘语言背后的真实意图，以及行为背后的政策逻辑，以更深刻地理解奥巴马政府对华政策的实质与趋势。通过对奥巴马第二任期所展开的对华政策演变分析，本书认为其延续了一任时期的基本框架与非零和政策目标实质，力图通过管控分歧、展开竞争、深化合作、寻求共同利益实现一种竞争与合作的平衡。

最后，在书稿付梓前，我还想表达几点谢忱：感谢现代院崔立如老师的点拨与指点，使本书20多万字的写作找到"灵魂"所在。感谢全程参与论文开题到答辩各个环节的导师们，包括社科院周琪、倪峰老师、人民大学的金灿荣老师，以及国际关系学院的张敏谦、郭长林老师。从他们身上我看到了严谨的学术态度与触类旁通的知识体系，更重要的是其身为学科带头人的使命感与敬业精神。他们的建议不仅涉及框架性与体系性的宏观视野，更精确到每一个文字乃至注释的精准，对本书水平的提升乃至作者今后学术上的钻研态度提供了很好的榜样和参照。这里还想特别鸣谢周琪与倪峰老师，正是在两位导师的大力支持和鼓励下，作者才有信心将论文加以修改和扩充，加上了奥巴马二任以来对华政策的最新走向，最终形成本书，并使本书在理论性、时效性、政策性与客观性上得以统一。

感谢现代院领导的支持，不是依据现代院这个平台，我也难以兼顾博士学习与日常工作"两不误"；感谢美国所领导的照顾，不仅对论文修改出提出中肯建议，也在时间与工作安排上予以协调，使本书得以从容完成。感谢美国所同事张文宗、程宏亮，他们所提供的中美关系大事记对本书的研究尤为重要。感谢人文在线编辑李美清，她为本书三改三校付出巨大劳动，本书得以成书并发行与编辑们的付出是分不开的。

最后，我还想感谢自己的家人。没有他们的支持与鼓励，我要顺利完成博士论文并以此为基础撰写成书是"不可能完成的使命"。他们不仅在家务后勤、照看孩子等方面替我分忧，也在我身心俱疲之时及时给予鼓励和支持。他们是我撰写和完成本书最主要的保障及心理支撑。

是为序。

杨文静

2013 年 12 月中旬于京西万寿寺

目　录

图表目录

缩略语表

S&ED（The Strategic and Economic Dialogue），中美战略与经济对话

WTO（The World Trade Organization），世界贸易组织

IMF（The International Monetary Fund），国际货币基金组织

OECD（The Organization of Economic Cooperation and Development），经济合作与发展
组织

IAEA（The International Atomic Energy Agency），国际原子能机构

G20（The Group of 20），二十国集团

ARF（The ASEAN Regional Forum），东盟地区论坛

EAS（The East Asia Summit），东亚峰会

EEZ（Economic Exclusive Zone），专属经济区

DCT（Defense Consultative Talks），中美副部长级防务磋商会议

MMCA（Military Maritime Consultative Agreement），中美海上军事安全磋商机制会议

JCCT（China-US Joint Commission on Commerce and Trade），中美商贸联委会

ADMM+（ASEAN Defense Ministerial Plus Meeting），东盟国防部长扩大会议

CPE（Consultation on People-to-people Exchange），中美人文交流机制

SSD（Strategic Security Dialogue），中美战略安全对话

DPCT（The Defense Policy Consultative Talks），中美防务政策磋商

TPP（The Trans-Pacific Partnership Agreement），泛太平洋战略经济伙伴协定

RCEP（The Regional Comprehensive Economic Partnership Agreement），区域全面经济
伙伴关系协议

NDAA（National Defense Authorization Act），美国国防授权法案

ITEC（Interagency Trade Enforcement Center），奥巴马政府跨部门贸易执行中心

SED（Strategic Economic Dialogue），小布什时期中美战略经济对话

G2（The Group of Two），中美两国集团

BIT（Bilateral Investment Treaty），中美双边投资协定

NSA（National Security Agency），美国国家安全局

导　　论

一、问题的提出：非零和关系模式的主客观条件分析

奥巴马政府执政以来国际国内主客观条件的变化使其选择以非零和关系模式定位对华政策。首先，奥巴马上台正处于国际结构深刻变化的历史节点。以美国为主导的西方体系深陷"制度性危机"，新兴国家整体崛起势头明显，国际力量对比向"非西方世界"倾斜。全球力量重心向亚太转移，大西洋同盟的裂变与太平洋世纪的凸显，成为目前全球格局变化的主要特征，也是保罗·肯尼迪（Paul Kennedy）所言的"世界正在跨越新的分水岭"[①]。中国崛起成为"世界第二"引发一系列"战略紧张"，中美竞争被赋予霸权国与崛起国"权力转移"的意义，而中国周边国家欲借域外大国挑动、平衡中国的势头突显，中国崛起面临美国及周边邻国双重挤压。权力的多维化与分散化使国家必须调整单维的战略思路适应新世界。约瑟夫·奈（Joseph S. Nye）提出权力的三维复杂博弈，即军事安全上维持以美国为核心的单极结构；在经济维度上，美、欧、日等与中国等新兴大国分享权力，形成多极；第三维度是非传统安全及社会领

_____

① Paul Kennedy, "Crossing a Watershed, Unawares", *New York Times*, October 25, 2011.

域，权力日益从政府与精英向非政府组织、非国际行为体和草根阶层扩散，在这一层次不仅需要国家之间的合作，也需要国家与社会及非国家行为体的合作。①

其次，美国对外政策经历重要调整时期。美国实力相对衰落、政策选择灵活性下降、公众承担世界责任的意愿下降，使美国领导层认识到"多极世界下的权力共享"不可避免。国际结构的深层调整似乎预示着"后西方世界"的到来，为此，奥巴马政府意识到必须采取主动行为来调整其全球战略，利用国际体系改革及责任分担方式巩固其领导地位。在继续维持传统盟友关系的同时，美国也将经济战略合作伙伴的目光投向新兴大国。反恐暂告一段落，美国全球战略重点向应对大国崛起回摆。2012年初出台的美国"新军事战略"继续保持在打击全球恐怖主义势力及防扩散等问题上的投入，但同时更加关注大国崛起等传统安全问题，强调减少在欧洲驻军及亚洲对美国国家利益的重要性。美国对亚洲的战略回眸预示着美国对亚洲特别是亚太成长为全球地缘政治中心极为关注，并从政策和行动上未雨绸缪、主动适应并塑造。奥巴马政府外交政策在历经了最初一段收敛和守势后，从2010年开始采取较为明显的外向性进取姿态。美国"不接受世界第二的位置"，"重振美国领导地位"成为战略目标。为此，美国一方面受困于国力衰微而强调巧实力、小成本、软制衡的作用，不再在言辞上给对立国家下标签，而是将世界划分为盟国、伙伴、机制、问题四个部分，凝聚同盟、强化伙伴、把握机制、解决问题成为维系其领导作用的基础；另一方面，在贸易、经济、新武器研制、地缘竞争等核心议题方面也采取强硬态势。总之，奥巴马外交政策以合作、领导为道义旗帜，强调选择性介入，要求盟友、伙伴分担责任，防止与竞争对手正面冲突而强调"软制衡"，这也是其国力收缩时必然的反应。

在此背景下，奥巴马对华政策势必是客观国际形势、外交整体变化的折射和反应。奥巴马上台后，将中国视为"多伙伴世界"的重要一员，对

① ［美］约瑟夫·S.奈著、门洪华编：《硬权力与软权力》，门洪华译，北京大学出版社2005年版，第182页。

中国有诸多期许，望实现与中国"无缝对接"。美国战略界也涌现出
"G2"呼声，中美关系呈"高开高走"局面。此间美国副国务卿斯坦伯格
（James B. Steinberg）提出"战略再保证"，欲给新时期的中美关系框定发
展框架，终因美国内部缺乏共识无疾而终。但 2010 年始，以美国对台军
售、达赖问题、谷歌事件、天安号事件等为标志，中美关系陷入低潮。美
国将此归咎于"中国强硬论"，事实上是美国对华心态发生变化的结果。
2011 年，以美国"转向"亚太战略为标志，美国对华制约一面更加凸显。
但与此同时，美国对华全面接触与合作也在深化，谋求"非零和"关系模
式成为奥巴马政府对华政策的新共识。美国寻求"非零和"关系模式的原
因有三：一是不对抗的主观愿望使然。美国"重返亚太"以来，加大在中
国周边全方位经营，此间某些周边国家在美国支持下加大在领海问题对中
国挤压，引发中国警觉和反弹。不少美国国内人士认为中美关系正处于一
个关键的转折点，有可能因为错误信号导致大国崛起的传统困境，中美走
向新冷战的可能性增大。从中美两国领导人主观愿望看，均不希望中美对
抗，在中国崛起实质性提升的历史关头，两方尤其担心由误判所导致的大
国崛起传统困境。美国政府提出"非零和"就是旨在防止和约束对抗。二
是中美结构性矛盾与相互依存的客观现实使然。一方面，中美在价值观、
制度、意识形态、战略利益之间有结构性分歧；另一方面，中美在核方面
相互威慑、经济上高度依赖，且面临全球化时代人类的共同问题，结构性
矛盾与结构性合力同时存在，决定了美国难以用"零和"方式对华遏制，
也难以超越现实把中国变为盟友，"非零和"恰是符合美国基于现实判断
的中美"最大公约数"。三是美国对华政策延续性与新变化使然。自尼克
松时代开始，美国就奉行对华"接触"政策，希望把中国纳入现有秩序，
承认"中国的繁荣、强大有利于美国利益"。出于共同对苏战略需要，中
美关系曾达到"准同盟"高度。冷战后由于缺乏共同对手以及"六·四"
所导致的价值观分歧，使美国在维持对华接触的同时，增大了对华制约一
面。进入新世纪，"中国崛起"日益成为美国对华主要的"叙事语境"，如
何应对中国崛起成为重要话题。小布什政府采纳"接触加对冲"政策，旨
在塑造中国崛起的同时对冲其风险。奥巴马上台后中美力量对比发生了实

质性变化：一方面是处在下坡路上的美国；一方面是处于上升通道的中国。美国应以何种方式应对？一方面，美国继承了冷战后对华合作与制约两手政策；另一方面这些政策必须统一于新时期应对中国崛起的核心目标——非零和的应对模式。所谓非零和，一是承认中国崛起不可避免，二是寻求合作与妥协空间，三是不排除对华竞争和制约。寻求应对中国崛起的非零和关系模式可被视为观察和解读奥巴马政府新形势下对华政策的核心目标，也是符合美国内外情势的政策选择。

以此视角解读奥巴马政府对华政策有如下三重意义：一是有利于把握牵动我们时代国际大变局和权力转移历史背景的最主要因素。奥巴马时期国际结构因中国崛起成为世界老二而发生更加深刻的变化，西方整体衰落导致美国对华政策成为"更宏大视角"的一部分。非零和模式正是在这种变化背景下美国对华政策调整的反应。二是有利于厘清刻有奥巴马时代特征和烙印的美国对华政策的目标、特点、手法。现有研究多数认为奥巴马上台初期对华奉行了积极接触政策，但随着中国政策日趋"强硬"，抑或囿于中美关系结构性因素制约，第二年开始奥巴马政府回归进取性政策，特别是以"重返亚太"为标志，甚至被视为开始对华"围堵"。另一方面，奥巴马政府亦谋求全面对华合作，中美关系合作的深度、广度均达到冷战后的最高水平，"不谋求遏制中国"、"欢迎中国以和平方式崛起"成为奥巴马政府一再重申的明确立场。那么，奥巴马政府对华政策的基本模式究竟为何？与过去相比有何相同点及不同点——即所谓延续性与变化性？这些变化又如何影响到长远的中美关系走势？本书尝试回答这一问题。三是有利于评估和判断美中这两个当今世界最主要的核心变量关系的实质、前景和趋势，从而最终落实到我国外交整体布局、对美国政策思路乃至如何利用战略机遇期做好国内发展等方面。由此，通过梳理奥巴马政府对中国崛起及如何应对的主要思路，分层次、分类型透视其对华政策的具体实施，可以揭示出奥巴马政府对华政策的核心目标，并以此为棱镜解析奥巴马政府对华政策的有效性及对中美关系长远态势的影响。

二、研究目标和立论依据

本书认为，奥巴马政府对华政策的核心目标是寻求应对中国崛起的非零和关系模式，通过"全面合作加有限制约"政策手段，按照最大程度符合美国利益的方向塑造中国崛起。

首先是对非零和概念的界定。所谓非零和，主要指以非零和为目的的一系列认知与一整套做法。它既是意图，也是手段；既包括合作与接触，也包括竞争与制约。它是奥巴马政府面对中国崛起不得不做出的战略选择，是对"中美新型大国关系"思想的部分认同，是基于美国利益最大化基础上的非零和游戏。其目的既是体认，又是塑造，既是合作，又是竞争，既是维护美国利益，也考虑到中国部分利益，有一定妥协成分。

其次以非零和关系模式解读奥巴马政府对华政策目标。非零和博弈有多种情形，涵盖从双赢到零和之间的多种博弈。在美国的政策目标中，防止我全赢、你全输的意义在于避免新冷战。以此为底线，美国对华政策大体在合作为主与制约为主的两极游离。奥巴马政府主流观点认为与中国对抗不符合美国利益，一方面通过全面合作服务于美国现实利益；一方面通过全面接触和规制塑造中国发展方向；一方面通过有限制约限制中国的发展范围。由此，美国试图控制中国崛起的节奏，防止中国打破现有秩序，并通过接触和融合令中国成为现有秩序的合作者甚至是继承者。①

再次以非零和模式解读奥巴马政府对华政策的具体手段。包括全面合作与有限制约两方面。其一，合作是奥巴马政府对华政策最重要的议程。通过研究奥巴马的对华合作行为，可发现其不仅"为合作而合作"，即寻求合作的象征性意义，也用合作化解危机，反映出一种合作优先的态度。其二，强调全面合作，并不否认其对华制约的方面。所谓"制约"（con-

---

① John Ikenberry, "China's Rise and the future of the West", *Foreign Affairs*, Jan/Feb. 2008, p. 23.

strain）并非"遏制"（contain），"有限度制约"并非全面制约，特指其倾向于采纳间接、隐形制约的手法，包括舆论、外交、规则等软制约及威慑与预防、制裁、情报与渗透等硬制约。"重返亚太"可被视为有限制约的具体政策之一。

最后以非零和模式预判未来中美关系走势。非零和模式作为一种主观诉求和客观现实，是美国对华政策随现实调整和演进的结果。该模式的积极意义要好于非敌非友模式。非敌非友反映出一种性质模糊、战略互疑的不成熟状态，而非零和则反映出在不谋求对抗的同时对客观现实保持清醒认识的相对成熟状态，也是中美关系走向更加理想状态（共同演进）的必由之路。诚然，不排除有限制约走向全面制约的可能性，但这种可能性较小，取决于美国对中美实力对比的判断、中国的政策以及相互依存、安全结构、价值观三重变量的此消彼长。

总之，本研究的目的是通过追寻美对华非零和应对模式的视角，透过认识—行动—结果—影响研究路径（即奥巴马对华主要思路——具体实施——国内影响——未来趋势），探讨奥巴马政府对华政策的新特点、新变化，其成效如何，以及对未来中美关系有何影响，从而服务于我国的现实政策。

三、文献综述

美国对华政策是中国国际关系研究界的"显学"，但也因此有研究"泛化"、简单化、"非专业化"（人人都能谈论中美关系）问题。与克林顿时期"遏制＋接触"、小布什时期"接触＋对冲"等耳熟能详、俯拾皆是的研究文章相比，对奥巴马时期对华政策的研究反而并没有如此之"热"。这一方面是研究日趋专业化的体现，一方面也与我国国内对奥巴马对华政策的实质为何尚无定论有关。通过对中国期刊全文数据库（CNKI）的考察，有关奥巴马对华政策的文章近 130 余篇。① 纵观而言，主要分为几

---

① 此统计为 2012 年 11 月前的结果。

类：一是从奥巴马特色的外交理念入手分析其对华政策，包括奥巴马的国际道德观、奥巴马主义、巧实力、奥巴马新政、多边主义等视角，在承认其变革成效的同时对其"帝国本性"仍保持警觉。反映在对华政策上，尽管也有少数文章认为奥巴马出于多边主义、巧实力等思想，对华主要采取了"接触"为核心的政策[1]，但多数对其政策的另一面保持了一定清醒度，认为合作与防范并举仍是其对华政策主框架。其中，有观点认为由于奥巴马以重振美国经济为己任，在经济上对华不和谐音增多，而在安全上的多边主义为中美合作带来机遇。[2]还有观点认为奥巴马对华政策是"接触"、"融合"加"平衡"。[3]尽管这些研究强调了奥巴马对华政策的两面性，但未抽象出其两面性究竟有何不同，特别是合作与制约之间的关系，以及其对华政策目标的新变化，因而新意略显不足。

第二类是从亚太秩序着手分析奥巴马政府的对华政策。"重返亚太"、将对华政策纳入整体亚洲政策考量，是奥巴马对华政策一个鲜明标志。这里大体有三种观点：一类认为奥巴马政府亚太安全战略面对的核心问题是中国的崛起。美国对中国的"威胁评估"已从传统的意识形态争议以及双边关系中涉台、涉藏问题的结构性争议，转向美国眼中越来越具有挑战性的中国的"能力"和"意图"；[4]第二种认为美国东亚战略调整是一个长期性的考虑，中国只是因素之一；[5]第三种也是少数观点，认为奥巴马政府重返亚太意味着对华重回遏制战略，此类在报纸、网络上更为多见。

第三类研究主要从大战略角度透视美国对华政策，包括"重振美国领导地位"、美国全球战略、国家安全战略、大战略等。主要有两种观点。一种认为奥巴马囿于国际、国内形势实施战略回缩，这为美中关系创造了机遇；另一种认为尽管实施了战略回缩，但其实质没有变，有学者甚至认为奥巴马的新国家安全战略与布什没有太多区别。"选择性介入"事实上

---

① 惠春琳：《"奥巴马主义"评析》，《中央党校学报》2011年第12期。

② 吴金平：《奥巴马的新政及美国对华政策走向》，《和平与发展》2009年第2期。

③ 刘学成：《奥巴马政府的外交框架与对华政策走势》，《国际问题研究》2009年第2期。

④ 朱锋：《奥巴马政府亚太战略调整及其影响》，《现代国际关系》2012年第1期。

⑤ 刘鸣：《奥巴马政府东亚战略调整及其对中国的影响》，《现代国际关系》2011年第2期。

加大了对华投入，随着美国国力恢复可能再次转向战略扩张。①

第四类从奥巴马对华政策的矛盾性与两面性进行分析。专门论述并不多，但在以上其他类型论文中有许多均涉及了对美国对华政策矛盾性质的判断。包括矛盾性在军事、经济领域的具体体现②、政策手段与战略意图的矛盾性等等③。

此外还有大量从美国国内因素——执政团队、舆论媒体、国会以及具体领域、议题和问题着手的研究成果，如对华经贸、军事、核、网络与太空、两岸关系、能源与气候变化、公共外交政策等等。

总之，中国学者分析奥巴马对华政策的原因、目的、手段与性质，大体不外左、中、右三种观点，认为对华遏制、对华合作为主流的均属少数，多数均认为合作与防范仍是其主要手法；目标上，也存在不惜一战以维护美国霸权与和平让渡部分权力两种极端看法，但主流观点认为"重塑美国领导地位"、尽可能延缓美国霸权的衰落是其对华政策目标。

相较于中国学者，国外学者（主要是美国）更加重视对奥巴马对华政策演变细节的挖掘，特别集中于探讨其政策由"积极接触"转为强硬背后的原因。多数学者将"中国强硬"视为主要变量，也有将中国、美国的政策变化均作为变量的研究，如赵穗生的"奥巴马对华积极接触政策及其挑战"认为，奥巴马执政后中美关系的不稳定态势，在很大程度上是"从全球金融危机中迅速崛起的日益自信的中国与正艰难地要从经济衰退中走出的奥巴马政府之间力量较量的结果"。④ 第二类研究主要探讨中国崛起对美国提出的挑战及如何应对。部分学者试图用权力转移理论阐释。⑤ 此外还有大量智库文章从政策层面为政府建言。在这个领域呈现出截然不同的

---

① 杨成：《选择性介入的回归与美国领导地位的重塑：奥巴马对外战略思想评析》，《国际论坛》2010 年 9 月。

② 刘鹏：《奥巴马政府对华军事战略的两面性》，《国际资料信息》2010 年第 8 期。

③ 杨剑：《美国二元战略伙伴系统的构建与调适》，《现代国际关系》2011 年第 10 期。

④ 赵穗生：《奥巴马对华积极接触政策及其挑战》，《美国问题研究》2011 年第 1 期。

⑤ 朱锋、[美] 罗伯特·罗斯主编：《中国崛起：理论与政策的视角》，上海人民出版社 2008 年版。

观点。如中国问题专家沈大伟（David Shambaugh）认为美国应修正"战略对冲"政策，真正平等对待中国，赋予中国大国的成长空间；① 在对华"妥协"一派中甚至出现了查尔斯·格莱泽（Charles Glazer）所主张的"弃台论"，但这一派被认为是美国学界的少数派。与此相对，保守派阵营的罗伯特·卡普兰（Robert D. Kaplan）、阿伦·弗里德伯格（Aaron Friedberg）等人则认为中美冲突不可避免。欧亚集团总裁伊恩·布雷默（Ian Bremmer）甚至主张美国在未来 20 年必须维持经济与安全上的"相互确保摧毁"才可能把冲突降到最低。② 较为折衷的观点有布热津斯基（ZBigniew Brzezinski）、约瑟夫·奈（Joseph S. Nye）等人，前者认为应在"平衡中国的同时对西方进行自我修正和提升"，后者强调中国软实力的不足使其难以替代美国成为领导国家，但中美要防止因把对方看成敌人而制造"自我实现的诺言"。第三类研究关注于中国具体领域和问题，如民主化、陈光诚事件、军力威胁、网络威胁、海洋政策、朝鲜政策等。

　　总体而言，中国学者主要关注美国的战略意图是否以及在多大程度上针对中国，美国学者则集中于探讨中国崛起对美国及现有国际体系的冲击、现有对华战略和政策是否有效、以及未来如何调整。中国学者总体偏重于从约束和两面性视角定性美国对华政策，美国学者在基本认可奥巴马政府两面政策的同时，亦有偏重于妥协和偏重于制约两种分野。中国学者在解释美国对华政策调整时倾向于将美国作为主要变量，美国学者则倾向于将中国的行为变化作为解释变量。这些区别反映出两国学者的立场局限和认识差距。

　　综合中西方的相关研究，多停留于对奥巴马对华政策两面性的描述与解释，而忽略了对其两面性新特点的挖掘，特别是合作与制约的相互关系和构成比例，因而难以用一个全新框架看待新时期的中美关系。本书认为

---

① David Shambaugh, "A New China Requires a New US Strategy", *Current History*, Sep. 2010.

② Ian Bremmer, "China VS. America: Fight of the Century", *Prospect Magazine*, April 2010.

奥巴马政府对华政策的核心目标就是寻求一种应对中国崛起的非零和模式，这决定了其全面合作加有限制约的基本态势，也为未来中美走向新型大国关系（共存共荣）开辟了可能。此外，现有研究也未能厘清决定中美关系走向的框架性因素，因而难以更加清晰、准确的判断未来大体走势。本书认为中美实力对比、各自政策、相互依存合力与安全竞争张力、价值观差距是决定未来中美关系走势的框架性因素，其中中美各自政策是最重要的变量。

四、主要内容

（一）研究思路与基本结构

本研究拟解决的问题是：奥巴马对华政策究竟是一种什么性质的对华政策？毋庸置疑，它仍是过去两面性对华政策的延续，但在中美实力对比发生实质性转变的条件下，其对华政策又产生什么样的转变？是合作为主还是制约为主？其应对中国崛起的思维模式与行为模式为何？其国内评价与影响如何？乃至其未来走向与前景如何？

为此，本书在导论中分析了奥巴马政府面临的国际环境、外交转型及对华认知与政策的变化，在此基础上提出其寻求应对中国崛起的非零和关系模式命题及其理由，并对相关国内外研究做一番综述，提出本书的研究思路与方法。

正文共分五章。第一章是有关概念的研究界定，包括何谓"非零和"及其"模式"，并从现实与理论两个层面界定"中国崛起"。第二章是奥巴马政府对华政策主要思路，主要从机制、人、官方文件入手、通过一手资料及文本解读分析其非零和关系思维模式。第三章是奥巴马政府对华政策的实施，通过对四年对华政策细节梳理，证明其在合作与碰撞中寻求"非零和"路径的轨迹。第四章是美国国内评价与影响，通过将美国国内对华观点分为共荣派、塑造派与遏制派，证明非零和是国内主流思想，并通过对这些思想的总结找出其未来演变的可能方向。第五章是美国对华政策演变趋势及对策，通过对非零和的历史定位预判其发展趋势，并提出对策与启示。

（二）拟采取的研究方法和创新点

本研究既是学术研究，又是政策研究，遵循"认知—行为—效果—影响—趋势"的研究逻辑，认为认知影响行为、行为带来结果、结果产生影响、影响决定趋势，并将此脉络统一于寻求一种非零和应对模式的中心目标。总体注重从事实出发，防止先入为主而有偏见地"过滤"材料。重视细节的重要性、统筹的重要性，实现宏观与微观的有效整合。本书不排斥西方国际关系理论诸多现有的研究方法，但反对将方法凌驾于问题之上，而从问题出发适时采纳一些科学方法，包括文本解读、过程追踪与历史比较分析等。本书在将美国作为主要变量并着重考察其政策变化的同时，也注意将中国作为一个变量引入考察；在解读美国对华政策走向时，力求将其政策合理性与正确性（对我国是否有利，即所谓"道德批判"）区隔开来，学会学术上的"换位思考"，以求得相对客观、严谨的研究。

首先，本研究采用国际政治学常用的分析性工具，结合政策研究的特点，在逻辑推理中综合运用归纳法和演绎法。逻辑推理包括从特殊到一般的归纳，以及从一般到特殊的演绎。本书的研究分析既是叙述性的，关注于故事、解释和环境；同时也是分析性的，厘清推导过程，有助于深度探讨和解释。

其次，遵循"思想—行为—影响—趋势"逻辑路径，从奥巴马执政团队的对华思维模式入手，着重通过领导人话语、相关报告的文本解读探寻人物思想规律；以时间为经、事件为纬，分析出奥巴马政府对华政策行为模式，利用过程追踪与历史分析搭建起立体化分析框架，抽象出其对华行为规律；通过大样本分析（大量报刊、杂志、网站相关人物言论）归纳出奥巴马政府对华政策模式的国内地位与影响，从而为预测其走势提供基础。

第三，实证分析与规范分析相结合，通过对奥巴马政府四年来对华政策走向的描述性解释与演变追踪，说明其对华非零和模式的来龙去脉；既可得出对某一事件特殊性的结论，也可以总结出带有普遍性的结论。在描述"是什么"的实证分析之外，本书还将尝试进行"应该有/是"的规范分析，探讨未来中美关系的理想路径。

第三，注重宏观、中观、微观层次的统一。现有的成熟理论强调在研究国际政治现象时，应从国际体系、国家间、国家、国内、决策者五个层次上实现统一。本书从决策者对华认知入手，但绝非仅仅拘泥于微观层次的决策者个人因素，而是将其个人纳入规定其认识的"心理环境"，即国际体系、国家关系、国家政策、国内局势等宏观、中观层次，以期实现大、中、小的统一，全面、综合、客观地概括、解释特征和预测未来。

从创新方面看，一是以定性方式提出解读美国现行对华政策的核心观点和诠释美国对华政策的新颖框架。现有研究认为美国对华政策要么是服务于霸权目标，要么是两面手段相结合，对于奥巴马上台以来中美关系的结构性变化体察不足，因而缺乏对刻有奥巴马时代特征和烙印的美国对华政策的精深把握。非零和视角提供了可超越现有范式的全新解读框架，具有一定开拓性。二是以大量的第一手原文资料还原奥巴马政府对华政策演变的动态、历史过程，从而较好地把握真相、贴近客观，使本书的结论建立在扎实的事实基础上，而非按照"政治正确"遴选事实。三是政策研究与学术研究相结合，既把握动态、熟谙政策、服务国家利益，又追寻学术真相、探讨真知灼见，在事务发展的实然与应然间求得平衡。力求通过历史、科学的研究方法实现平衡、综合地看问题，同时强调突出重点、抓主要矛盾，重视军事、战略等高政治在美中关系中的决定性作用，谋求宏观视野与微观细节的统合，以及动态演变与战略把握的平衡。通过系统梳理奥巴马对华政策演变，抽象出其思想与行为规律，论证"非零和"关系模式这一独特论断。四是重新审视理论，认识到理论是"拿来用的"，而非用来"膜拜"的，防止为"理论而理论"，求得将理论渗透到论文分析的内在逻辑之中。

第一章　有关概念的研究界定

本书认为，奥巴马政府对华政策的核心目标是寻求应对中国崛起的非零和关系模式。这涉及这些一样重要概念：首先，什么是非零和关系，它要实现什么样的政策收益？其次，如何界定中国崛起，特别是在中国崛起已成为我们的日常话语之后，有必要对奥巴马时期中国崛起内涵的变化、其思维范式的意涵与视角予以厘清和界定。第三，何谓模式？本书认为美国对华政策可分认知与行动两种模式，即思维模式与行为模式。之所以探寻模式，意在抽象出认识与实践的规律，有利于系统把握其对华政策的实质。

第一节　零和与非零和

所谓零和博弈，一般指参与博弈的双方在斗争或竞争中是一赢一输的格局，一方的收益意味着另一方的损失，博弈双方的收益和损失相加总和为"零"。零和博弈的结果是一方吃掉另一方，整个社会的利益不会因此而增加。其结果可能是实现我赢你输，但往往付出很高成本和代价，通过战争拼得一死一活或一赢一输的格局。另一种可能是无法实现我赢你输的结果，而造成两败俱伤的情况。如大战略的提倡者哈特（Basil H. Liddell Hart）称："冲突继续发展下去，最后还是弄得两败俱伤。如果敌对双方都还要在一个天顶之下继续生活下去，那么长久地坚持争斗，实在是毫无利益可言。"[①] 与此相对应，所谓非零和博弈（non-zero sum game），是指博弈中各方不再是你赢我输的关系，一方所得并不一定意味着另一方所失，其中蕴含着参与者可能存在某种共同的利益，能够获得"双赢"、"多赢"或"共赢"的结果。总之，在非零和博弈中，双方或各方得失不等，各方收益综合不等于零。根据博弈结果的不同，非零和博弈可进一步细分为多种游戏结果：双赢、多赢与少赢、不输不赢、一方赢而另一方非皆输。

所谓双赢指双方的利益均有同等增加，是最符合理想的情况。所谓多赢与少赢，指一方得利多于对方得利，但双方总体利益均增加；不输不赢指博弈的结果是各方均有所得失，得失均等；还有一种情况是，一方有所获益，而对方有所损失，但其损失在可承受的范围内，双方得失总和非"零"。

零和与非零和既是主观思维，也是客观行动，更是互动关系，换言之，博弈必须是在二个或多个行为体之间展开，而任何一个行为体是采纳零和还是非零和的思维与行动，将影响对方或其他行为体的思维与行动。在非零和博弈中，参与者既存在共同利益，又是彼此优势竞争的关系，它们既可能采取合作策略（即为合作博弈），又有可能放弃合作（即为非合作博弈）。因而所谓非零和关系是合作与非合作（包括竞争甚至对抗）并存的一组关系，尽管它并不必然意味着合作大于竞争，但竞争必须不能走向零和应是其核心底线。

---

① ［美］李德·哈特：《战略论：间接路线》，钮先钟译，上海人民出版社 2010 年版，第235 页。

图表一　零和与非零和博弈的分类及其后果

名　　称	分　类	后　果	利益偏好
零和	我赢你输	竞争与对抗	相对收益
	双输		
非零和	双赢	合作	绝对收益
	多赢与少赢	合作	偏重绝对收益
	不输不赢	或合作或竞争	绝对/相对收益
	我赢你非皆输	竞争或对抗	偏重相对收益

现有国际关系理论认为，在研究国际合作博弈中，个体国家对利益分配的可接受程度即获益偏好成为决定其合作形式成为何种博弈类型以及博弈成败的根本，国家是否合作取决于其关心的是相对收益还是绝对收益。当国家主要关心的是相对收益——即计算自己所得是否多于别国所获，则属零和博弈或非合作博弈，少有合作余地。现实主义者的观点正立足于此。对他们来讲，在合作中感到不安全的国家总是关心收益如何分配，他们并不注重参与双方是否都能获益，而只关心谁多获益。对此，华尔兹指出，在自助系统中，竞争者的各方都会认为相对收益比绝对收益更为重要，即在面对共同获益可能性的时候，有不安全感的国家关心的是获益如何分配。它们提出的问题不是"大家都会获益吗"？而是"谁的获益更多"？如果一个预期的获益以不平等的比例分配，一国可能利用它的不均衡获益，去实现意在破坏或者损害另一国的政策。只要双方都担心对方可能利用它增加的能力用于不利于自己的政策行动，那么即使双方绝对获益的前景很诱人，也不会引发合作。①

针对现实主义所持的国际合作中各国关注相对收益的假设，新自由制度主义认为，在这种博弈关系中，国家注重绝对收益，且在重复博弈中，非合作博弈可以向合作博弈转变。他们认为，作为理性自我主义的国家，能够权衡它们将要选择行为的得与失，以最大化其实际效用，所以，它们

① ［美］肯尼思·沃尔兹：《国际政治理论》，胡少华等译，中国人民公安大学出版社1992年版，第103页。

更多的是关注本身的获益，而不关注其他伙伴是否获益及获益多少，以及这种获益多于或少于本国获益。合作的限制来自交易成本、信息不对称与欺诈等。[①]信息不对称是博弈中必然存在的现象，也是产生欺诈的必要条件，而欺诈将大大增加交易成本，由此在利益混合的国际背景下，合作的主要限制是欺诈问题。[②]这在安全问题上更为突出，而在经济、贸易等低政治领域，国家对绝对收益的追求更为明显。为此，新自由主义又找到使国家保持承诺、解决囚徒困境的条件：第一，重复的博弈。在多次博弈的情况下，参与者可通过观察对方所采取的策略和博弈的结果而获得某种信息。随着信息的传递，合作的可能性会增大；同时，在重复博弈中，各方关心的不是某一次博弈的结果或收益，而是博弈重复进行后的总体效果或平均收益，这使当前背叛的动力越来越少。第二，事务之间的联系。由于各个事务领域相互联系，通过多层次博弈，进行有取有予的讨价还价、相互方便或相互勒索，有助于实现合作。第三，合作的制度性框架非常重要。通过相互活动的透明化，行为者的彼此监督，并有时间讨论可能的变化，增加彼此互信，减少合作风险。

由上观之，现实主义过于强调权力与安全的作用，认为国家关注于相对收益而几乎不可能合作，这有悖于全球化与相互依存的当今世界的现实，特别是在经济、非传统安全等低政治领域，国家更重视绝对收益和合作博弈；即便在安全等高政治领域，国家也存在建立机制与合作的可能，或至少采取相互威慑维持最低限度的和平利益，尽管这不否认国家仍有爱憎的感情冲动与认同的心理需求，导致其行为亦孕育着对抗的可能。

---

① ［美］罗伯特·基欧汉：《霸权之后：世界政治经济中的合作与纷争》，苏长河、信强、何曜等译，上海人民出版社2001年版，第149页。

② ［美］约瑟夫·M.格里科：《无政府状态和合作的限度：对最近自由制度主义的现实主义评论》，载大卫·A.鲍德温主编：《新现实主义和新自由制度主义》，肖欢荣译，浙江人民出版社2001年版，第115—134页。

第二节 "中国崛起"概念辨析

相当长一段时期以来，中国崛起似乎成为中国的同义词，言及中国，必称中国崛起。但相对而言，中国崛起并不是一个精确的概念，除了各方面数字指标的跃进与提升外，中国崛起话语所折射的更是一种冲击，即对维持了几个世纪的西方秩序究竟带来哪些震动和改写，以及这种碰撞、磨合会把世界的未来引入何方。因而，中国崛起赋予世界政治的不仅仅是一些数字的罗列，或者经济领域单向度的超越，更重要的是其背后所反映的国际秩序的结构性冲击与变化，当今世界最主要的国家——美国如何看待、如何应对，以及由此引发的中美关系走向的世界性与结构性影响。

一、对中国崛起的现实解读

苏联解体后不久，以经济快速增长和经济实力极大增强为标志，中国崛起（China's Rise）引起世人关注。西方媒体首先指出中国是一个潜在的超级大国，此后，"中国威胁论"一度广为传播。直至进入新世纪，随着国际社会对中国实力迅速增长接受程度的增加，中国崛起这一中性词遂成为解读中国的主导性话语。所谓崛起，是指成为国际社会非常重要的大国，重要到成为少数主要国家之一，或者是世界上最重要的国家，在国际社会中举足轻重；崛起的过程是国际地位的不断上升，与最强国家的地位不断接近的过程。①

国际社会普遍认为，中国崛起最显著的是经济。自改革开放以来，中国经济发展取得巨大成功。中国的快速发展使其在世界 GDP 中所占的比重从 1991 年的近 4.2% 增长至 2010 年的 13.6%。在过去 20 年中，中国经济的年增长率平均高达 10.5%。中国经济的增长在 21 世纪的头十年变

---

① 阎学通、孙学峰：《中国崛起及其战略》，北京大学出版社 2005 年版，第 212 页。

化更加引人注目，其 GDP 总量在 2005 年超过英国成为世界第四大经济体，在 2007 年超过德国成为世界第三大经济体，在 2010 年超越日本成为第二大经济体，2011 年中国 GDP 总量达 47.1 万亿元（合 7.4 万亿美元），与美国的差距正在缩小。据世界货币基金组织（IMF）2012 年 4 月据购买力平价的测算，预计到 2016 年中国将超越美国。中国同时也是世界上最大的出口国、最大的汽车市场、最大的制造商和最大的外汇储备持有者。2011 年中国的外汇储备已升至 3 万亿美元，较 1991 年增加了 1230 倍。中国快速、持续的经济增长给世界带来巨大的发展机会。特别是在全球经济增长放缓的背景下，中国的经济增长已成为拉动世界经济增长的一个主要因素。按新增 GDP 计算，中国在 2006 年超过了美国，2009 年超过欧盟，成为世界经济增长的最大贡献者。[1]

其次是军事。中国拥有 230 万服役军人，是世界上人数最多的军队，并正在大力改善军事装备和现代化技术，特别是积极致力于发展"蓝水海军"（Blue-water navy）。目前中国军方正在建造国产航空母舰，以增强远洋作战力和威慑力。2011 年 8 月 10 日，改装完毕后的瓦良格航母进行了首次试航。如今中国的军队作战能力以及训练度在世界上令人瞩目，以至于欧美民调中显示，接近 90％的人相信中国是"世界第二强国"[2]。另外中国还拥有规模有限的核武库，还是世界上 5 个独立拥有核潜艇的国家之一。军用大飞机研制也已启动，届时中国可能会研制拥有远程的大型战略轰炸机。

从国防和外交看，中国是拥有世界上最多邻国的国家，领土面积居世界第三（计算土地和领海），目前中国国防已从建国初期的陆防和以陆为主逐渐转变为重视自身海域（领海及其专属经济区）及攸关中国战略利益的地区，例如中国已经向亚丁湾派遣了军舰。作为 5 个拥有否决权的联合国常任理事国之一，中国在世界舞台上扮演着重要角色，并积极谋求在国

---

① 卢峰：《测量中国》，《国际经济评论》2012 年 1 月，第 35 页。

② 《欧洲民调：中国是世界上第二强国》，http://news.xinhuanet.com/world/2007－11/13/content_7061883.htm。

际舞台上发挥独特的建设性作用。因为中国政府实行无意识形态外交，给其在未来寻求外交帮助和与其他国家结盟留下了余地。而中国经济增长势头强劲，使其与国际社会的互动比以往大大增加。

科技上，中国是世界第二大科技研究国，科技开支仅次于美国，如2009年中国在科技方面的开支有1360亿美元。中国现今大约有研究员92万6千人，仅居美国之后。自1998年以来中国在科技研究方面的经费翻了三倍。2010年中国的工程博士数量已超过美国。同年10月，天河一号超越美国"美洲虎"超级计算机，成为世界上最快的超级计算机。近些年来中国太空技术得到长足进步。1970年中国首次发射卫星东方红一号进入太空，成为第五个有能力发射卫星的国家。北斗卫星导航系统是联合国确认的全球四个卫星导航系统核心供应商之一。2003年，中国成为世界上第三个可以独立将人类送入太空的国家。2007年，中国成为世界第三个有能力以导弹摧毁人造卫星的国家。嫦娥一号绕月卫星的成功发射标志着中国已经成为了月球俱乐部的一员，2008年首次成功实现宇航员出舱活动。这说明中国已掌握载人航天、太空行走两大载人空间技术。2011年发射了天宫一号并在轨运行，开启了中国空间站构建的序幕，预期在2020年左右完成重60吨空间站的建造。另外，在2020年左右将执行登月计划。

另一方面，在国际社会看来，中国崛起也面临不少问题。一是台湾问题。美国根据中美三个《联合公报》和其国内《台湾关系法》来处理台湾议题，可能会在大陆进攻台湾的情况下，协助保卫台湾。如果台海爆发战争，很可能会促使中美两国交战和双方对抗，这对中、美、台各方来说有百害而无一利。现阶段美国还怀疑中国有国际野心，特别是在南海、东海等领土争端方面。中印关系也不太稳固。除边境问题外，西藏问题也是两国的外交障碍。面对中国的核武器且与印度最大的敌人巴基斯坦的政治、军事关系密切，印度也研发了自己的核武。中日关系亦成为影响亚洲和平的关键因素。二是与西方世界价值观相异。西方认为，中国政府对敏感信息的控制、阻止"不适当"的网站（如政治敏感网站）进入中国，伤及所谓信息自由。此外，尽管中国坚持"加强法制建设、全面推进依法行政"理念，但现今仍有贪污腐败等，不利于法制建设。三是经济问题，包括大量失业人口、西部贫困、社会安全与医疗保障体系的缺乏，对人民的安居乐业、经济的平衡健康发展构成隐忧。水土流失、荒漠化、空气污染、可耕地流失和水平面下降严重，需要投入巨资解决。四是老龄化问题。计划生育政策有一个副作用就是造成中国人口逐渐老化，到 2020 年，中国 25％的人口都将退休，这会直接影响到中国的经济发展。另据预测，中国人口在 2033 年会达到 14.6 亿的峰值，此后将逐年下降。中国的人口密度比许多国家要低得多，届时中国将面临严重的劳动力缺乏，以及老年人的养老难问题。①

如上可知，中国崛起既有向上的绝对优势，也面临消极因素制约，这也是外部世界解读中国崛起时所认识到的复杂现实。然而，要解释和预测现实问题，必须依据一定的理论，方可探索出规律和深层次变化趋势，因而，中国崛起也是西方理论界近些年绝对的热门话题，厘清之有利于从深层次把握中国崛起的理论含义。

二、对中国崛起的理论解读

大国崛起带来的必然后果是对原有国际格局中大国实力对比的改变，因此中国崛起在以美国为首的西方世界中引发广泛讨论。首先是对中美实力对比的预测。当 2003 年高盛公司（Goldman Sachs）第一次为金砖四国进行预测时，它预测中国将在 2041 年超过美国，但在 2010 年，它将这个时间提前到了 2027 年。② 渣打银行（Chartered Bank）也预测中国有望在 2020 年超美国。③ 新加坡前内阁资政李光耀在 2011 年 7 月举办的"慧眼中国环球论坛"对话会上表示，中国只要不发生社会动乱，经济应该能够

---

① 《社科院：2030 中国将成老龄化程度最高的国家》，http://www.chinanews.com/gu/2010/09－10/2526415.shtml。

② "Dreamming With Brics: Dreaming With Brics: The Path to 2050, Global's Economics", Paper No:99, Goldman Sachs, http://www.goldmansachs.com/china/ideas/brics/brics－dream－2050－pdf。

③ "The Super-Cycle Report", http://www.standardchartered.co.id/_documents/press－releases/en/the%20super－cycle%20report－12112010－final.pdf。

继续以每年 9％、10％ 或 11％ 的速度增长，10 年内就能追上美国的国内生产总值，20 年内能超越美国。[1] 另根据美国中央情报局的《2010 年世界各国概况》一书，如按购买力平价计算两国经济，美国经济总量为 14.3 万亿美元，中国已达到 8.8 万亿美元，远远领先于其他竞争者，如日本的 4.2 万亿美元和印度的 3.6 万亿美元，中国正在迅速追赶美国。[2]

但也有许多预测称中国距离超越美国仍十分遥远。英国《经济学人》杂志 2010 年 12 月 16 日文章指出，根据过去的数字进行的粗略推算并不能真实地反映出未来的情况。即使中国在国内生产总值上超越了美国，届时美国仍将十分富有，人均国民生产总值仍将是中国的 4 倍多。前美国助理国防部长约瑟夫·S. 奈也表示，中美间实力对比最可能出现的情景是中国在财富方面超过美国，但却在总体实力上屈身于美国之下。对此预测他给出三条依据：首先，美国经济的成熟程度远高于中国；其次，以线性预测方式推测经济发展并不科学，同时中国经济面临众多阻碍，这些阻碍将会越来越多地限制中国经济发展；再次，美国在军事和软实力方面仍占有巨大优势；最后，中国在亚洲平衡方面面临巨大地理劣势。[3]

综上可以得出结论，就是中国经济在高速发展甚至逼近美国，但综合实力上仍与美国有巨大差距，且这一差距非短期内可改变。

另一方面，西方国际关系主流学派对中国崛起均提出各自看法及应对建议。现实主义认为国家都将为其自身利益服务作为基本原则，而国与国间的潜在威胁是绝对的，所以国家间的竞争不可避免。随着中国实力的增加，中美间的冲突也就随之增多。而逐渐成为核心大国的中国也将不满足于现状，因而发动战争，以获得更大的利益版图。从这个层面上说，中国的日益强大从本质上对美国全球利益构成了威胁，因此美国必须通过政治、经济和军事遏制来应对中国崛起，对内增强军事实力，对外建立强大

---

① 《李光耀估计：国内生产总值中国 20 年内将超越美国》，《联合早报》2011 年 7 月 12 日。

② "The World Factbook", 2010, http://www.cia.gov/library/pulications/the－world－fact/index.html。

③ Joseph Nye, "Power Between China and U. S. after Financial Crisis", *Washington Quarterly*, Oct. 2010.

联盟，以保持国际均势并维护其霸主地位。

进攻现实主义学派坚定地认为中国不会和平崛起。依照该理论，一国一旦强大就会努力在自己所在区域建立霸权，同时确保没有其他强大势力控制其他地区。每一个强权的最终目标都是使其所占有的世界权力份额最大化，并最终主宰整个体系。因此，以米尔斯海默（John J. Mearsheimer）为代表的学者指出，如果未来中国持续发展，则中美很有可能会陷入一场激烈的防务竞争，并可能升级为战争。此外，中国人始终无法忘怀屈辱的过去，一旦有足够实力必将美国驱逐出亚洲，使亚洲成为其后院。米氏还提到"台湾问题"，虽然中国现在采取温和策略，但不能保证将来不会采取强硬措施。由此，美国为了维护自身的霸主地位，必须对中国进行压制，滞缓中国的进一步利益扩展，防止战争的发生，这与冷战时期美国对苏战略在本质上是相同的。

自由主义关注国与国之间在国际规则下的互动，强调国际合作的作用。他们认为，由国际贸易发展带来的各国间经济相互依存度的增长，以及政治自由化程度的提高，降低了各国运用武力解决冲突和争端的可能性。当今的中国正越来越广泛地融入国际社会，中国的行为将与其他国际组织成员之间产生更加密切的联系；而证据也表明，中国正竭力减少与主要贸易伙伴间的摩擦。由此，自由主义者乐观地相信，中国的经济转型与融入国际社会的积极态度，必将使中国同西方国家的利益更紧密地结合在一起，从而最终将中国纳入和平的世界体系。为此，美国应更多将注意力放在同中国的合作上，在国际标准和法律的约束下，实现互利共赢，从而既稳固自身地位，又有效降低军事冲突的威胁。

建构主义赞同美国对中国采取接触战略。基于对制度、标准和一致性的强调，建构主义者认为决定国际政治中国家行为、利益的基本因素是各国的认同，思想、观念、意识形态、文化等软实力也是影响国际事务处理的重要因素。各国间的认同越多，信任也就越多，相互威胁也就越少。他们认为，中国经济的迅猛发展在很大程度上会促使中国政治、经济和文化制度的转型，从而越来越贴近西方的体系。所以美国应当采取接触战略，促进中美关系的进一步发展，帮助中国融入国际体系，使中国朝着符合美国利益的方向转变，消除中国崛起对美国的不利影响，成为一个"维持现状"的国家，从而真正巩固美国霸权。

也有学者从地缘政治角度出发，主张遏制与接触结合。在以兹比格纽·布热津斯基为代表的一部分学者看来，中国到目前为止的崛起都是和平的，原因有三：一是中国的发展重心仍然还在经济上，运用军事力量挑战美国并不是中国政府当下最关心的问题；二是中国并不打算取代美国的地位，即使中国有实力把美国赶出亚洲；三是现在中国的领导人"非常精明"，知道对抗美国只会有损利益，只有谨慎地传播中国的影响力才能实现其全球地位。因此，布氏指出将中国吸纳入更广泛的国际合作框架，既适应中国在本地区发展，又阻止其更加武断的行为，才是美国保持欧亚大陆稳定的最佳方略。

以上分析了国际关系主流学派对中国崛起的看法，大致可以区分为权力—竞争、依存—合作、认同—建构三种基本范式，而在实践中，往往是几种理论共同发生作用的结果。通过国际社会及现有理论对中国崛起的解读，有益于为理解奥巴马政府对华政策提供时代与思想背景。

第三节　非零和关系模式

所谓模式（pattern），按照《英汉牛津字典》的解释，指在可比较的物体或事件之间可发现的固定安排或者顺序（an arrangement or sequence regularly found in comparable objects or events），或指某种行为及情况中可发现的固定形式或顺序（regular and intelligible form or sequence discernible in certain actions or situations）。换言之，模式标志着事务之间隐藏的规律关系，是一种相对固定的框架，是某种事物的标准形式或使人可以参照的标准样式。就一国对外政策而言，研究其对另一国关系模式的设想及行动，可以较全面客观地摸索出其政策的实质与规律，有益于解释其政策的内在考量、由此触发的行动及其背后的规律。从关系模式的视角切入，一是需要掌握大量的、有代表性的想法，具体到奥巴马政府对华关系模式,需要通过概括分析可以代表奥巴马政府对华关系模式的认知入手,抽象出其对华关系模式的思维规律;二是需要大量地分析、解读其具体的对华行为和政策实施,从中找出规律和灵魂。因而,本书主要从思维模式与行为模式两个层面,试图构筑出奥巴马政府对华政策的关系框架。本书认为,奥巴马政府对华政策追求非零和的关系模式,并通过大量的认知与行为予以佐证,说明和解释此为奥巴马政府对华政策的核心目标。

正如本章第一节中所言,非零和既包含双赢的理想情形,也蕴含着因非理性所导致的零和乃至双输可能性,在双赢与双输之间还存在大量的灰色区域,而这样一种状态正是美国符合现实的对华政策目标。对华非零和的关系模式一方面反映出超越零和的主观愿望,一方面也出于现实考虑需对不测未雨绸缪,因为非零和不全部是双赢,也包括不输不赢、多赢与少赢、我赢而你非皆输甚至转化为双输的博弈情况。用非零和概括奥巴马政府对华政策的特征,可以充分体现出其对华政策的矛盾性:一方面不愿意接受中国崛起,一方面又没有任何其他办法;一方面从感情上排斥中国这样的"异己",一方面从理智上又要求与中国合作;一方面受制于相互依存与相互威慑需要改善对华关系,一方面又要最大限度维持行动自由;一方面要时时利用危机甚至制造危机,一方面又力求在危机失控边缘拉扯回来,维持一定的平衡与稳定。从这个意义上说,非零和不仅是一种政策目标,也是一种关系状态。它绝非一种超然理想的目标和状态,而是非常现实的体认与考虑。

非零和是奥巴马政府所特有的对华关系模式,其所反映的是:其一,一再重申非零和的必要性,反映出其对两国关系走向零和的担忧。而寻求非零和,至少要在最低限度上防止你死我活的零和竞争(如冷战)或大国崛起引发的体系战争(如英德战争)。其二,非零和不排除制约、制衡甚至局部的对抗,而在于防止这些制约走向全面对抗和竞争,甚至引发战争。但由于国家不总是理性的,非零和对抗孕育着走向零和对抗的风险。其三,非零和非常强调合作,但这种合作是基于最大限度满足自身利益,同时令对方可以容忍。其四,奥巴马时期中国崛起的实质性变化(老大、老二关系)与金融危机以来美国自身危机的加重相互叠加,使美国对中国崛起异常敏感，更加触发人们对大国崛起历史困境及权力和平转移的担忧。而面对此，美国一方面加强对华全面合作，一方面强化对华制约（以不走向零和为底线），使美国对华两面性呈现出新特点，即全面合作加有限制约[①]的非零和关系模式。

图表二　零和模式与非零和模式对比

零和关系模式	全面制约与对抗	
非零和关系模式	合作	有限制约或对抗

---

① 所谓有限制约可与全面制约相对应。本书定义全面制约为零和竞争或对抗，而有限制约为非零和竞争或对抗。

第二章　奥巴马政府对华政策主要思路：非零和关系思维模式

如上文所言，分析奥巴马政府对华政策，需从认知与行动两个层面进行分析，以厘清其目标与实质。本部分重点从思想意识入手，探索奥巴马政府对华政策的主要思路。首先，谁能代表奥巴马政府？广义上的奥巴马政府（government）应包括立法（国会）、司法（法院）和行政部门（总统及其领导下的国务院等行政机构），本书所指的奥巴马政府主要指狭义的行政部门（administration），因为行政部门在对华政策上的影响更加直接、更有政策针对性，也是最重要、最核心的。

其次，就狭义的奥巴马政府而言，如何入手才能较完整客观地呈现其对华的主要想法呢？美国政府首脑演讲、官方政策文件等是"中国获知美国对华态度、战略等最重要、最权威的信息源"。[①] 本书认为，可从两个层面探析奥巴马政府执政团队的对华思想：一是从奥巴马执政团队的具体人物入手，全面、客观地厘清其相应思想及政策影响力，探索机制与人物及其互动关系在对华认知与政策上的影响，可最直接、最切实地论证奥巴马政府对华政策的主要思路与想法。二是从奥巴马政府出台的相关报告中

---

① Andrew J. Nathan, Andrew Scobell, "How China Sees America", *Foreign Affairs*, Sep/Oct. 2012.

理出其对华的主要脉络。政府报告是执政方略最重要的载体，通过文本解读方式理出相关的对华思想和政策，应是最有说服力的方法。

第一节 奥巴马政府对华决策机制

要搞清奥巴马执政团队的对华思想，首先需明晰奥巴马政府对华政策的决策机制，即哪些人和部门以及如何发挥决策作用；其次是这些人和部门在对华政策方面的想法如何，只有这样才能真正把握其执政团队的对华看法。

一、决策机制与决策风格

奥巴马政府的外交决策机制既受制于美国政府一贯的决策架构影响，也带有自身的特性。在美国行政、立法、司法三权分立的国家系统中，涉及对华决策部门的主要是立法与行政。除白宫及相关行政部门以外，参众两院相关的委员也会参与对华决策。但目前一般意义上讲的"美国对华决策层"，主要指的是总统与行政部门。其中最核心的层面是总统及其顾问。其中有一些顾问并不在外人熟知的官员名单上，只是私人顾问，但影响力非常大。另外还有白宫行政序列中涉华问题的顾问，比如白宫国家安全委员会亚洲事务主任，对总统也有直接影响。国家安全委员会是总统外交决策最重要的机构之一，总统在处理重大外交事件时，常常要召开国家安全委员会会议，副总统、国务卿、财政部长、国防部长、国家安全事务助理参加，中央情报局和参谋长联席会议主席作为顾问参加会议，总统办公厅主任和国家经济政策助理等人也可应邀参加会议。其二是涉华事务的政府部门，如国务院，其中负责东亚和太平洋事务的助理国务卿是国务院内直接掌管对华外交的人物。此外还有五角大楼、情报部门以及商务部、科技部、农业部、劳工部等多个行动部门，通过履行其官僚职能而影响对华决策。

就奥巴马而言，他非常强调将外交主导权牢牢把握在白宫手中。除了依赖副总统拜登寻求外交思想和进行非正式战略咨询，奥巴马主要仰仗国家安全事务助理（琼斯—多尼隆）通过协调把其战略观转化为政策。此届政府可称美国历史上最大的国安会，有超过 200 人的规模，是尼克松、卡特及小布什时期人数的四倍。[①] 国防部长（盖茨—帕内塔）的影响也非常稳定。希拉里深得奥巴马信任，是外交决策重要的参与者。此外，总统的政治顾问阿克塞尔罗德（David Axelrod）及拉姆·伊曼纽尔（Rahm Emanuel）负责协调国内、国际事务，也参与外交决策，特别是中东政策方面。吉姆斯·曼（James Mann）在《奥巴马人》一书中更将这些曾经的竞选顾问视为奥巴马最亲近的"内部圈子"里的人："奥巴马与那些有正式外交责任的人关系并不密切，如国务卿、国安会顾问，而将自己的竞选助手任命到重要的国安会岗位，以传递他的真实想法。"[②] 这反映出奥巴马既仰仗正式的外交机制，也重视个人的私人顾问。而在此决策机制中，奥巴马本人是战略决策最主要的来源。据 2009 年 1 月至 2011 年 4 月出任国安会东亚事务高级顾问的杰弗里·贝德（Jeffery Bader）称，奥巴马是很好的倾听者，属于那种"眼睛直接看着你，吸收你所讲内容的好政治家"，多数时候会对幕僚的意见言听计从，但在对华经济问题上，奥巴马有自己成型且相当强硬的观点。奥巴马怀疑现在的工具，特别是 WTO 协议能否有效地保护美国利益。他们就对华经济问题有过多次会见，很多时候奥巴马会让贝德先讲，但有一次奥巴马直接告诉贝德，他自己要先讲，于是直截了当地谈了他对贝德建议感觉不妥的看法，态度还相当强硬。[③]

与小布什喜欢出于本能做决定不同，奥巴马"非常谨慎、讲求方法和尺寸"，对手甚至称他"有点退缩"。奥巴马本人认为，"做出任何决定都应基于信息而而非情感"，"面对困难，你永远不可能百分之百地确定，最

---

① Zbigniew Brzezinski, "From Hope to Audacity: Appraising Obama's Foreign Policy", *Foreign Affairs*, Jan/Feb. 2010.

② James Mann, *The Obamians: the Struggle inside White House to Redefine American Power*, Viking Penguin; 2012, p. 19.

③ Jeffrey A. Bader, *Obama and China's Rise: An Insider's Account of America's Asia Strategy*, Brookings Institution Press, 2012, pp. 1—8.

好的办法是通过吸取信息选择最大的可能性"。这与他的前任小布什形成鲜明对照，后者"像个牛仔，是典型的德克萨斯风格，决策喜欢极端秘密"①。奥巴马强调用头脑做决定，且一旦做出便要严格实施，绝不走回头路。在做出阿富汗增兵决策上就是很好的例子。此前奥巴马团队花了很长时间进行了多次讨论，最终做出决定后奥巴马就坚决推行。尽管如此，还是有批评者认为他"过于谨慎和妥协，不愿意冒险"②。同时，由于受到国内事务牵扯，使其很难全身心投入外交，一些重要的外交议题受到相关部门的主导，因而被部门利益所掣肘，使其政策偏离总统本意而屈从于利益集团或国内压力。

二、奥巴马与主要阁员的关系

尽管奥巴马本人对外交事务有非常清晰的看法，但由于缺乏外交经验，他需要一个强有力的国家安全团队去推行想法。从其选择国家安全团队的构成和风格看，其谋求主导权的意愿与实用主义倾向非常突出。一方面他自诩为林肯，自信满满，非常迷恋于把"对手"凝聚成为一个团队，另一方面出于实用主义考虑，他倾向于选择非意识形态化和较为实际的人。③ 这些人是来自于两党的政治强人，包括民主党内的竞争对手，尽管他们可能与他意见相左。他任命盖茨为国防部长是史无前例的，因为过去没有任何一位国防部长能连续为两任来自不同党派的总统服务，特别是在前后两任总统的外交理念差异很大的情况下。他认为盖茨实际、严肃、专注、有判断力，有利于帮助他克服来自军方的怀疑。盖茨不仅在伊战、阿战上提供建议，也在应对伊朗、中国崛起等问题上发挥重要作用。盖茨也支持国务院发挥更大作用，并主张温和而有效地削除预算，有利于维护奥

---

① Joel Achenbach, "Analysis: Obama makes decisions slowly, and with head, not gut", *Washington Post*, Nov. 25, 2009.

② 同上。

③ Martin S. Indyk, Kenneth G. Lieberthal, *Bending History: Barack Obama's Foreign Policy*, The Brookings Institution, 2012, p.16.

巴马政府在国防战略和预算方面的延续性（而奥巴马在第二任期开始前决定任命来自共和党的温和自由派哈格尔出任国防部长，再次显示其类似考虑）。

选择希拉里则有着政治考量。奥巴马喜欢她的强硬、聪明、工作习惯、勤奋，还有实际，且其在民主党内部也深受欢迎。这可以帮助奥巴马驯服前总统克林顿，而且，让希拉里离开国会进入政府，也可以减少一个潜在的批评者。① 希拉里也投桃报李，在最初一年非常小心地刻意与总统保持一致。到了第二年，随着其受欢迎程度上升及奥巴马支持率下降，开始表现出一些独立性，其在关于穆巴拉克去留问题上的表态与白宫相左，更导致其表示在结束奥巴马一任后将辞职。到了奥巴马的最后一年，随着其投入竞选，希拉里在外交上有了更多行动自由，在支持阿拉伯之春以及重返亚太方面比奥巴马表态更加鲜明，使美国外交的希拉里特色更加突显。据贝德透露，在美国最高层召开决策的"首长委员会"会议时，希拉里一直是很有权力的角色，发出重要的声音。她与当时的国防部长盖茨都是决策时的主导因素，在很多方面观点一致，经常是异口同声、一唱一和。希拉里与总统国家安全事务助理多尼隆的关系也很好。贝德称自己是希拉里的"超级粉丝"，她作为国务卿做了非常出色的工作。贝德每次都跟随希拉里出访亚洲，他视希拉里如家人，他也一直被邀请参加与希拉里的私人会晤，他会在凌晨1点时从某个美国驻外使馆用密线打电话给希拉里，汇报正在发生的一切。在奥巴马与希拉里之间，贝德自称为"建桥者"，努力使两匹马向同一方向奔跑，不会做离间的事情。② 如上表明，奥巴马与希拉里大体上保持了平稳的合作关系，双方作为政治强人均体谅对方并留有一定余地。一方面，奥巴马仰仗希拉里的人气和资历在外交上独当一面，希拉里也注意处理好与白宫的关系，尽量保持一致，防止自己

---

① Janathan Alter, *The Promise：President Obama*, *Year One*（New York：Simon and Shuster, 2010），pp. 67—76.

② "Obama and China's Rise：An Insider's View of America's Asia Strategy", Event, March 8, 2012, http://www. brookings. edu/events/2012/03/08－obama－china.

的价值观与奥巴马的实用主义过于冲突；另一方面奥巴马作为非常重视个人思想驾驭团队的领导者，也力求通过体面的方式巧妙地贯彻自己的意图，力求将希拉里、盖茨等强势人物为己所用而非喧宾夺主。

奥巴马选择的国防部长、国务卿、副总统均是外交资深人士，任用这些有经验、资深的国防与外交专家可弥补其理想主义、年轻等不足。但为了使自己能够驾驭这样的资深团队而不是被凌驾之上，他需要由一个善于协调和管理的人担任其国家安全顾问，这个人不需具备全球战略视野和深刻的思想，不必是类似于基辛格、布热津斯基这样的人，但要有很强的执行力和协调力，能充分贯彻他的思想，并付之行动。他决定从竞选外交顾问中选择。吉姆斯·琼斯（James Jones）就是这样一个人。他曾任前海军陆战队司令和北约盟军司令，可以协调复杂的外交事务但不是全球战略家。两年后继任的汤姆·多尼隆（Tom Donilon）也是这个特点。多尼隆善于协调政策与政治，但其外交资历非常简单，过去仅为前国务卿克里斯托弗任过两年顾问，实际上并不适于整合战略而将奥巴马的宏大目标付诸实施。如上反映出奥巴马事实上希望自己是自己的国家安全战略家，国安会的主要任务仅是澄清总统意图而非设计政策。尽管奥巴马希望有一个有经验的团队，但并不希望依赖于他们设计整个战略，也不希望任何个人发挥超长作用。他的工作方式是通过召开国安会议审议问题，通过主动发问的方式了解各方信息与看法，然后在认真思考后回到自己的顾问圈做出决断。这一过程可能会较为漫长，如在阿富汗增兵问题上就等待了很长时间才做决定。这一模式也有不足之处，就是有时本应交给执行部门做的事情奥巴马却愿意自己做出决定，这样就让他负担了很多工作，从概念、阐述到具体执行均一手包揽。这与他聪明、有自信、有野心、孤傲（aloof）等性格特征相吻合，他希望按照自身的方式塑造世界，倾向于自己设计战略而把战略的维持工作留给了助手。①

---

① Martin S. Indyk，Kenneth G. Lieberthal，*Bending History：Barack Obama's Foreign Policy*，The Brookings Institution，2012，pp.16—21.

第二节　奥巴马的全球观与中国观

如上文所述，奥巴马本人有一整套自己的世界观与全球观，在中国问题上亦有个人独到的看法，加上他善于驾驭、追求驾驭的领导风格，使其个人对世界及中国事务的认识必然最为举足轻重。

一、"进步现实主义"：奥巴马外交特点

（一）理想与现实的混合。奥巴马上任伊始就形成了一套他创造历史的行动指南：重塑美国的国际声望，特别是在穆斯林世界；结束两场战争；与伊朗接触；与俄罗斯合作消除核武器；与中国在地区与全球事务中发展重要关系；实现中东和平等，试图把历史引向正义、和平、稳定的全球秩序（to bend history's arc in the direction of justice, and a more peaceful, stable global order）。① 尽管有着全新的国内外议程和变革的一整套思想，但现实与理想有很大差距。奥巴马上任适逢美国面临的国际环境发生深刻转折变化的历史关头。世界经济陷入危机，伊拉克战争、阿富汗战争长期消耗，传统盟友国力衰落，亚洲拉美的新兴国家不断要求分享权力，西方领导的国际秩序受到伊朗、委内瑞拉、朝鲜等挑战，奥巴马所继承的不再是独大的美国，而面临美国硬实力下降，民主、自由市场遭遇质疑。其理想必须与现实校准。作为民主党总统，具有按照美国自由主义观点塑造世界的进步主义本能，但面对现实不得不受到抑制。实际上，奥巴马本人是非常有智慧也是非常深思熟虑的一个人，早年在芝加哥参与社区组织活动的经历令其认识到，任何人类的进步都由每一小步决定性的进

---

① 奥巴马深爱 "an arc of bending toward justice" 这样一个比喻，即把历史引向正义之弧。这一比喻多次出现在奥巴马的重要演讲中，甚至出现在他椭圆型办公室的地毯刺绣上。该话源于马丁·路德·金 1965 年在阿拉巴马的讲演中，在回答有关社会进步要用多长时间的问题时，金的回答是，"不长，因为道德世界之弧很长，但它偏向于正义"。

步积累而成。这使他不追求革命性的变革，而是渐进性地塑造历史方向。他一方面要与布什主义彻底决裂，一方面又要实际地把握现实。为解决这种矛盾，奥巴马外交体现出实用主义与理想主义的结合，即"在可能的情况下追求进步，但在必要的情况下正视现实"①。维护美国利益，令一个"受伤的国家重新站起来成为世界领导"；修补世界，使其走向更加公正、繁荣、稳定的新秩序成为奥巴马的两个基本目标，为此一方面要反战、撤军，这是其进步主义的一面；另一方面他非常谨慎，在撤军伊拉克及增兵阿富汗问题上均非常小心，体现出现实主义的态度。由于他在面对个人生活的冲突时总是希望通过对话弥合分歧，因而他也愿意同流氓国家打交道，保持对话的开放态度。②

除了修补前任外交的鲁莽风格，他也试图重塑美国外交本身。奥巴马非常重视"全球公地"概念，认为其受到恐怖主义、核扩散、气候变化、传染病等威胁。美国的领导需要一种新的谦逊精神，"有着静悄悄的信心和智慧，谨慎与再生能力"③，以实现"没有饥馑、海平面升高、二氧化碳排放、核武器的世界，为被全球化抛弃的人们提供尊严、机会和正义"④。他深知这一切不可能一蹴而就，但愿意在他的看管下促进这些目标。另一方面，他对阿巴边境的恐怖分子态度强硬，早在 2008 年夏就提出，"要是有可靠情报发现恐怖分子头子，如巴基斯坦不行动，我们将行动"⑤，当时曾遭到麦凯恩、希拉里对干涉巴主权的批评，却预示着其后来击毙本·拉登是严肃的。

（二）主要外交议程。奥巴马上任最初有两项具体的外交政策目标：

---

① Martin S. Indyk, Kenneth G. Lieberthal, *Bending History: Barack Obama's Foreign Policy*, The Brookings Institution, 2012, p. 6.

② 同上，p. 4.

③ "Remarks at Senator Obama: The War We Need to Win," Washington, August 1, 2007, http://www.barackobama.com/2007/08/01/the_war_we_need_to_win.

④ Barack Obama, "A World That Stands as One," speech, Berlin, July 24, 2008 (www.huggingtonpost.com/2008/07/24/obama-in-berlin-video-of_n_114771.html.

⑤ Andy Merten, "Presidential Candidates Debate Pakistan," *NBC News*, Feb. 28, 2008.

一是阻止全球经济崩溃，保护美国不受威胁；二是与中、俄确立可行的工作关系，控制核威胁，改善与穆斯林世界关系。此外还包括气候变化等议题，但民主、人权并不是重要议题，因为奥巴马深知要塑造新的全球秩序就不可避免地要与"不民主"的伙伴合作。后来发生的阿拉伯之春是美国之所料未及，此后奥巴马借机将民主提升为重要议题，不过其政策仍有实用主义考虑。由于奥巴马审慎、渐进地看待事务，使其批评者认为他软弱，甚至能力不够，指责他重视新兴大国而忽略了传统盟友，对伊朗、中国等不推行价值观外交，对情势仅做出实用性反应，集中于国内事务而没有任何外交战略。这种看法有失偏颇。实际上奥巴马是有大战略的，就是实现美国领导下的多边全球秩序，一方面维护美国在硬实力方面的优势，另一方面在必要情况下更多分享责任与负担。在奥巴马眼中，新秩序第一个首要的支柱就是如何处理与中国关系。奥巴马认为应尊重中国作为一个全球力量，并鼓励其承担相称责任。但这也要求美国更加关注印度作为抗衡中国的潜在力量。奥巴马访问印度并宣布支持其获得安理会席位，反映出其世界观中现实主义的一面，即利用印度平衡中国，而与俄合作也出自服务于遏制伊朗的目的。与前总统布什不同，美国不再说教或采取单边行动，认为他国轻而易举会跟从，而是为其他大国腾出空间，重塑美国力量；更依赖于外交和接触，包括对伊朗、朝鲜和解决巴以冲突；重新确立起国内发展，发挥美国在国际上关键国家的作用；特别寻求中印在解决"全球公地"上的合作，如气候、贸易发展、G20 等，希望它们更多发挥责任。奥巴马也希望欧洲更加强大团结，有利于采取全球行动，为"更加和平、繁荣与正义的新世纪"做出贡献。第二个支柱是核裁军与不扩散，实现"无核世界的和平与稳定"。与俄罗斯达成新的减少战略武器条约，致力于基于规则的防扩散体系。承诺不对无核国家首先使用核武器，并促使安理会 2010 年 6 月通过对伊朗的制裁决议。第三个支柱是与穆斯林的正面伙伴关系。奥巴马不认同布什的全球反恐战，认为伊战是不正义的，布什通过在阿拉伯世界传播民主为伊战的正义性寻找借口，却最终导致哈马斯在巴勒斯坦大选胜出。奥巴马将主要目标针对巴阿边境的基地组织，以"阻止其成为美国新秩序的障碍"[①]，希望扭转穆斯林民意。认为巴勒斯坦国与以色列和平共存有助于加强关系。奥巴马没有将推行民主作为重要的外交议程，而更倾向于支持更加抽象的"普世人权"，包括言论与结社自由，女性的平等权利，法治、负责任的政府，而非在中东推行自由选举。2009 年 6 月他在开罗的讲话称，"选举本身不一定带来真正的民主"。[②]

奥巴马上任后的头三年主要是沿着以上三个支柱塑造新的全球秩序。但美国学者认为就保护美国利益而言奥巴马做得不错，但就实现新的全球秩序而言仍任重道远。[③] 作为强有力的实用主义者，奥巴马尽可能地保护了美国利益，防止经济危机进一步恶化，但在变革方面乏善可陈，未能将日常对外关系与其宏伟目标联系起来，其试图把一个分裂的国家重新弥合也收效甚微。

二、奥巴马中国观的形成与演变

奥巴马在竞选时并没有清晰的中国背景。但除了战争外，中国政策与美国几乎所有其他主要政策均密切相关。而其对华认知和期望随着时间推移也在发生变化。奥巴马主政期间，中国成长为世界第二大经济体，也是世界军力增长最快的国家之一，中国还成为世界上最大的温室气体排放国及最大的能源消费国。这使中国成为全球发展的中心因素，必然深刻影响到奥巴马的对华认知。他发现几乎所有重要的国际问题均需要中国积极参与或至少保持中立才可能有效推行。在选举前，奥巴马就认为美国应把中国当成重要国家对待——不仅在双边和地区层面，也在全球层面——鼓励中国采取更加积极的步骤融入现有全球体系的目标和规则（也就是佐利克

---

① Martin S. Indyk, Kenneth G. Lieberthal, *Bending History*: *Barack Obama's Foreign Policy*, The Brookings Institution，2012, p. 14.

② "Text：Obama's *speech in Cairo*", *New York Times*, *June* 4，2009.

③ Martin S. Indyk, Kenneth G. Lieberthal, *Bending History*: *Barack Obama's Foreign Policy*, The Brookings Institution，2012, pp. 21—23.

在 2005 年说的"利益攸关者")。① 这意味着，他真诚地尊重和欢迎中国与国际法律和准则相符的崛起，期望中国在朝鲜、伊朗问题及全球事务中发挥主要作用，同时也预期美中关系是竞争与合作的关系，想增加合作的成分，并成功而平和地处理竞争。② 奥巴马在 2009 年 7 月发表的有关中国的讲话中称，"绝不能"再把对权力的追逐"看作是一场零和游戏"。同时他也认为美国应更加重视接触亚洲，因为美国的未来不可避免地与亚洲相联系，因而有必要加强与同盟和伙伴关系，帮助发展和参与地区制度，与中国发展建设性、非零和的关系，同时对中国的不当行为采取直接坚定的回击。③ 后来奥巴马的对华政策基本按照如上框架展开，即总体上接受中国"按照规则、负责任地崛起"，尽可能促使中国合作，同时将对华政策纳入更大的重视亚洲的框架，希望通过发展各方关系重塑美国在亚洲的领导地位。

尽管如此，奥巴马的对华认知在不同时期仍是有变化的。在上任之初，其对华政策团队力求避免因换届造成的中美关系大起大落的现象，而是力求平稳过渡，特别是在金融危机的背景下。奥巴马政府将第一年视为理清政策轮廓、建立个人关系、就实质性问题建立合作基础的一年。当时美国亟需在应对金融危机、重组全球架构、应对气候变化、防止核扩散等全球问题上与中国合作。作为寻求合作的第一步，奥巴马在打给外国领导人的电话时，除了欧洲和亚洲的几个重要盟友外，中国领导人被排在最前面。他还利用 G20、G8、联合国大会、APEC 会议等每一个机会与胡锦涛举行面谈。在 2009 年 4 月的伦敦 G20 峰会上，胡锦涛与奥巴马举行了首次会晤。奥巴马政府积极谋求与中国在 G20 合作并促使各国通过经济刺激计划。当时欧洲面临诸多麻烦，特别是德国，而中国采纳了世界上最

---

① "Barack Obama, US-China Policy Under An Obama Administration", *China Brief*, Oct. 2008.

② Jeffrey A. Bader, *Obama and China's Rise: An Insider's Account of America's Asia Strategy*, Brookings Institution Press, 2012, pp. 1—8.

③ Hillary Rodham Clinton, "America's Pacific Century", *Foreign Policy*, Nov. 2011.

大的刺激计划，这一支持让奥巴马感到欣慰。[①] 奥巴马和胡锦涛还在伦敦宣布建立中美战略与经济对话机制（S&ED），这将让两国几十位官员每年聚在一起开会。这一机制对美国来说前所未有，凸现了奥巴马总统对中美关系的高度重视。

2009年11月奥巴马对中国进行了国事访问，以"强化合作，为未来奠定基础"。双方发表《共同声明》，中国"欢迎美国作为一个亚太国家为本地区和平、稳定与繁荣做出努力"，美国认为"在美国怀疑中国寻求将美国挤出该地区的情况下，这一表述意义非凡"[②]。声明还称，"双方重申，互相尊重主权和领土完整这一根本原则是指导中美关系的中美三个联合公报的核心。双方一致认为，尊重彼此核心利益对确保中美关系稳定发展极端重要"。双方均试图藉此提升战略互信，并为未来的关系确立一个指导框架，"其中中国发挥更重要的作用"[③]。奥巴马也非常期待在此导引下能在年底的哥本哈根气候大会上有所斩获。气候变化是奥巴马非常重视的一个标志性问题。2009年中国已成为世界上最大的温室气体排放国，奥巴马认为中国应承担更多减排义务，而不应再以发展中国家为由反对承担正式义务。[④] 当时奥巴马在国内推行的"总量管制与碳排放交易法案"（cap-and-trade）正处于紧要关头，希望中国能够合作，以促使国会通过该法案。但中国认为该法案难以在参院通过，因而在哥本哈根会议上承担义务会使中国处于不利。实际上奥巴马参会时参院不批准法案的态势几乎

---

① 随着世界经济恢复，中美在G20的合作也开始出现问题，2010年夏，美国把注意力转向中国所带来的"全球不平衡"，中方也开始攻击美国的金融与货币政策。到了2011年的G20峰会上欧债危机成为一个重要问题。

② Jeffrey A. Bader, *Obama and China's Rise: An Insider's Account of America's Asia Strategy*, Brookings Institution Press, 2012, p. 46.

③ Martin S. Indyk, Kenneth G. Lieberthal, *Bending History: Barack Obama's Foreign Policy*, The Brookings Institution, 2012, pp. 26—30.

④ 中国认为《京都议定书》中所规定的"一类"国家（造成今天温室气体排放的工业国）应承担主要义务，而"二类"国家（发展中国家）没有正式义务，中国属于第二类。中国承诺会努力减排，但不同意必须承担减排义务。美国认为这反映出中国继续将自己看成是发展中国家，尽管国内发展清洁技术，但不必受到国际监督，因而保持灵活性。

已经明朗，但奥巴马仍期望中国能做出某些让步以向国内交代。后来虽然中国同意在会议文件中登记其国内减排目标并采取相关措施，但并未正式承担国际义务，因而奥巴马仅取得一个"战术胜利"，与其预期目标相差甚远。①

朝核问题是奥巴马上台初期美中关系另一个重要问题。他希望在2007年10月达成的六方会谈协议基础上继续推动"去核化"，但并不赞成小布什政府的对朝政策。奥巴马认为布什的对朝政策并未阻止朝鲜一步步违反国际协议，相反却使朝鲜认为通过核计划可以迫使美国谈判。他决心不接受朝鲜违反国际协议，也不愿"再通过劝诱吸引其回到六方会谈"，而是寻求中国帮助。2009年4月朝鲜进行远程导弹试验，5月又进行第二次核试验，为此副国务卿斯坦伯格与国安会亚洲主任贝德6月访问北京（此前先行访问了日韩并取得一致立场），澄清奥巴马政府对朝核试验的谴责立场，并在中国合作下促使安理会通过制裁朝鲜的1874号决议。但此后美国认为中国的立场开始回缩。当时金正日健康日趋恶化，美国认为中国开始加强对朝接触，特别是10月温家宝访朝及11月梁光烈访朝，以及中朝经济合作的增加，使美国认为中国对朝鲜不够强硬，因而也使朝鲜难以实现无核化。自此美国认为中国的立场不仅损害了美中关系，也反映出中国"不负责任"。

由如上可知，2009年美中关系大体不错，双方均想在奥巴马政府上台初期奠定发展基础，因而力求突显合作、化解矛盾，使美中关系出现"高开高走"的局面。但事实上在一些问题上的利益冲突与结构性分歧依然存在，只不过为暂时的"和谐"所掩盖。在此过程中，奥巴马本人的理想主义、对中国背景认知的缺乏逐步发酵，使其产生较大的失落感，加上美中关系结构性矛盾逐渐呼出水面，使2010年必然成为奥巴马对华政策转向强硬的转折点。

原因之一：美国政治节奏的影响。美国对华政策有其礼仪性的"政治

---

① Martin S. Indyk, Kenneth G. Lieberthal, *Bending History: Barack Obama's Foreign Policy*, The Brookings Institution, 2012, pp. 32—36.

日程"。例如每 6 个月财政部就要宣布中国是否是汇率操纵国。[1] 每年国防部都要发表《中国军力报告》。每个总统都要见达赖，否则就会被认为"对北京妥协"。在对台军售问题上更有间隙性的紧张，美国必须费心思量其尺度是否合适。当美国中 11 个月的蜜月期结束后，这些政治日历又开始发生作用。2009 年奥巴马政府推迟这些行动试图塑造一个坚实的合作基础，但"到了 2010 年不能再坐等了"[2]。据贝德称，实际上在 2009 年底美国就向中国打过招呼，2010 年早期会向台湾出售武器，达赖也会访问白宫。美国认为中国官员仅是仪式性地表示反对。但到了 2010 年随着金融危机后中国实力的增长，中国心态发生了变化：认为美国随着实力下降而更倾向于采取强硬措施以显示实力和削弱中国。美国没有预料到在事先提醒的情况下中方对 1 月向台湾出售武器和 2 月见达赖的反应如此强烈[3]，而此后 Google 公司因不愿受到"管制"而宣布退出中国更使情况恶化。中美交恶加上此间美国财政部可能宣布中为汇率操纵国的炒作，导致胡锦涛拒绝出席 4 月在美国召开的核峰会。对此美国政府采取一些步骤予以转圜，包括：斯坦伯格与贝德访问北京，奥巴马接见中国驻美国大使并由白宫举办表态积极的新闻发布会，以及斯坦伯格在新闻发布会上再次重申"一个中国"。在核峰会召开的 11 天前胡锦涛决定出席。美国从中得到两个认识：一是中国惯于"出于狭隘的国家目的而不参与符合全球利益的国际活动"；二是此次外交关系的倒退持续时间比往常短，程度比往常温和，是美中关系更加成熟的标志。[4]

原因之二：美国 2010 年初确立起应对中国崛起与重返亚洲并举的政策框架，加大对中国崛起的约束面。贝德称，2010 年伊始，美国通过周

---

[1]　但美国财政部出于谨慎考虑，通常会推迟宣布。

[2]　Martin S. Indyk, Kenneth G. Lieberthal, *Bending History: Barack Obama's Foreign Policy*, The Brookings Institution, 2012, pp. 38-40.

[3]　中方批评这些行动违反了 2009 年 11 月的"联合声明"，这在中美新的关系框架下不能容忍。See "China Denounces U. S. Arms Sales to Taiwan", *China Daily*, Jan. 9, 2010.

[4]　Jeffrey A. Bader, *Obama and China's Rise: An Insider's Account of America's Asia Strategy*, Brookings Institution Press, 2012, p. 60.

密的战略考虑，为美中关系确立如下三个原则：

首先，不应将中国视为必然的敌人，而应将其视为是解决世界关键事务的潜在伙伴。总统知道，中国与美国不论在经济还是在安全领域都存在竞争，有些竞争还相当重要，但他相信合作能够也必将大于竞争。华盛顿不寻求像对待苏联那样遏制中国，其原因有二。一是，中、苏这两个国家的本质不同，二是以这样的政策对待一个深深融入国际体系的国家将一无所获。相反，总统欢迎一个强大、繁荣和成功的中国在国际事务中发挥更大的领导作用。这届政府已做好准备，承认和接受中国的合法利益，并重视其领导人和人民所渴望的尊重。

其次，在欢迎中国崛起的同时，确保崛起的中国遵守国际法律和准则至关重要。即，中国不应使用武力或以胁迫手段解决国际争端；必须遵守国际经济准则和规则，包括由世界贸易组织（WTO）制定的贸易准则与规则、由国际货币基金组织（IMF）制定的货币准则与规则，由经济合作与发展组织（OECD）及世界主要经济体和援助者制定的援助、出口信贷金融及海外投资的准则与规则。美中经济关系必须实现互惠，要以与 IMF 和 WTO 标准相一致、并符合美国经济利益的方式，解决贸易失衡及市场准入问题。中国应接受由海洋法公约设立的航行自由的原则，与联合国安理会其他常任理事国合作，共同中止核武器的扩散，特别是朝鲜和伊朗的开发核武器行为。中国还应接受应对气候变化的责任。美国将继续敦促中国遵守人权的普遍标准。

第三，寻求确保中国崛起利于亚太地区的稳定，而不是导致该地区动荡。美国在地区的 5 个盟国及其他伙伴都认为，如美、中冲突或敌对，将迫使他们不得不在美中之间做选择，他们不希望发生这种事情。同时，即使不是全部，至少也有许多国家感到中国崛起带来的结果并不轻松，担心影响其自身的安全及其他利益。他们相信美国在该地区的强势存在，包括政治、经济及进一步的军事存在，是确保他们不在该地区的新兴主导力量的独占掌控中倒下的关键。他们在历史上都有与这个新兴主导力量或好或坏的交往经历。我们看到了实现这一目标的三个方式。一是努力强化现有同盟关系，特别是与韩国、日本和澳大利亚，并与印度、印度尼西亚和越南建立政治与安全关系。二是总统决意让美国积极参与到该地区新兴的多边机制中，特别是东亚峰会。三是通过美韩自由贸易协定和跨太平洋伙伴关系的初步谅解协议，加强与该地区的双边与多边贸易关系。①

由上可知，美国 2010 年的政策转向有其对华认知的必然性，尽管奥巴马欢迎中国崛起，但这种崛起必须是符合"国际准则"和"负责任"的，为确保这一点，美国需通过强化地区全方位关系加以"对冲"。而 2010 年的诸多事件正好为此政策的兑现提供了机会。

原因之三：应对"刚愎自用的中国"。在整个 2010 年亚洲问题不断困扰美中关系，尽管双方领导层均想稳定关系，但彼此的战略互疑不断增加。尽管经过高层努力，到 2010 年底双方关系再次平衡，但与 2009 年"联合声明"之时已完全不同，直至 2011 年底奥巴马政府出台了一项更加协调的、以中国为中心的亚洲战略。

2010 年中，许多美国政府内外的中国观察家开始发表文章，探讨一个更刚愎自用（assertive）的中国。这些人认为自 2008 年始，直至 2010 年，中国正在发生一种质的变化。以 2008 年 9 月美国金融危机及随后的深度衰退为标志，中国认为美国正在衰落，或无力专心解决问题，或两者兼具。而此时中国正阔步向前，在某些情况下取代了美国的地位。中国认为：中国的时代来临了，中国应抛弃邓小平自 1978 年就倡导的韬光养晦、有所作为政策，而应担当起领导角色。中国应使用其军事实力，削弱美国的影响。中国的公众意见也更加向民族主义一边倒，而这就是 2010 年在中国周边围绕着朝鲜半岛、黄海、南海、中日钓鱼岛等一系列事件发生时的背景。中国海军力量的发展、中国在领海问题上的"强硬立场"、中国

---

① Jeffrey A. Bader, *Obama and China's Rise: An Insider's Account of America's Asia Strategy*, Brookings Institution Press, 2012, pp. 53—54.

解决台湾问题能力的增强，使美军针锋相对抛出"空海一体战"理念，以克服"地区阻挠"（area denial）。在相关问题上中国认为是其合法利益受到挑战，而美国则认为其关键利益受到挑战，双方日益形成恶性循环。

另一方面，第三方因素深化了美中互疑。美国对中国担心与地区国家与中国交恶相互交叠，事实上，美国甚至在煽动和鼓励这些变化。① 地区国家要求美国更多地接触亚洲，"以抵消北京过于自信及把经济实力转变为外交与安全实力"②。尽管奥巴马在上台之前就决心加强在亚洲的存在，通过高层访问、强化盟友关系、更多参与地区机制参与等"重返亚洲"，但不能否认一些美国官员因担忧中国而想要拉拢亚洲国家③，促使美国采取更有力和系统性的反应。当时日本民主党政府令美国头痛，美国试图令其更加转向美日同盟，而朝鲜不断"挑衅"也使美国更强化美韩关系。在南海，越南、菲律宾不断促美支持其海洋领土争端，而澳大利亚、印度等国也担忧中国崛起而要求强化与美国关系。在中国看来，美国与中国周边国家关系的刻意强化目的在于阻止中国崛起、维护优势地位，而中国的担忧及行为也更加使美国确信中国的"野心"正在增长，美国必须有力回击以确保其地位。中美战略互疑的封闭循环逐步确立起来。④

而自 2010 年开始的美中关系较量，也使奥巴马本人对中国的态度由开始的"期望与容纳"（hope and accommodation）转变为失望（disillusionment）与愤怒。据《纽约时报》透露，2010 年 11 月，奥巴马终于被激怒了。在汉城与胡锦涛见面时，奥巴马警告称要是中国再不阻止朝鲜的"好战"行为，他将"采取措施保护美国免受朝鲜核导弹威胁"，包括向中国周边派遣军舰。贝德认为此举标志着奥巴马对华态度的转折点。而这一切不仅有 2009 年因贸易问题、气候问题、奥巴马访华时受到的新闻报道

---

① Edward Wong, "China Sees Separatist Threats", *New York Times*, Jan. 20, 2009.

② "Understanding the US Pivot to Asia", the Brookings Institution, Jan 31. 2012.

③ Martin Fackler, "Cables Show U. S. Concern on Japan's Disaster Readiness", *New York Times*, May 3, 2011.

④ Jeffrey A. Bader, *Obama and China's Rise: An Insider's Account of America's Asia Strategy*, Brookings Institution Press, 2012, pp. 69—82.

管制等埋下的伏笔，更有 2010 年以来的"天安号"事件、中国对希拉里南海讲话的过激反应等等"强硬"姿态的不满加剧发酵，使其认为中国不仅在贸易与军事上"显示肌肉"（flex muscles），而在全球问题上也是个"好斗的合作者"（a truculent partner）。[1] 奥巴马对华态度的转变正是后来出台转向亚洲政策的先声。该文还指出，实际上奥巴马在上台初期并没有转向亚洲的想法，这是在与中国的"你来我往"中逐渐形成的。第一年中奥巴马对华政策受到诸多批评，甚至包括其贴身顾问，均认为美国对华过于"软弱"，华盛顿似乎是"随着北京的舞步起舞"。从其推迟见达赖，到在访华时受到的新闻限制，总统试图借此指望中国在气候变化与伊核问题上合作。但其结果是中国不仅没有满足气候变化标准，也推延对伊朗施压，甚至开始在南海问题上"恐吓"邻国，而正是这最后一击，使美国政府终于下决心"结束绥靖"。[2] 文章还指出，奥巴马在夏威夷出生，在印尼渡过儿童时代，他对中国历史、文化浸淫甚少，而对东南亚更加认同。上台后他主要是从经济视角审视中国，且对中国"拒绝遵守国际规则"非常不满，也对美国缺乏任何有效制衡手段而"受挫"。作为一个同情东南亚的总统，南海地区的紧张是难以忽视的。该文还引用据称是贝德的话称，2010 年 5 月中国国务委员戴秉国向希拉里表示，北京认为整个南海的主权属于中国。这使白宫决定"划线"，最终导致 2 个月后希拉里在越南河内有关美国在南海拥有"国家利益"的讲话，以及后来转向亚洲政策的出台。[3]

不过尽管如此，奥巴马一直明确反对遏制中国，对中国提出的"新型

---

[1] "Obama's Journey To Tougher Tack On a Rising China", *New York Times*, Sep. 21, 2012.

[2] 同上。

[3] 实际上贝德在其书中并未指明这一点。他在书中描述了美国南海新政策出台的背景，称自 2000 年开始美国就感到中国在南海的海军部署明显增多，与其他相关国家的冲撞也上升。在 2010 年 2 月贝德访华时也清楚听到中方称此为"无可辩驳的主权"。为此，他与坎贝尔决定出台一项更加全面的南海立场。这就是同年 7 月希拉里"国家利益"讲话的由来。参见：Jeffrey A. Bader, *Obama and China's Rise: An Insider's Account of America's Asia Strategy*, Brookings Institution Press, 2012, pp. 104−105.

大国关系"亦饶有兴趣，其目标是塑造应对中国崛起的非零和模式。在这一模式中，既要防止与中国走向新冷战，也要通过接触与管束最大程度地维护美国利益。

第三节　涉华其他重要变量

由于奥巴马政府内部没有固定的意识形态阵营，因而在对华决策方面各方的立场大体可以协调。贝德称，不管是"首长委员会"，还是"副手委员会"，在讨论对华政策时经常有辩论，有时争论还挺激烈。曾为对华决策"体制内"的人，贝德感叹，在政府中决策的多数人行为都是机制化的，而不是个人的，尤其是美军太平洋司令部和五角大楼的人更有一种宪法要求和机制化的义务。[①] 这反映出美国对华决策中人与机制间的复杂互动。尽管国务卿、国防部长等首长的个人观点非常重要，但部门其他人员及机制本身的职能也会引导和限制首长的作用。就奥巴马四年内的对华政策看，大体是在 2010 年初贝德等人制定好的对华政策框架中摆动。[②] 开始偏向于合作、包容一面，2010 年后趋于强硬、"回击"一面，直至 2011 年底出台"转向亚洲"战略，但其合作与强硬均是有限度的，达到一定程度必然回调和"再平衡"。而贝德等人的对华框架能够作为政策正式出台，也是希拉里、盖茨、琼斯等首长折衷讨论、最后经奥巴马本人首肯的结果。2011 年 4 月贝德、斯坦伯格等"知华派"辞职，在此之前，驻华大使洪博培（Jon Huntsman）也宣布离任，由华裔的商务部长骆家辉（Gary Faye Locke）接任[③]，使曾在国防部主导美日军事同盟再定义的东

---

① Obama and China's Rise: An Insider's View of America's Asia Strategy, Event, March 8, 2012.

② 参见本书的 40—41 页。

③ 美国对外政策里经常出现的现象是，一个越是看上去与中国关系密切的人就越想要与中国撇清关系。骆家辉每次在公开场合碰到相关提问都会先强调自己美国人的身份。国内部分人感觉华裔会对中国更温和、更友善，这种预期实际上是很难实现的。

亚事务助理国务卿坎贝尔（Kurt Campbell）影响力大大增强，而美国对华政策的天平也更偏向强硬方。下面对美国涉华主要变量进行详细梳理，以厘清其思想及政策影响力。

一、贝德－斯坦伯格

（一）对华政策协调人贝德。作为国安会亚太事务高级主任，贝德在2009年至2011年4月间直接负责奥巴马政府的对华政策团队，是美国对华政策的主要制定者之一。其所奠定的美国对华政策框架，包括加强与亚洲盟友关系，一直指导着奥巴马政府四年以来的对华政策。当然，正如上文所言，奥巴马政府对华决策机制主要通过国安会协调各方"大佬"的意见，该政策框架必然是美国政府内部综合协调的结果，也反映出奥巴马本人的思想倾向。贝德领导的对华政策团队主要是从工作层吸收各方意见、平衡各方思想，上情下达、协调左右，并在此基础上制定对华政策。据贝德在其书中透露其得力助手是负责韩国和日本事务副手丹尼·拉塞尔（Daniel Russel）。"我与丹尼日常的谈话指导着我的思想，帮助我们形成了奥巴马政府加强与亚洲盟友关系的政策。"① 后来拉塞尔接替贝德任亚洲事务高级主管。贝德还称其中国事务助手麦艾文（Evan Medeiros）是对华领域的一个新星，将在未来几十年对华政策领域发挥聪明才智。贝德高度评价希拉里，认为"通常的官僚敌对没有影响国务院与国家安全委员会的相互关系"。希拉里"非常友善、和蔼、热情、包容，毫无保留地允许我在她的核心圈子中发挥作用"。坎贝尔是贝德每天思想与通话的对象，"与他在一起，90％的时间我们政策意见一致，10％的时间我们化解相互间的分歧"。② 贝德称副国务卿斯坦伯格为良师益友，"他是政府外交政策

---

① Jeffrey A. Bader, *Obama and China's Rise：An Insider's Account of America's Asia Strategy*, Brookings Institution Press, 2012, pp. 5－6.

② 同上，pp. 10－11.

最好的分析师和议题的组织者，同时也是亚洲问题最深刻的思想者"①。此外，容安澜（Alan Romberg）、苏葆立（Bob Suettinger）和维克多·车（Victor Cha）以及布鲁金斯学会桑顿中国中心的同事李侃如（Kenneth Lieberthal）、李成和乔纳森·波拉克（Jonathan D. Pollack）等人也给他很多建议。

贝德在过去三十年美国对亚洲政策方面有很多经验，尤其擅长中国议题。他于 1977 年加入美国国务院的亚洲部门，为时任负责东亚事务的助理国务卿理查德·霍尔布鲁克（Richard Holbrook）的助手，霍成为其职业上的教父。贝德职业生涯的大多数时间都是在国务院、国家安全委员会和美国贸易代表处的对华领域工作，参与了中美关系中的许多重要事件，包括两国建交、《与台湾关系法》的通过、80 年代两国建立密切的关系、有关大规模杀伤性武器扩散的辩论、对 1989 年天安门事件的反应、1995—1996 年的台海紧张局势、江泽民主席与克林顿总统在 1997—1998 年相互进行国事访问，以及中国加入世贸组织。贝德在奥巴马竞选总统时既任重要的外交顾问，志在向公众展示"一套负责任的亚洲政策"，体现出美国的领导地位、更强的地区存在、加强与同盟国的关系、对中国采取现实的政策、对亚太多边机制的建立持开放态度，以及对东南亚给予更多的关注。可以说，这些思想指导着奥巴马竞选乃至上任后对华及亚洲政策的基本要点。

贝德认为，亚洲及美国面临的主要地缘挑战是如何应对中国在过去十年中的崛起。中国年均 10% 的经济增速，通过贸易及投资网络融入地区经济，永久性地改变了地缘政治蓝图。小布什政府末期，中国拥有 1 万亿美国政府债务，美国对华贸易赤字每年约达 2500 亿美元，是美国迄今最大的双边赤字。这令许多美国人感到自身的脆弱，并对他们认为导致巨大赤字的不公平贸易行为深感愤怒。而亚洲国家对中国军费增长感到焦虑。

在对华政策上，二战后美国对苏联实行的遏制政策不是一个可行的选择。中国已成功融入全球经济，并且自尼克松政府以来，美国实际上一直

---

① Jeffrey A. Bader, *Obama and China's Rise: An Insider's Account of America's Asia Strategy*, Brookings Institution Press, 2012, pp. 10—11.

明确地鼓励中国朝这一方向发展。其前提设想是中国在国际体系中能比在国际体系外扮演一个更富建设性意义的角色，该理论在实践中已被证实。而中国也没有展现出像前苏联一样的全球帝国野心。然而，中国崛起仍引起周边国家的焦虑和对未来的不确定性。

贝德领导的外交团队认为，对中国实行单一维度的方法难以产生让人满意的结果。美国对华政策不能单独依赖军事力量、经济讨好、人权施压和制裁，这样的战略即便在中国虚弱的时候也收效甚微。但若对中国咄咄逼人的行为采取放任或是妥协，或对其内部发展漠不关心，可能会鼓励其负面行为并令美国盟友及伙伴国家感到恐惧。美国必须花大力气调整对华政策以避免以上极端的发生，并利用亚洲国家对中国崛起担忧的心态加强美国同他们的关系，确保加强美国在亚洲的存在。贝德的团队也认为，美国更积极参与地区组织是一项有效的亚洲政策所必需的组成部分。这包括东盟、亚太经济合作论坛、东亚峰会、东盟＋3、东盟地区论坛、上海合作组织。此外，还有一些高层三边会谈，如中俄印、中韩日。①

从贝德视角透视奥巴马政府对华政策考虑，可以非常清晰地概括出其要点，而这些要点基本统领了整个奥巴马政府四年的对华政策，尽管在最初一年摆向合作面多一些，此后更趋于强硬面。一是欢迎中国符合"规则"的崛起，不采取遏制政策；二是对中国采取两面政策，一方面"经济讨好"，另一方面军事制约，特别要利用周边国家的担忧加强关系；三是随时调整政策避免极端情况，引导与校正中国行为，规制中国崛起；四是采取一揽子政策而非单一政策实现对华目标。以上要点可以用一句话概括，就是"寻求应对中国崛起的非零和模式"。

（二）斯坦伯格与"战略再保证"。作为奥巴马政府"知华派"另一个关键人物，是曾在克林顿时期任副国家安全助理的常务副国务卿斯坦伯格。他被认为是克林顿对华政策的主要设计师，与希拉里关系熟络，主张吸引中国参与解决欧亚大陆的冲突。斯坦伯格于2009年9月奥巴马访华

---

①　Jeffrey A. Bader, *Obama and China's Rise: An Insider's Account of America's Asia Strategy*, Brookings Institution Press, 2012, pp. 11—12.

前夕提出"战略再保证"(strategic reassurance)观点,试图继承佐利克"利益攸关方"衣钵而为奥巴马对华政策奠定新框架①。其主旨有二:第一、大多数国家都担心全球性威胁,强调共同利益、共同价值和互相尊重,美国应通过伙伴关系解决世界问题,将多极世界转变为在美国主导下的多边伙伴关系。第二、确保中国在不挑起地缘冲突的条件下崛起,关键是北京采取一种"战略再保证"的态势,目的是"突出和加强共同利益领域,同时直接解决导致不信任的原因,不论是政治的、还是军事的或经济的"。这一努力的核心就是中美经济与战略对话(S&ED)。"我们已经准备好欢迎中国作为一个繁荣和成功的大国的到来,中国也必须向世界其他国家再保证它的发展和不断壮大的全球角色不会以其他国家的安全和幸福为代价。"② 尽管这一设想直指美中关系的核心问题——缺乏战略互信,试图从战略高度框定一种美中共处的非零和模式,但因其内涵过于敏感而遭各方批评,最终仅昙花一现。

对华合作派认为"战略再保证"只是一种过渡手段,对美中关系的长远发展过于狭隘。"从长期来看,需要对伙伴关系进行认真讨论。我认为'战略再保证'不会是用来描述这种关系的长期用语。"而且,"战略再保证"的主要贡献将来自中国,要求其作为负责任的利益攸关方崛起,这不是一种平等协商的态度。③ 对华强硬派则认为奥巴马上台后所采取的所谓"战略再保证"新策略,包括"降低对中国人权的批评,支持其在国际货币基金组织(IMF)等国际组织的地位,不再指控其人为操控汇率,国务卿希拉里2月访中之前,甚至发表'人权主张不能解决经济危机、气候变化危机及世界安全危机'的言论"等等,明显是安抚中国的机制,甚至是一种绥靖主义,预示着美国将默认中国所谓核心利益,接纳其为"永久性的专

---

① "China's Arrival: The Long March to Global Power", Keynote Adress by: US Deputy Secretary of State James B. Steinberg, Sep. 24, 2009, http://www.cnas.org/files/multimedia/decuments/Deputy%20secretary%20James%20Steinberg's%202009%20Transcript.pdf.

② 同上。

③ Stwart M. Patrick, "China's Role in the 'New Era of Engagement'", Nov. 10, 2009, http://www.cfr.org/china/chinas-role-new-era-engagement/p20700.

制国家而放弃民主原则"①，而包容中国的结果只能加速美国的衰落②。

本书认为，"战略再保证"的本质是通过对话促使中国"和平"崛起，其从提出到热议再到流产，反映出尽管奥巴马政府上任初期希望把合作作为对华主流，积极谋求与中国构筑战略互信，但形势比人强，不仅遭美国内舆论反对，奥巴马本人在这一过程中的对华认知也在发生变化，2010年的中美交恶最终导致2011年4月贝德、斯坦伯格离职，合作派也让位于强硬派。关于这一人事变化的背景及影响，美国《华盛顿时报》首席军事记者、以披露华府秘密决策过程著称的比尔·格茨（Bill Gertz）声称，奥巴马第一任期前两年的对华政策一直存在互相对立的两派，双方斗争极为隐秘，只能从两派头面人物的只言片语方能知晓一二。奥巴马上任伊始，美国决策层认为，需同中国在国家安全、外交、政治、经济和贸易等方方面面打交道，于是主张对华安抚、妥协的这一派逐渐得势。这些人强调不要刺激中国，被称为"磕头派"。其领衔人物既是斯坦伯格、贝德及其助手麦艾文（Evan Medeiros）。美国驻华大使馆也被指站在"磕头派"一边，认为美国各项政策都应避免激怒中国。后"磕头派"在哥本哈根气候大会上遭遇中国浇来的第一盆凉水，随后中美在伊核制裁、朝核谈判、人民币汇率及其他经济贸易问题上持续较量。2009年底，在奥巴马访华后，一些美国高级官员得出结论：对华接触政策完全无用。而斯坦伯格提出中美"战略再保证"概念也受到冷落，并没有如2005年美国副国务卿佐利克提出的"利益攸关方"那样流传开来。"磕头派"在美国政府内失去对华政策主导权，由希拉里为首的对华"失望派"掌握了话语权。

格茨还称，希拉里2010年7月在越南河内东盟地区论坛（ARF）上宣称"南海的自由通行是美国的国家利益"，这番言论在"磕头"派眼中是绝对刺激中国，而在"失望"派眼里却是对华关系新动向的信号。这一派中包括中央情报局局长帕内塔（Leon Panetta），负责东亚事务的助理

①　"The Doctrine of 'Strategic Reassurance'", *Wall Street Journal Asia*, Oct. 22, 2009.

②　Robert Kagan, Dan Blumentral, "'Strategic Reassurance' That isn't", *Washington Post*, Nov. 10, 2009.

国务卿坎贝尔以及国防部主管亚太安全事务的助理部长葛瑞格森（Wallace C. Gregson）。"磕头"派和"失望"派还在努力拉拢其他人加入阵营，而奥巴马和副总统拜登都被两派排除在对华决策层外，而美国国防部长盖茨倒是两派极力争取的对象，因为他也曾暗批美国近年来对华政策不够"强硬"。①

尽管格茨的分析有捕风捉影之嫌，其对奥巴马决策作用的贬低也不符合事实，但其对合作派与强硬派的大致分野有一定道理。不过，合作与强硬都不是绝对的，合作中有制约，制约中有合作，合作与制约相结合向来是美国对华政策的一体两面。而对于奥巴马政府来说，开始以合作为主的高开高走并没有解决矛盾与对抗，2010 年后趋于强硬的关系起伏也未能改写对华合作的需求与态势，寻求一种将合作与分歧相统一的非零和关系模式，才是奥巴马政府抑或美国国内的最大公约数。

二、希拉里－坎贝尔

（一）希拉里及其中国观。希拉里作为国务卿在忠实履行奥巴马政府对华政策外，无疑也会加上其个性烙印。不过美国主流仍看法认为，面对一个喜欢自己主导决策的奥巴马总统而言，希拉里可以发挥的空间并不如看似的那样广阔。② 希拉里主要是在以奥巴马为主导的国家安全政策框架下，最大限度地发挥效能。从希拉里由"第一夫人"到参议员再到总统候选人的政治历程看，她有一定大局观，可以为共同的政治目标而忠心耿耿进行配合。且其人脉广阔、善于沟通，因而与奥巴马政府其他主要阁员关系均属融洽。这表明其在对华政策这个奥巴马政府利益攸关的问题上应反映出美国内主流意见，不太可能"剑走偏峰"。同时作为非常勤奋的女权主义者，在网络自由、人权、中国国内制度等问题上她亦有较为强硬的立场和表态，反映出其作为民主党较为激进的一面。总体而言，纵观希拉里这四年，对中国既有"蜜语甜言"也有"当头棒喝"，她的表态会随着大

---

① Bill Gertz, "China Policy Fight", *Washington Times*, Oct. 20, 2010.

② "What Will Hillary Clinton's Diplomatic Legacy be", *USA Today*, May 17, 2012.

环境和切实的战略需要而及时作出调整，而其所执行的对华政策正是奥巴马政府对华政策的总体反映。

美国国内在评价希拉里外交时，称其具有"创新性、不屈不挠与忠于职守"的精神。"尽管她未能有像基辛格打开中国之门、贝克组织起第一次海湾战争联盟这样的业绩，但在解放利比亚、与缅甸建立外交关系、构筑反伊朗联盟上可圈可点"。[①] 由于从总统、副总统到国防部长、国家安全顾问等均忙于阿富汗、中东等问题，考虑美国长期发展的战略方向自然落在国务院头上。希拉里"可称为奥巴马政府最核心的角色，与两任国防部长、国家安全顾问关系密切"[②]。其目标是把盟友甚至对手团结起来，以在世界变化的关头维护美国价值观与国家利益。"为应对 21 世纪的变化，我们必须利用一切合作来解决难题……我们不希望自己承担所有责任，而希望所有大国与崛起国都是负责任的利益攸关者。"[③] 为此希拉里扩大了国务院职能，强调外交服务于经济、反恐等目标，并加强与五角大楼的联系，以通过把外交、发展与国防相联系践行其"巧实力"。希拉里还格外强调网络自由，主张利用最新技术服务美国外交。其最大的外交成就就是"重返亚洲"。她在上任后第二个月出访日本、印尼、韩国与中国，打破了美国国务卿首访不是欧洲而是亚洲的记录，也是执行奥巴马重返亚洲、阻止中国控制南海等重要军事与经济通道的急先锋。

希拉里非常重视与中国的关系，并有一套较为务实、清晰的看法。早在 2007 年底酝酿竞选民主党总统候选人期间，她就曾在《外交》上发表文章称："美中关系将成为本世纪世界上最重要的双边关系。"[④] 担任国务卿后，美国国务院不断增加中国方面的人手，2009 年中国成为国务院雇用最多专员处理的单一国家。"他们对中国一个共同的感受是——极为难

---

① "What Will Hillary Clinton's Diplomatic Legacy be", *USA Today*, May 17, 2012.

② 同上。

③ Hillary Rodham Clinton, "Foreign Policy Address at the Council on Foreign Relations", July 15, 2009.

④ Hillary Rodham Clinton, "Security and Opportunity for the 21st Century", *Foreign Affairs*, Nov/Dec, 2007.

缠的对手，谈判几乎从来没有结局，主要的收获似乎是两国部长级官员之间建立的私人情谊。"① 这反衬出希拉里本人在美中交往中的重要作用。

综合希拉里对中国的观点，一是美国必须与中国合作，这是时代的要求。"我们对待外交政策的方式必须反映当前的现实世界，而不是过去的世界。采用 19 世纪权力协调或 20 世纪权力平衡的战略没有任何意义。我们不可能返回冷战遏制时期或单边主义时代。"② "一个繁荣的中国不仅对中国，也对美国有利。奥巴马总统与我都认为与中国发展正面、合作的关系是至关重要的。"③ "中美两国不能解决世界上的所有问题，但没有中国和美国，任何全球性问题可能都得不到解决。"④ 二是中国必须"负责任地崛起"。"必须建立一种不同的全球架构——这个架构明确给予各国进行合作和履行自己职责的动力，同时对袖手旁观或制造不和与分裂具有强大的抑制作用……而其中美国必须发挥领导能力，以克服所谓集体行动的障碍。"希拉里还称，"一个高速发展的中国必须融入国际体系"。尽管美中的价值观念和政治体系极大不同，而且在一些问题上分歧很深，但美中合作的空间也是很大的。美国必须通过经营具有共同利益的领域和缩小分歧的方式，说服中国加入国际机构和支持国际规则。⑤ 三是在涉及美国根本利益的问题上不妥协，但其前提是保持美中合作。尽管美国必须准备好在中国的行为违反美国切身利益时迎接挑战的准备，但仍应努力合作，共创未来。四是对中国实施"有原则的接触"，目的是运用巧实力使中国遵守"规则"，按照符合美国利益的方向崛起。这些原则包括：经济上，终止对

① David Rothkoph, "Hillary Clinton Redefining State Department and Her Own Role", *Washington Post*, Aug. 23, 2009.

② Hillary Rodham Clinton, "Foreign Policy Address at the Council on Foreign Relations", July 15, 2009.

③ Hillary Rodham Clinton, "America's Pacific Century", Remarks, East-West Center Honolulu, November 10, 2011.

④ Hillary Clinton, "Remebering the Nixon Trip and US-China Relations Today", March 7, 2012, US Institute for Peace and Nixon Foundation Conference.

⑤ Hillary Clinton,"Security and Opportunity for the Twenty-first Century", *Foreign Affairs*, Nov/Dec, 2007.

外国公司的不公正待遇、允许人民币升值、保护知识产权；对外投资，特别是自然资源投资应有利于当地的福利；政治上改革，以更加开放的政治制度遵守国际法。最终目标是建立"基于法律、公正、自由、透明的投资环境和国际体系"①，使中国成为一个全面的而非"有选择的利益攸关者"②。五是与中国建立"史无前例"的非零和式、共荣共存的大国关系，力求实现"竞争与合作的平衡"。"今天的中国不是苏联，今天的地缘政治也不能担负零和游戏。"③"美国力求与一个正在崛起的大国共同努力，力促其成为对全球安全、稳定和繁荣做出积极贡献的国家，同时也维持和巩固美国在日益变化中的世界的领导地位……我们在这样做的过程中努力避免陷入不健康的竞争、对抗或冲突；避免以牺牲他方利益进而损害相互关系作为成功的代价；并且做到不疏于履行我们对国际社会的责任。我们在共同树立典范，力争在合作和竞争之间达到一种稳定和彼此都能接受的平衡……我们必须将它处理好，因为此举攸关重大。"④由此可见，在希拉里眼中，非零和也不排斥竞争。换言之，竞争与合作交织是全球化背景下中美关系的真实写照，尽力形成良性竞争、防止形成零和对立有利于未来新型大国关系的构建。

如上种种，表明"非零和关系模式"正是希拉里所谋求的对华"新型"大国关系的核心，其内涵是超越冷战、超越零和、共存共荣、美国领导、遵守规则、防止不测、提倡合作、巧妙制约。但言语表达与现实政策必有一定差距，而且以规则判定中国是否负责任，必然使美国处于主导话语权，造成"凡是中国不合作就是不遵守规则"之虞。从实际政策看，希

---

① Hillary Clinton, "Security and Opportunity for the Twenty-first Century", *Foreign Affairs*, Nov/Dec, 2007.

② Hillary Clinton, "Remebering the Nixon Trip and US-China Relations Today", March 7, 2012, US Institute for Peace and Nixon Foundation Conference.

③ Hillary Rodham Clinton, Forrestal Lecture at the Naval Academy, Remarks, Annapolis, April 10, 2012.

④ Hillary Clinton, "Remebering the Nixon Trip and US-China Relations Today", March 7, 2012, US Institute for Peace and Nixon Foundation Conference.

拉里在对华外交上也经历了从合作到强硬的变化，而其变化曲线与奥巴马政府整体对华政策的变化曲线应该是一致的。2009 年上任初期，希拉里主要受到斯坦伯格、贝德及国务院规划办公室主任玛丽·斯劳特（Anne-Marie Slaughter）等合作派影响，特别是斯劳特同为女性，强调国际制度与多边主义的重要性，主张中美在制度框架与集体标准下合作，对希拉里形成"多伙伴世界"、优先发展与新兴大国关系的政策思路有极大关系，也使其在首访中国时有意淡化人权问题而受到中方欢迎。随着外交事务的展开及美国对华盘算的整体变化，奥巴马与希拉里的外交分工也开始明确：二人总体观点一致，但日益相互补充。奥巴马主要作为美国外交政策的发言人，而希拉里则除了附和奥巴马观点外，更发表一些强硬观点。[1] 实际上就是分别扮演"好警察与坏警察"角色。从 2009 年底在哥本哈根会议上抛出美国打算与其他西方国家一起对发展中国家的减排提供 1000 亿美元援助的允诺，使中国掉入一个"聪明的陷阱（clever trap）"[2]，到 2010年 7 月在南海问题上的强硬表态，再到此后一系列在周边国家对中国含沙射影的批评，希拉里似乎被列为"不受中国欢迎"的人。但事实上其所反映的强硬政策不过是奥巴马政府对华大框架所允许的，是既符合美国利益也不至于导致中美直接冲突的"非零和模式"的体现，也是该非零和模式实质意义的体现，即，这一模式必须基于美国的国家利益。

（二）坎贝尔。负责东亚与太平洋事务的助理国务卿库尔特·坎贝尔曾在海军服役，在加入国务院之前也曾在五角大楼供职，是克林顿政府负责亚太事务的国防部高官，曾参与日美同盟的再定义。军方背景加上其与

---

① David Rothkoph，"Hillary Clinton Redefining State Department and Her Own Role"，*Washington Post*，Aug. 23，2009.

② 按西方评论的说法，如果不接受援助和核查，中方就无法自圆其说，成为国际环保的大敌；接受美国的要求和援助，等于在主权问题上做出重大让步。其实，希拉里的 1000 亿美元的"承诺"不过是虚晃一枪：既无其他西方国家认可，也未得到国会批准，美国当时的经济困境，更无力兑现这一口头承诺。希拉里此举旨在把世人多年来对美国在减排问题上的谴责转移到中国身上。参见 John Lee，"How China Stiffed the World in Copenhagen"，*Foreign Policy*，Dec. 21，2009，http://www.foreignpolicy.com/node/79929.

日、台的亲密关系，使其在对华政策方面是个重要的"平衡力量"。他与希拉里关系密切，是美国外交系统中与中国接触最直接、也最频繁的官员，其思想对奥巴马政府亚太及对华政策框架的奠定至关重要。

尽管坎贝尔被称为是民主党中的"鹰派"，但通过对比所谓"知华派"的贝德与坎贝尔的有关思想可发现，二者的区别并非泾渭分明。事实上，作为曾在一个团队并共同制定对华政策框架的合作者，二者的默契远远大于分歧。贝德在其书中称："当我们一起制定服务于美国、服务于总统、服务于国务卿的亚洲政策时，坎贝尔是我每天思想与通话的对象。库尔特的创造力、对亚洲深入的了解使他成为天才的政策制定者和发言人。与他在一起，90％的时间我们政策意见一致，10％的时间我们化解相互间的分歧。"① 这反映出奥巴马政府内部所谓合作派与强硬派差异其实不大，特别是在涉及对华目标方面，而仅在手段上也许有些区别。就坎贝尔而言，由于其在国防部主管亚洲事务的经历，使他在处理对华关系上极为注重使用软硬两手，强调统筹利用美国外交和军事资源对付崛起的中国。2006年，他批评小布什政府对华政策时称，美国一方面实施对华"接触"，另一方面通过加强在亚太地区的军事存在防范中国，但这两方面是明显脱节的。他显然希望通过自己的努力来消除这种"脱节"，形成一体的对华政策。

2008年6月，坎贝尔在其创办的新美国安全中心发表报告，为即将上任的美国新政府提供建言，基本反映出其对亚洲及对华政策的思考轮廓。第一，美国应重视亚太作为新的地缘政治重心，将注意力由反恐转向亚太。亚洲正在经历重塑，走向融合与创新，对此美国不能袖手旁观，而要积极参与并发挥领导作用。第二，美国在亚太不应谋求"实力均衡"（balance of power）的"零和"游戏，而应以双赢态度看待国际关系，实现"均衡的实力"（power of balance）。第三，美国的战略目标是确保亚洲崛起有利于维护稳定的国际秩序、商业繁荣、防止冲突及解决跨界问题。第四，将中国纳入整个亚洲政策，通过不同方法、手段使中国崛起纳

---

① Jeffrey A. Bader, *Obama and China's Rise: An Insider's Account of America's Asia Strategy*, Brookings Institution Press, 2012, p. 5.

入如上亚洲目标。具体包括：接受中国的地区优势，做好竞争准备；防止军事冲突，而把注意力转向全方位接触与竞争，同时加强军事存在以让中国感到军事冲突的代价过大；通过第三方因素包括强化同盟、伙伴关系等塑造中国的行为。总之，中国实现和平崛起是美国唯一可以接受的结果，应使中国崛起有利于地区繁荣与稳定并加入地区秩序。为此美国对中国不能太软（在军售上不让步），也不能太硬（不要过多玩弄台湾问题），而应是软硬兼备。①

在出任亚太事务助理国务卿后，坎贝尔的诸多言行均旨在践行如上软硬兼备的思路。一是强调美中关系的重要性及复杂性。提出，美国"面对的最重要国家是中国，而美国在外交上最艰巨的挑战是如何维系强固而稳定的美中关系"；"美、中关系挑战之巨，超过美国历来所有的双边关系，比起冷战时期的美苏关系还要复杂得多，也要微妙得多"；"处理对华事务，任务虽然艰巨，但美国别无选择……美国必须持续不断的和东亚交往，这是美国的宿命"。② 二是强调美国发展与亚洲其他国家关系应与良好的对华政策并行不悖，而非相互抵消、矛盾。"良好的对华政策应涉及跟该地区其他国家打交道，包括我们的合作伙伴和盟友。"③ 为此，坎贝尔力求实现与二者关系的平衡，既防止二者走得过近、亦防止二者矛盾失控。如在钓鱼岛问题上的表态就是这一态度的微妙反应。当中日矛盾乍起、情势还未明朗之时，坎贝尔表示"钓鱼岛问题适用于美日安保条约"；④ 但当中日矛盾激化、冲突可能升级的边缘，坎贝尔的表态又趋回调：美国确实承认日对钓鱼岛有管辖权，但在当前情况下，美国希望更多

---

① Kurt Campbell, Nirav Patel, "The Power of Balance: America in IAsia", Center for a New America Security, June 11, 2008.

② Kurt Campell, "The Asia-Pacific Century", June 13, 2012, http://www.cnas.org/audio−2012−conference−opening−keynote.

③ "America's Approach to Asia: Kurt Campell Lays out His Three-pronged Approach to Engaging with Asia", *Forbes*, April 27, 2010.

④ "U. S. Says Disputed Islands Covered by Japan Defense Treaty", *Business Week*, Sep. 20, 2012.

专注于维护和平与稳定，而不是这一复杂而具有挑战性问题的具体细节。① 三是强调探索与中国和平共处的路径与模式。坎贝尔一再重申美中和平共处的重要性："我们是否能确保和平竞争的关系、是否能防止其演变为冲突是最大的关键。否则不仅美中、甚至地区所有国家都会面临灾难……我深信华盛顿和北京有足够智慧避免冲突升级。"② "美国希望向中国传达一个明确信号，就是尽管我们经历着一些经济困难，但我们制度和经济的基本面依然强健，美国将在未来几十年在亚太发挥重要作用。同时，我们也准备好与中国坐下来探讨如何才能共处，维持和平、自由与商业繁荣。"③ 坎贝尔所期许的大国关系新模式正是基于非零和关系基础上的一种模式，其前提有二：一是要确保美国作为领导者的利益，二是要确保美中合作共处。

由上可知，由坎贝尔所折射出的奥巴马政府对华政策是一种适时运用软与硬手段的非零和关系模式，目标是维持美中和平竞争基础上的美国主导地位。

三、盖茨－帕内塔及其所代表的国防部系统

国防部作为美国人员最庞大、开支最多的政府部门，是制定与执行国家安全政策的首要职能部门。作为军方，国防部向来代表着美国对外政策中的强硬派，惯于从"最坏情况"考虑问题；出于部门利益与官僚职责，国防部追求"基于美国绝对安全"理念下的武器扩张、国防政策与对外关系，以实现"劝阻、威慑、打败"（dissuade, deter, defeat）④ 为目标的军事存在。同时，国防部作为被统筹在美国政府领导下的部门之一，也必

---

① 坎贝尔所说的挑战性问题就是"美国是否会遵守条约协防日本"或"钓鱼岛是否适用于美日安保条约"。参见："Martime Territorial Disputes and Sovereignty Issues in Asia", Kurt Campbell, Tesimony at U. S. Senate Committee on Foreign Relations, Sep. 20, 2012.

② "US, China can live in peace: Campbell", *Australian Broadcasting Corporation*, Dec. 8, 2011.

③ Kurt Campbell, "We have been over-invested in Iraq and Afghanistan", Interviewed jointly for *Weekly Toyo Keizai*, and *Dispatch Japan*. Nov. 2010.

④ "Quadrennial Defesense Report", The US Department of Defense, Feb. 2010. p. 31.

然服从、服务于美国对外战略的总体目标。就奥巴马政府而言，就是作为推行其"重振领导地位"、"多伙伴世界"等战略目标的军事支柱，与外交、经济等各部门相互配合实现总体国家利益。而且，冷战后美国一直在推行国防改革，军事部门也向服务于非传统安全、民用建设等方向转型，这使国防部在发展议题上作用增大，也使其积极谋求与各国军事交流与对话、展开军事外交，以实现美国定义下的"和平与稳定"。因而在奥巴马政府对华政策中，国防部一方面是关注中国军力发展并先发制人地进行预防、着手于硬实力应对的最主要源头，另一方面，它也在"中国崛起"问题上力争与政府主流保持一致，即"不遏制中国发展"，承认中国为"全球性力量"，美国军事存在的目的是"确保中国不以武力实现崛起"。① 从这个意义上看，国防部在对华政策方面亦有接触与制约的两重性，只不过其出于官僚职能更倾向于强调军事制约与武器升级的重要性。

（一）盖茨－－帕内塔与国防部。奥巴马选择盖茨留任国防部长直至2011年7月，之后由中情局局长帕内塔接任国防部长，其最主要的考虑是顺利结束伊拉克与阿富汗战争，并借五角大楼精简机构、减少国防开支来控制美国高额赤字。因而应对中国崛起似乎并非二者的主业。但随着美国对外战略的重心由反恐转向应对大国崛起，特别将关注重点由中东转为亚太，中国因素也日趋重要。一方面，国防部与太平洋总部针对中国有着职业上的敏感，以追求技术上的优势和美国绝对领导地位；另一方面，它们也成为积极开展与中国对话、合作的前沿，在对华态度上与奥巴马政府主流观点保持着一致性。从盖茨、帕内塔、太平洋总部司令及军方其他要人的对华观点看，基本上是如上两种思想的结合体。

盖茨曾是美国苏军备谈判的参与者，也是力主从伊拉克、阿富汗撤军的倡导者，被认为是华府圈内的"鸽派"。在国防部长任内，他曾于2007年、2011年两度来华，都一定程度上缓和并加温了两国关系。在他任内，他一改拉姆斯菲尔德时期五角大楼对中国的"遏制"之态，采取"积极接触"的政策。尽管其对华观点较为平衡、温和，但也体现出软中带硬、柔

---

① "Gates：U. S. -China Relationship Improving", *The Associated Press*, June 3, 2011.

中带刚的特点。在承认中国全球地位的同时，他警告中国"不要学习苏联"和美国展开军备竞赛，并重申美国军费缩减不会导致在亚太地区军事力量的削弱。他称注意到中国正在寻求扩大军队的规模和战力，包括发展、部署"远程、精确的巡航和弹道反舰导弹"、反卫星武器、隐形战斗机以及网络战能力，"但不相信中国有在各个方面挑战美军的实力"。"我想中国已从苏联身上学到了一个很大的教训，他们不会试图跟美国进行全面的军备竞赛，而是想发展出相当程度上能在亚洲自由行动的能力，并获得扩展它们影响力的机会。""我们不想压制中国，中国几千年来都是一个强大国家，它现在和今后都是一个具有全球影响的国家。问题在于我们怎样通过自己的努力，来保证我们之间有一个积极的关系。"① 他还称，"中美之间有不少共同利益，今后将继续通过对话消除误会，扩大合作……我不同意那些认为中国必然会成为美国战略敌人的说法。我们欢迎中国在世界舞台上发挥建设性作用。"②如上所见，盖茨一方面强调与中国合作的必要性，另一方面也从军事角度强调关注中国军方发展，同时也认为不论从主观还是客观上中国都不太可能挑战美国。不过，盖茨这一立场在其离职前夕发生了变化。据美国报分析，他一直是奥巴马"软实力"政策的坚定拥趸，不过分强调"硬军力"的作用。但卸任前一个月他在诺特丹大学的演讲，开始了自己与"美国孤立主义时代黎明的对抗"。他警告美国人，如扛不住孤立主义的诱惑，世界领导者的宝座就会被"别人"抢走。而美国内外媒体均认为，他口中的"别人"就是中国。③ "如果历史和宗教能给我们带来一点启

---

① "Gates: Careful Revamp of U. S. National Security Team", *The Seattle Times*, June 1, 2011.

② 同上。

③ 美国媒体对此感到意外，因为盖茨此前一直赞同美国削减军费预算，主张通过非军事手段的"软实力"解决问题，可现今他却特强调"强大军力是确保美国长期成功的关键"，而"软实力"作用有限。《纽约时报》称："盖茨变了。"另据《时代》周刊报道，美国 2011 年总军费将超过 7000 亿美元，达到二战以来的最高水平，超过美国政府所有可支配开支的一半。白宫已经要求五角大楼未来 5 年削减 780 亿美元军费，奥巴马还提议在未来 12 年内削减 4000 亿国防开支。《华盛顿邮报》将此形容为"盖茨的战争"，认为他是向他的继任者、前中情局长帕内塔、美国国会以及总统奥巴马本人发出警告，过分削减军费伤害美国利益，"所有人都只是在计算数字，而非研究战略"。参见："Robert Gates Sends Warning About Cutting Military Budget", *Washington Post*, May 31, 2011.

示，那就是这个世界总有恶人，有些人总想通过侵略和压迫满足自己对财富、权力与领土的贪婪，或是一心想把意识形态强加于人，拒绝所有人本应享有的自由……过分削减预算将导致美军在对抗'外国敌人'时缺乏'规模（size）、武器（steel）和力量（strength）'，削弱美国在国际舞台中的作用。"① 盖茨态度的转变反映出美国在内部财政压力趋紧条件下难以在裁减军费方面大刀阔斧的窘境，也反映出中国正在成为美国确保军事规模的借口。

继任国防部长帕内塔曾在白宫预算局担任过局长，被认为具备大刀阔斧裁军费的技术能力。在上任之初曾宣布推迟采购美国重返亚太急需的F－35 联合攻击战机、缩减海军水面舰艇。但随着南海局势紧张，帕内塔逐步将应对"正在崛起的新大国"作为头等大事。② 从政治立场看，帕内塔被认为较盖茨更为强硬，但远比拉姆斯菲尔德（Donald Herry Rumsfeld）温和、低调。③ 他最早对中国的表态始于 2010 年。当时奥巴马降低了对中国的情报收集层级，却遭到了帕内塔的坚决反对。2011 年众院情报委员会举行的听证会上，身为中情局长的帕内塔又警告要小心中国、俄罗斯和伊朗等国对美国发动"网络珍珠港事件"。2011 年 10 月，帕内塔上任后首次到访亚洲，虽行程中不含中国，但要求北京"尊重国际规则"，批评中国"在东海和南海活动频繁"的言辞并非少见。另一方面，帕内塔在上任前的听证会上，又表示美国必须和中国一起合作解决诸多问题，强调美中两军关系的"极其重要性"，这与奥巴马本人的观点是高度一致的。具体而言，帕内塔主张美国应持续密切注意中国的军力成长，但亦应拟定维护和平、增进稳定、降低风险的亚太战略。"不论是亚太区域或全球问题，美中两国军方都应扩大合作、坦诚沟通。"④

在加强美国在亚太军事存在的问题上，帕内塔与盖茨是高度一致的。

---

① "In Commencement Speech, Gates Warns Against Deep Cuts", *Defense News*, May 22, 2011.

② "Panetta tours Asia to advance 'pivot'", *Washington Times*, Sep. 15, 2012.

③ 同上。

④ "Panetta：Asia Pivot not aimed at China", *New York Times*, Sep. 18, 2012.

盖茨在香格里拉对话会时曾明确表示，将与澳大利亚加强海军合作，扩大美军对澳大利亚位于印度洋军事基地的使用权限；在新加坡部署濒海战斗舰；增加美军同亚太地区盟国和伙伴国的联合演习和训练次数等。盖茨强调，尽管美国面临军费削减的压力，但诸如隐形战机、无人侦察机、战舰、太空及网络武器等关键项目的研发投入必须得到保证，因为"具有破坏作用的新技术和武器可能被用来拒绝美国力量进入关键海上交通线"，美国需要对此作出回应。盖茨还指出，美国海空军对中国的"反介入/区域拒止"战略十分担心，目前两个军种正合力发展新的"空海战斗概念"，确保美军能通过遥远的地域来实施部署、机动并发动打击，以保卫盟友和关键的利益。①

而这些到了帕内塔时代均得以继承和发扬光大。帕内塔上任后针对美国亚太的兵力部署进行了全面审查，认为美国在亚太地区的兵力部署必须得到增强，美国的地区盟友"必须对我们能够慑止全面威胁的能力保持足够信心"。他认为中国正在打造一种"在周边地区打赢一场短期、高强度冲突的能力"。② 其近期目标是应对涉及台湾的紧急状态，而其军事现代化的重点是"反介入/区域拒止"，并将越来越多的资源投入到实施超越台湾和周边地区之外的行动中。帕内塔强调美军有密切监视中国军力并遏止冲突的"特别责任"。由此，为配合奥巴马"重返亚太"战略，帕内塔积极打造"亚太再平衡"的军事支柱。2012 年初《维持美国的全球领导地位：二十一世纪的国防优先任务》新军事战略的发布，就是奥巴马与帕内塔领导的国防部积极协作的产物。③ 该报告的出台标志着奥巴马终于从战

---

① "Air Sea Battle: A point of Depart are Operational Concept", May 18, 2010, Center for Strategic and Budgetary Assessments, http://www.csbaonline/org/publications/2010/05/airsea-battle-com/5/.

② "Panetta tours Asia to advance pivot", *Washington Times*, Sep. 15, 2012.

③ 该战略起草过程很漫长。从 2011 年 9 月开始，奥巴马就已参与其中。9 月到 12 月，奥巴马与军事领袖、地区指挥官们先后召开 6 次正式会议，讨论新军事战略的具体细节，奥巴马对军事战略的重视与参与程度可见一斑。详见："President Obama outlines a New Global Military Strategy", *Boston Globe*, Jan 6, 2012.

争的泥潭中拖了出来，以更灵巧、更敏捷、更注重亚太的鲜明烙印确定了美国未来十年、甚至更长时间的军事战略发展方向。[①] 此后，2012 年 6 月，帕内塔在新加坡宣布，到 2020 年，美国海军将部署 60% 战舰进入亚太。

不过，面对美国亚太"再平衡"所引发的中国乃至世界的疑虑，帕内塔另一项重要工作就是解释和澄清它并非旨在"遏制中国"。例如，帕内塔 2012 年 9 月的亚太行正是美国"两面均讨好"、试图实现"平衡"的最好诠释。一方面试图通过加强与日本和新西兰的军事合作，推动美国的"亚太再平衡战略"；另一方面则望消除中方对美国亚太战略的疑虑，并试图在东亚岛争激化的背景下扮演"促和者"角色。在日本达成部署第二部导弹预警雷达协议，并在日本部署"鱼鹰"式旋翼机的谈判方面取得"显著进展"。作为 30 年来首位访问新西兰的美国国防部长，帕内塔宣布取消新海军军舰不得停靠美国港口这一报复性禁令[②]，试图在美澳军事合作强化的基础上，与太平洋众多岛国"搭建友谊"。另一方面，帕内塔最重要的一站就是中国，强调建立起"一种健康、稳定、可靠、持续、透明的两军关系"的重要性。"只要我们共同努力为美中两国两军关系建立一个持久的基础，就可以实现亚太地区真正的安全和繁荣。"[③] 此次访问也使中美两军实质性的合作取得新进展。美方正式邀请中国参加 2014 年环太平洋演习，承诺将寻找其他机会让中方参加多边演习。帕内塔还参观了北海舰队，并成为第一位登上中国海军护卫舰及潜艇的美国国防部长。在备受关注的钓鱼岛问题上，帕内塔虽然在访华期间多次表示"美方对领土争端不持立场"、"呼吁通过和平方式解决争端"，但其访日期间亦释放了不少与此不一致的信号。例如反复重申美日同盟重要性，宣称"美国将依照《美日安保条约》对待中日关系"。如此种种，反映出美国

---

① 详见："President Obama outlines a New Global Military Strategy"，*Boston Globe*，Jan 6, 2012.

② 由于新西兰曾拒绝美国核舰艇停靠其港口，导致美国新军事交流 30 年来处于低潮。

③ "Panetta endorses a sutained development of US-China military ties"，Sep. 20, 2012, http://www. defense. gov/home/daily/features/0711－message.

"亚太再平衡"战略的目标是使中国及其他亚太国家实现一种相互平衡、制约的关系。这恐怕就是他所称的"使美国发展和加强存在的行动与加强美中关系相联系，两国共同增进其他国家的能力，促进地区安全"，以及将"与中国建立建设性双边关系作为再平衡政策的一个基本要素"①的真实要义吧。

除了帕内塔本人，美军方其他要员亦秉持与中国接触的重要性。如美军参谋长联席会议主席邓普西（Martin E. Dempsey）表示，美军事战略重点向亚太地区转移并非为遏制中国，美国希望增强美中军事关系，共同应对该地区未来战略挑战。他还指出，鉴于亚太地区的面积、人口和经济规模，未来的战略挑战，无论是经济、人口还是军事挑战都正向该地区转移。因此美国的政策就是寻求与该地区国家进行接触，以避免误判和对抗。邓普西还用3个"更"字来概括美国正在实施的亚太军事"再平衡"战略：更大关注、更多接触和更高质量。具体来说，"更大关注"指的是美国今后将更加重视亚太地区；"更多接触"指的是美国将投入更多军力，与亚太国家进行更多接触，以建立互信，减少误判和冲突风险；"更高质量"指的是美军将在亚太地区部署最先进的军舰、最先进的第五代战机和最先进的导弹防御技术。②无独有偶，美国副国防部长阿什顿·卡特（Ashton Carter）在2012年10月的一次讲话中亦称，美国再平衡政策其中一项基本内容是与中国建立"牢固的合作关系"。美国"并非针对任何其他单一国家或国家集团，而是为了确保亚太地区的和平，让地区所有国家都能分享安全的好处，并继续繁荣"。③卡特还表示，虽然面临经济不振和削减国防开支的挑战，但美国推行重返亚太政策的能力"不容怀疑"。他列举5大理由：随着伊拉克和阿富汗战争结束，美国可以腾出更多军事资源投入亚太；美国正在加强对亚太的军力投入和部署；美国正在致力于

---

① 《美国国防部长帕内塔出席香格里拉对话会》，新华网华盛顿，2012年6月7日电。

② "Rebalancing Toward The Asia-Pacific Requires The 'Three Mores', Dempsey Says", *Defense Daily* July 18, 2012.

③ "Remarks by Deputy Secretary of Defense Ashton B. Carter at the Woodrow Wilson Center", Asia Program, October 03, 2012.

研发新的军事技术；美国正在加强与地区盟国和伙伴国家合作；美国正在集中人才进行军事行动理念创新的研究，并增强海空联合作战能力以确保能随时进入有争议地区。[①] 美国防部负责政策事务的副部长首席助理凯瑟琳·希克斯（Kathleen Hicks）称，美国亚太战略秉持开放与自由贸易、以法治为基础构建国际体系等原则，为此美国寻求加强与新兴国家的关系，其中"非常重视改善对华关系，这一点特别重要……亚太地区的繁荣稳定将取决于中美两国的合作能力"[②]。美国国防部就"再平衡"所做的一系列澄清反映出的是奥巴马政府对华政策最主要的思路，就是以制约求合作的"非零和"关系模式。

（二）太平洋总部及其对华思路。由于奥巴马政府倾向于从亚太视角审视美中关系，国防部下辖的最大联合司令部——太平洋总部——成为维护美国在亚太战略利益、处理对华关系的最前沿。奥巴马上台后由基廷（Timothy J. Keating）到威拉德（Robert F. Willard）再到洛克利尔（Samuel J. Locklear），太平洋司令已三度易人，但其对于太平洋总部军事职能的定位、以及其与中国崛起之关系的认知，可谓是一贯的。一是强调太平洋总部虽身为军事指挥机构，但以外交手腕化解地区安全问题也是该部重要职能。为此，太平洋总部司令总是较为频繁的访问中国，对发展两军关系、防止海上误判态度积极，并一手推动中美海上联合演习。二是接触与制约两手并用的"忠实执行者"。作为美国在亚太的军事存在和关注中国的"鹰眼"，太平洋总部与中国军方发生过 2006 年"小鹰号"与中国

---

① "Remarks by Deputy Secretary of Defense Ashton B. Carter at the Woodrow Wilson Center", Asia Program, October 03, 2012.

② Kathleen Hicks, "Keynote Speech, U. S. Forward Presence in the Asia-Pacific Region", Conference at CSIS, Sep. 21, 2012.

潜艇"近距离遭遇"①、2009 年"无暇号"事件等情况，非常担心因双方误判导致冲突失控，因而积极寻求对华军事接触。前太平洋总部司令基廷称，其有 30％的时间用于处理对华问题，美军愿意与中国分享"共同战略"。"维持海上商业航线通畅，保证海上运输安全是我们共同的战略目标……中美双方的战略利益是能共享的。"② 美方还想建立防止中美海上发生敌对事件的机制协议，"冷战时美苏曾达成协议，双方军舰不用炮瞄准对方，也不派战机飞越对方舰船上空。中美战舰也应建立类似机制。"③ 威拉德亦强调，中国在南海等议题上表现出的"进攻性"，"迫切要求太平洋总部加强对华军事交流"。"只有以积极的方式增进彼此了解，才能消除误解和猜疑，把擦枪走火的风险降至最低。"④ 由此可见，作为与中国近距离接触并发生过直接碰撞的美军方机构，太平洋总部希望通过接触、对话、机制等合作方式与中国共处。

另一方面，它毕竟是直属国防部的军方部门，出于部门利益和美国战略利益考虑，太平洋总部也是美国"重返亚太"、导弹防御、网络安全等进取性政策的鼓吹者和执行人。太平洋总部密切注视中国在亚太各方面的影响力，特别是军力增长所带来的挑战，积极主张通过发展与日韩新泰印甚至太平洋岛国等盟友伙伴的关系抵消中国影响。⑤ 威拉德也曾渲染中国歼－20 战机和东风－21D 反舰导弹"显著增强了对美军及其盟国军队的威胁能力"，美国应将装有最新弹头的 SM－2 型和 SM－3 型双模式导弹

---

① 美国之音在 2009 年 7 月 10 日的报道中称，基廷称，2006 年，一艘中国海军"宋"级常规动力潜艇在日本冲绳海域"跟踪""小鹰"号航母，并一直没有被美军发现。直到这艘潜艇进入鱼雷攻击射程主动浮出水面后，美军才发现不速之客。这一"照面"令美军对中国潜艇部队刮目相看。据基廷透露，当时在美军太平洋总部的"责任范围"内，通常有 250 艘潜艇在活动，其中属于中国海军的有 60 余艘。基廷说："我们非常密切关注中国潜艇的质量与数量发展。他们的数量正在逐渐增加，质量升级也不容小视。""U. S. Pacific Commander Wants 'Candid' Talks in Beijing", *Voice of America*, July 10, 2009.

② 同上。

③ 同上。

④ "Pacific Command Faces New Set of Challenges", *SIGNAL Magazine*, Oct. 2010.

⑤ Michael Auslin, "Views from Hawaii", *National Review*, Sep. 11, 2011.

出售给日韩和其他亚洲盟国，以增强美国威慑力。华盛顿还需明确无误地告诉中国，一旦其使用反舰导弹攻击美国航母，将被视为攻击美国本土，届时美国将作出毁灭性回应。①

总之，不论是国防部还是太平洋总部，在应对中国崛起问题上与奥巴马政府主流思想非常一致，甚至可以说与奥巴马本人的国家安全观一拍即合，奥巴马本人也因此被称为在国家安全问题上颇有建树的民主党总统。从这个意义上说，尽管奥巴马政府各部门均有其自身职能特点和部门利益，但相互之间在更宏观的国家利益层面实现了较为完整的统筹，如希拉里领导的国务院就非常强调外交与经济、军事三个支柱配合发挥作用，而盖茨——帕内塔领导的国防部"非常忠实"地发挥职能，履行其接触与制约相结合的对华政策，共同服务于"寻求一种非零和关系模式"的目标构建，即以实现对华和平稳定的关系为目标，统筹采用接触与制约。

当然，在奥巴马政府对华政策中，副总统拜登、国家安全事务助理琼斯——多尼隆也是很重要的角色。副总统在美国内向来被认为是个"闲差"，但精于外交事务、曾任参院外委会主席的拜登在为奥巴马提供政策咨询并参与政策制定上发挥了重要作用。2011 年 8 月，拜登访华并将此次访问定位为"结识中国新领导人"，得到习近平全程陪同。2012 年 2 月，又由拜登出面邀请习近平访问华盛顿，以为"中美两国关系的未来建立基础"。拜登与中国未来的国家领导人"通过长时间、近距离接触，认定习近平确实想与美国保持坚实关系"②，拜登也由此被奥巴马视为对华政策中的关键人物。2012 年初，美国内一度传出"白宫将让副总统拜登来为奥巴马政府的对华政策掌舵"的消息，以"帮助奥巴马政府从下届中国国家主席的视角看待美中关系"③。随着奥巴马第二任期展开，副总统拜登仍将在对华政策中发挥富有特色的"首脑外交"作用。

---

① "Chinese Missile Tilts Power in the Pacific", *Financial Times*, Dec. 26, 2010.

② 坎贝尔：《18 大后美中关系不变》，美国中文网，2012 年 10 月 9 日，http://www.news.sinovision.net/portal.php? mod=view&aid=232084.

③ "Biden Gets China", *The Atlantic*, Jan 2, 2012.

　　拜登认为美中关系是美国外交中最重要的议题，必须妥善处理，美国欢迎"公平条件下的竞争"①。在 2011 发表的《中国的崛起并不是美国的覆灭》一文中，他写道："我深信，一个成功的中国能使我们的国家更加繁荣，而不是不如现在繁荣……在从全球安全到全球经济发展的诸多问题上，我们都面临着共同挑战，肩负着共同责任——也有合作的动力。这就是为什么我们的内阁努力让我们的关系建立在稳固基础上的原因。"② 拜登并不否认人权、知识产权等矛盾，但称"美中存在竞争，但双方不是零和游戏，而是良性竞争"③。

　　鉴于奥巴马本人坚持其在对外事务上的主导权，国家安全委员会（NSC）成为其协调立场、制定政策的最主要平台。相对而言，琼斯与多尼隆更偏向于发挥政策协调作用，毕竟奥巴马政府其他主要阁员均非常强势。在对华政策方面，国安会不仅是各方观点交锋、并最终统一的场所，其首长也在转圜中美关系中发挥着重要作用。如 2010 年 9 月，时任国家安全副顾问多尼隆与国家经济顾问劳伦斯·萨默斯（Lawrence Summers）一起前往北京，试图"重启"迅速恶化的美中经济和军事关系。此次访问多尼隆"成功地完成了任务"，不仅修复因 2010 年对台军售而导致的搁置近一年的美中关系，也为胡锦涛 2011 年 1 月访美安排全部行程。多尼隆行事低调，与拜登及其家人关系私交甚笃，堪称拜登外交政策"监护人"。④ 二人密切的关系也促使主张"应从各个层面上延续与中国的同等

---

①　"Biden Tells West Point Cadets: prepare for new threats", *Reuters*, May 26, 2012.

②　Joseph R. Biden, "China's Rise isn't Our Demise", *New York Times*, Sep. 7, 2011.

③　"Remarks by the Vice President at Sichuan University", The White House, Aug. 21, 2011.

④　据美国媒体透露，多尼隆与拜登渊源很深。多尼隆在 1988 开始协助拜登。拜登当选副总统之前，在参议院外交事务上的成就也十分显赫。自 1995 年以来，他一直是颇具影响力的参议院对外关系委员会成员，并于 2001 年至 2003 年，以及 2007 年至 2008 年担任该委员会主席。多尼隆担任奥巴马的副国家安全顾问一职位也是透过拜登鼎力推荐。不仅如此，多尼隆及其家人与拜登家庭关系也非常紧密。多尼隆的妻子罗素（Catherine Russell）是副总统夫人（Jill Biden）的幕僚长，也曾任拜登在参议院外交委员会的顾问。参见：Richard Wolffle, "The Next Rahm?" *The Daily Beast*, Sep. 28, 2012.

级关键领导人的接触"的拜登一度掌握了对华主导权。

由上可知，不论是奥巴马本人，还是其主要阁员，在对华政策方面均统一于一个思想，即寻求一种非零和的关系模式。其前提是，遏制中国不符合美国利益，美国欢迎中国"符合规则"的崛起；接触与合作应成为主流，但军事制约必须作为实现这一目标的辅助措施，以"塑造"中国采用"和平手段"崛起的可能性，防止最坏情况的发生。因而，不管是较为"鹰派"的希拉里、帕内塔，还是较为"鸽派"的盖茨、多尼隆，其观点倾向不过是从各个角度服务于"非零和"的最终目标。这就是本书将奥巴马政府对华政策的目标定位为"非零和关系模式"在认知上的佐证。

第四节　对奥巴马政府官方文件的解读

上文主要从人与机制及其互动关系角度探讨奥巴马政府对华认知，本节有必要从官方载体中寻求其对华脉络。通过对奥巴马政府一任期间出台的官方文件及正式报告中涉华部分的解读，将中国因素放入更大的国家安全战略背景下考虑，可以最权威、最系统地反映出其对华的主要思路。

奥巴马上台后，2010 年发表《国家安全战略》、《四年防务评估报告》，2011、2012 年分别发表两份《国家军事战略》报告，形成较为完整的国家安全战略思想体系，其中中国因素均直接、间接地渗透其中，已然成为美国对外战略中最为关键的一个变量。尽管每一份报告均仪式般地强调"欢迎一个繁荣、稳定的中国"，但其担忧和多方应对也是显而易见的。

一、美国国家安全战略视野下对中国崛起的定位：机遇与挑战的两分法

美国国家安全战略作为代表总统战略思想、白宫授权发布的最高对外战略指针，应是奥巴马政府最核心的战略阐述，其他相关报告均以该报告主题思想为核心进行延伸。2010 年的《国家安全战略》提出，美国国家安全战略应着眼于"重振美国领导地位"，并以国内建设、国际秩序为两

大重要支柱。该报告提出安全、繁荣、价值观与国际秩序为美国并列的四项"持久利益"，强调在"非零和世界中"接触的重要性。[①] 该报告将中国与印度、俄罗斯并列为除盟友之外的"其他重要的影响力重心"，旨在建立"更深入、有效的伙伴关系"。而国防部 2010 年出台的《四年防务评估报告》尽管认同上述国家利益，特别是"推行国际法，强化国际体制和框架的运作与现代化改造"的必要性[②]，但认为新兴力量是否以及如何全面地融入全球体系，将是本世纪需要确定的问题之一，并涉及美国主要利益。它强调以军事手段维护这些利益的重要性："美国的全球利益和角色要求其军队具有无可匹敌的能力，以及为了捍卫我们的国家利益和共同福祉而使用军队的国家意志。"尽管美国强调与中国形成非零和共处关系乃优先目标，但亦强调军事手段维持这一目标的重要性。这实际上不过是为美军力找到了更冠冕堂皇的理由，即机制与规则。

2011 年美国《国家军事战略》更解读道："领导能力是指我们如何应用全频谱力量，以保护我们的国家利益并推动国际安全和稳定……我们国家的安全与繁荣是密不可分的，由我们的价值观以及在国际秩序中的领导能力来维持……我们的领导能力将强调共同责任及相互尊重。实现该战略将需要一种全频谱的直接及间接领导方式，其中包括由军队扮演推动者、促成者、召集者及保证者的角色，有时甚至同时扮演以上各种角色……就所有这些领导方式而言，我们将寻求更为广泛且更有建设性的伙伴关系……在执行这样的任务中，最好有伙伴及盟国的帮助，如有必要也可单独行事。"[③] 由参长联席会议推出的这份报告强调通过伙伴关系、共同责任发挥美国领导能力，亦强调军队在其中扮演推动者角色，反映出不管是

---

① "National Security Stratagy",2010, pp. 2−3, http://www. whitehouse. gov/sites/default/files/vss_views/national_security_strategy. pdf.

② "Quadrennial Defense Report", 2010, p. 9, http://www. defense. gov/qdr/images/QDR−as−of−12feb10−1000. pdf.

③ "The National Military Strategy of the United States of America: Redefining America's Military Leadership", http://www. army. millinfo/references/doc/nms %20 FEB %20 2011. pdf. Feb. 2011, p. 35.

军方还是白宫，均把维护美国领导地位作为核心目标，强调军队将主要是通过合作、必要下单独行事的方式实现这一目标。该报告还认为："全球力量分布的变化标志着整个世界向'多节点'结构发展。这种关系，更多表现为建立在外交、军事和经济力量基础上，并受利益驱使的动态联盟关系，而非对立军事集团在安全领域激烈的竞争关系。一些全球和地区性力量表现出的民族主义和过分自信，正在检验着我们伙伴国的适应能力和美国的领导能力。在亚洲就有两大日益壮大的全球性力量以及不少有着举足轻重地位的地区性力量……这种动态发展趋势尤其会对地区稳定构成挑战。""一些国家正在开发'反介入'和'区域拒止'能力和战略，限制美国和其他国家的行动自由，挑战我们通过全球公共空间投送力量的能力，增加了我们的作战风险。同时，空间和网络空间作战领域更容易受到恶意破坏……一些国家实施或容许实施网络入侵行为，这预示着这一联接全球的领域将会不断遭到威胁。"① 该报告既强调"多节点"、"动态联盟"的世界非为零和竞争的世界，但也暗示中国等"过分自信"的全球与地区性力量给美国带来的挑战，包括反介入、网络空间等等。

2012年美国新军事战略重申："应确保美国军事力量能够阻止并击败任何潜在敌手的侵略。可信的威慑不仅产生于让侵略者无法实现目标的能力，而且产生于让侵略者承担无法接受的代价的补充性能力……通过在所有领域——陆地、空中、海上、太空和网络空间——实施联合军事攻势，我们的计划所设想的军队能够充分剥夺一个强大国家在一个地区实现侵略目标的能力。""老谋深算的敌手将会利用非对称的实力，包括电子和网络战、弹道导弹和巡航导弹、先进的防空能力和布雷等方法来增加我们对行动做出估算的难度。中国和伊朗等国将继续采取非对称手段来对抗我们的力量投射能力……美军将按照需要投入力量，以确保自己在反介入和地区

---

① "The National Military Strategy of the United States of America: Redefining America's Military Leadership", http://www.army.millinfo/references/doc/nms %20 FEB %20 2011. pdf. Feb. 2011，p. 35.

封锁环境下实施有效行动的能力。"①

如上表明，尽管总统以非零和视角看待世界，强调合作与接触的必要性，但国防部则重在审视中国崛起所带来的挑战。这反映出奥巴马政府对中国崛起机遇与挑战并存的两分法认识。只不过白宫更强调前者，而国防部更强调后者，综合起来是一体两面而已。

二、如何应对中国崛起：尝试寻求非零和关系模式

（一）以是否对国际机制"负责任"作为衡量与美国关系的标准。《国家安全战略》提出："接触将寻求建立一种认可所有国家的权利和责任的国际秩序。各国必须对负责任的行动予以鼓励，或在某国不负责任时对其进行孤立。所谓负责任，即各国团结一致应对诸如极端暴力主义、核扩散、气候变化和全球经济形势变化等共同挑战的能力。那些拒绝承担责任的国家将放弃国际合作带来的机遇。合理而高效的军事行动方案——从制裁到孤立——必须强大到足以改变对方的行为，如同我们必须增强联盟和自身的军事能力那样。同时，如果有国家挑衅或破坏基于权利和责任的国际秩序，它们必将受到孤立。"② 这反映出奥巴马政府试图掌握一国是否负责任的话语权，并采取从接触到孤立一系列由软到硬的手段促使各国遵守国际责任。而对待中国这样的新兴国家，能否"负责任地崛起"更成为奥巴马政府判别对华关系的一个有利杠杆，既约束中国，亦改变中国。

（二）将中国崛起纳入更大的应对亚洲崛起的范畴。美国报告一再强调亚洲作为世界未来经济、政治重心的重要性，因而与美国繁荣紧密相连。"我们将通过我们的盟友延伸共同利益，深化与新兴力量的关系，在地区多边架构内寻求发挥更大作用。"③ 2011 年美国《国家军事战略》称：

---

① "Sustaining U. S Global Leadership: Priorities for 21st Century Defense", Jan. 2012, pp. 11－14, http://www.defense.gov/news/defense_strategic_guidance.pdf.

② "National Security Stratagy", 2010, pp. 2－3, http://www.whitehouse.gov/sites/default/files/vss_viewer/national_security_strategy.pdf.

③ 同上。

"尽管国家债务给美国带来了重大的安全挑战，但在可预见的未来，美国仍将是最重要的经济和军事力量。亚洲将增加其在全球财富方面的地区份额。尽管中国要面对国内问题带来的各种挑战，但是预计其数十年持续的经济增长会有利于持续的军事现代化和在该地区及其他地区的利益扩张。亚洲的其他国家也一样，随着经济的繁荣发展，各国的军事能力也在不断提高。"但当时该报告中并未把亚洲视为最重要的地区。而2012年的新军事战略则明确将亚洲提升为美国最关注的地区："美国经济与安全利益与从西太平洋和东亚延伸到印度洋地区和南亚的弧形地带有着无法摆脱的联系，从而形成了不断演变的挑战与机遇的混合。因此，虽然美军将继续为全球范围的安全做出贡献，但是我们必须恢复亚太地区的平衡。我们与亚洲盟国和重要伙伴国的关系对于该地区今后的稳定与经济增长至为重要……我们还将扩大我们与整个亚太地区的新兴伙伴国合作的网络，以确保集体实力和实现共同的利益的能力……维护和平与稳定、自由通商和美国在这个生机勃勃的地区的影响，在一定程度上取决于军事实力和驻军的基本平衡。在很长一段时间里，中国作为一个地区大国的出现可能会以各种方式影响美国的经济和我们的安全。维护东亚的和平与稳定十分符合我们两国的利益，建立合作性的双边关系也符合两国的利益。然而，伴随中国军事力量增长的必然是其战略意图的进一步明确，以避免在该地区造成摩擦。美国将继续投入必要的力量，以确保我们保持在该地区的机会和按照我们的条约义务与国际法自由行动的能力。我们将与我们的盟国与合作伙伴构成的网络密切合作，继续促进基于规则的国际秩序，因为这种秩序确保了基本的稳定，促进了新兴大国的和平崛起、经济的活力和建设性的防务合作……美国将继续与强大的盟国和合作伙伴一道领导全球范围的工作，以确保全球公共领域的准入权和使用权，不仅通过加强有关负责任的行为的国际规范，而且通过保持相关的和具有互操作能力的军事实力来做到这一点。"①

---

① "Sustaining U. S Global Leadership: Priorities for 21st Century Defense", Jan. 2012, pp. 11－14, http://www.defense.gov/news/defense_strategic_guidance.pdf.

奥巴马上台伊始即高调"重返亚太"，但以 2012 年新军事战略出台为标志，"亚太再平衡"成为最重要的优先事项。其中美军被视为恢复"亚太平衡"的关键，盟国、新型伙伴均被视为实现共同利益的一部分，而其目标是维护"和平与稳定、自由通商与美国的影响力"、确保新兴大国"和平崛起"、加强"负责任的国际规范"。一言而蔽之，就是利用军力确保国际规则，这又回到奥巴马本人"进步现实主义"的世界观。

（三）最大限度地与中国合作与接触"塑造其有利的选择"，同时为"不测"预作准备。《国家安全战略》提出："美国要领导 21 世纪的世界，就需要与新兴大国合作。美国将继续寻求与中国建立积极合作全面的关系。欢迎中国与美国以及国际社会一道，在推进经济复苏、应对气候变化与不扩散等优先议题中，担当起负责任的领导角色……随着中国影响力的不断提高，我们将鼓励其作出有利于和平、安全及繁荣的选择……利用战略与经济对话等机制，增进军事联系以减少猜疑……意见不同不应妨碍双方在共同利益领域进行合作。"同时，它也"关注中国的军事现代化，并做好准备，以确保美国及其地区和全球性盟友的利益不会受到负面影响"。《四年防务评估》则认为中国崛起蕴含不确定因素，可能改写现有国际秩序。它开宗明义地指出："美国面临着一个复杂而不确定的安全环境……中、印崛起将重塑国际体系，使人们再也无法轻易确认这个国际体系的性质。"该报告称："中国在地区及全球经济和安全领域内的成长及其影响力的快速发展，成为亚太乃至全球战略格局演变的最引人注目的因素之一。尤其是中国军队为支持中国日益增长的地区和全球利益，已开始扮演新的角色……这种变化将使中国能够在国际事务中发挥更加实质和建设性的作用。美国欢迎一个强大、繁荣和成功的中国在全球范围内发挥更大作用。美国欢迎与中国更紧密的合作所带来的积极成果。但是，缺乏透明以及中国军力发展和其决策程序的本质，不免使人对中国未来在亚洲及以外地区的行动和意图产生疑问。因此，我们与中国的关系必须是多方面的，并通过建立信心和消除误解这种互惠的方式加以增强……应保持沟通渠道的畅通，以便就分歧进行磋商，从而管理并最终降低冲突风险。"①

如上报告用不断的"但是"与"转折"语气告诉我们，美国认识到除与中国合作没有其他选择，包括共同领导、机制交流、战略互信等方面，但其伏笔在于对中国"意图"的不确定使其有必要采取"多方面"的手法，即在全方位合作的同时必须进行一定的制约。实际上，《四年防务评估》、《国家军事战略》等均把"预防并慑止冲突"作为其主要任务之一：美国"不懈地争取在不诉诸武力的情况下促进共同利益，这是美国领导和管理国际体系的特征之一……要预防出现对美国利益的威胁，就要协调使用外交、经济、国防，以及情报、法律和国家经济手段，以便协助伙伴国提高维持和促进稳定的能力……我们实施威慑的基础力量是具备在使用'反进入'（即阻止对手向特定区域投送作战力量）武器和战术环境中应对有限和大规模战争能力的陆海空部队，以及准备好应对国家和非国家组织全面挑战的作战力量"。报告列举了朝鲜、伊朗、中国、俄罗斯等所带来的挑战，提出制定"海空联合作战构想"（在各种军事行动中能够中击败对手，包括击败一个拥有强大的"反进入"和"区域拒止"能力的对手）、发展远程打击能力、优化前沿部署态势、加强海外军事存在并提高其反应能力等具体威慑措施。② 值得注意的是，尽管国防部突出了军事本位的职责，但其目标仍是服务于"美国领导的国际体系"的稳定，通过各种手段使中国的崛起沿着符合这一目标的方向演进。

总之，通过对奥巴马政府国家安全战略相关报告解读，可发现：一、美国家安全战略目标在于维护和改造现体系使其符合美国利益，并借此重塑美国世界领导地位；二、美国领导下的国际机制是"稳定、自由、开放的"；三、中国的崛起必须符合和有利于美国领导下的国际秩序，为此，一方面通过全方位接触促其合作和改造，以融入现体制，另一方面通过规则制约、军力威慑、盟友制衡等方式防止其打破现状，圈定其崛起的高度

---

① "Quadrennial Defense Report", 2010, p. 9, http://www. defense. gov/qdr/images/
QDR－as－of－12feb10－1000. pdf.

② 同上。

和界限；四、合作是美国所能选择的最合理、最优先的选项，军事旨在为合作开辟路径，主要用于威慑、限制对手，但必要情况下也用于"击败"对手。这就是奥巴马眼中对华的非零和关系模式。

小　结

本章从两个层面透视了奥巴马政府对华的思维模式：一是执政团队包括奥巴马本人及其主要阁员、相关政府部门的对华观点与倾向。通过人、机制以及其互动探讨其应对中国崛起的主要思路。二是从奥巴马政府正式出台的战略报告中解读出其对华的主要思路。认为奥巴马本人奉行"进步现实主义"外交理念，即将对国际体系的渐进性改革、实现"规则"与机制主导的国际体系为最终目标，同时对美国国家利益保持较为强硬的现实态度，在涉及美国本土安全、经济利益方面"该出手时就出手"。在对华问题上，奥巴马政府一直秉持合作的重要性，其内阁成员不论思想倾向是软是硬，在这一问题上可谓共识。但由于奥巴马本人随着对华关系的展开、双方实际利益碰撞的增加，以及此间与中国关系消极互动的结果，导致其对华政策出现"高开低走"、"由软及硬"的客观变化，对华关系中合作面继续深化的同时，制约倾向也更加凸显，呈现出"两手都要硬"的局面。可以说，奥巴马政府对华政策尽管在应对手法和策略上发生了变化，但其目标没有改变，就是寻求一种与中国共处的"非零和关系模式"。这一模式在思想认知上肯定中国的繁荣与稳定有利于美国及世界的利益，并否定"零和"关系与霸权竞争的必要性。但其前提是：中国的崛起必须符合"国际规则"，必须是"负责任"的崛起。为实现这一目标，奥巴马政府采取了一整套由软及硬的手段与措施：最大限度地寻求合作，利用规则进行融合与制衡，通过包括军事手段在内的有限制约（即非美苏冷战模式的全面对抗与制约）塑造中国崛起的方向，以实现美国主导的对华"非零和关系模式"。

第三章　奥巴马政府对华政策的实施：
在合作与碰撞中寻求
"非零和"的路径

奥巴马政府对华非零和关系思维既是上台伊始的既定思想，也是此后在对华关系具体实践中不断摸索的过程。在刺激—反应、合作—碰撞的互动关系中，美国始终把握"非零和关系"的底线，使双方最大程度地进行了合作，也使双方的利益冲突控制在一定范围内。通过梳理奥巴马政府对华政策展开与演变的过程，揭示其行为与中国的互动关系，可以挖掘其背后考虑与动态互动的逻辑关系，从而证明"非零和"不仅是一种目的，也是一个路径依赖的过程，不仅是一种既定的思维，也是实践的要求和结果。

从奥巴马政府对华政策的演变看，可明显地分为四个阶段：一是基础奠定期；二是螺旋下降期；三是再调整期；四是过渡期。以时间为经度，以政治、军事、全球与地区问题、经济这四个美国对华及美中关系中最为主要的议题为纬度，可构筑起一个全面考察四年来美国对华政策变化轨迹的立体化框架。通过对事实的过程追踪与分析得出结论，可防止先入为主过滤事实。

第一节　基础奠定期（2009 年）：良好的
开局难以掩盖对华矛盾

一、以"积极、合作、全面"的对华关系为主调，政治上谋求通过高层交往与关系建设奠定对华关系基础

奥巴马上台伊始就坚定地认为美中合作应对金融与气候问题十分重要。为避免往届因政府更换导致的对华"不确定与磨合期"，奥巴马就职前就给胡锦涛打电话，表明愿意与中国发展正面、建设性的关系。希拉里更将其首访定在包括中国在内的亚洲四国，表示"中美即便有不同，但美国非常致力于与中国的合作关系，这对美国未来和平、进步与繁荣至关重要……中美应'同舟共济'"①。此次访问达成建立 S&ED（The Strategic and Economic Dialogue）机制，把布什时期的"高层对话"与"战略经济对话"整合，以加强在经济、贸易、法律、科学、教育、文化、卫生、气候变化、军事交流、人权等方面的对话合作。3 月，中国外长杨洁篪访问华盛顿，为 4 月 G20（二十国集团）会议上胡锦涛与奥巴马的首次见面做准备。杨外长与希拉里讨论了朝鲜、气候变化、阿巴等问题，表明了北京非常想确保双边关系扩大的意愿，认为"中美面临发展机遇"。4 月，胡锦涛与奥巴马在 G20 上首次会面，并正式同意建立"面向 21 世纪的积极、合作与全面的美中关系"（a positive, cooperative and comprehensive）。这比布什时期的"建设性、合作、坦率"的对华关系进了一步。双方还宣布建立 S&ED，而布什时期仅对盟国使用"战略对话"。双方还赞赏对方的金融刺激计划，同意国际金融机制应更多帮助新兴市场，奥巴

---

① Hillary Clinton, "U. S. and Asia Relations: Indispensable to Our Future", Hillary Clinton, Remarks at the Asia Society, New York, Feb. 13, 2009, http://www. state. gov/secretary/rm/2009a/02/117333. htm.

马接受下半年访华的邀请。奥巴马对华政策开局良好使双方均提高了合作的期望。

7月召开了双方首次 S&ED。正如其联合声明所表达的，对话"旨在为促进理解、扩大共同基础、降低分歧、增进互信、夯实合作提供独特的平台"，并通过跨部门讨论解决气候变化等问题。对话分战略与经济两个轨道，前者由希拉里、戴秉国主持，后者由盖特纳（Timothy Geithner）、王岐山主持。奥巴马在开场白中称，美中有四个合作领域：经济复苏、清洁能源、核不扩散、跨国挑战……为了应对这些 21 世纪的挑战，国家间关系不再是零和的，而应共享安全……美中未来"不应仅是出于必要的伙伴，也是机遇的伙伴"①。在此奥巴马没有将美中关系定位为布热津斯基等人主张的 G2（两国集团），反映出其顾忌到欧亚盟友的反对态度。②S&ED 包括 4 个支柱：双边（人员交流）、国际安全问题（不扩散、反恐）、全球问题（卫生、发展、能源、全球机制）、地区安全与稳定（阿巴、伊朗、朝鲜）。联合声明重申六方会谈与非核化的重要性，承诺加强在阿巴、中东的合作，以及在苏丹问题上协调立场的意愿，并决定在次一级对话中专门讨论亚洲、中东、非洲、中亚、拉美、反恐问题。会议在气候方面达成唯一一项具体协议，决定建立气候变化政策对话，支持《联合国气候变化框架公约》。经济方面，双方承诺短期内致力于经济复苏，长远则旨在实现"可持续、平衡的全球增长"。美国将提高私人储蓄、降低政府赤字，中国则努力改变出口导向经济、鼓励国内消费、加强社会安全网、改革金融系统等。中国舆论认为此次对话显示出中国更加主动，在债务安全方面有发言权，应"抓住机会设定议程"③。

9月，中国人大委员长吴邦国访美，是人大委员长近 20 年来的首次访美。此次访美签署了 41 项协议，包括投资、经济、技术合作，价值

---

① 奥巴马：《S&ED 是推动中美关系的重要步骤》，新华网，2009 年 7 月 28 日。

② Bonnie Glaser, "U. S. -China Relations: A Good Beginning Is Half Way to Success", *Comparative Connections*, *A Quarterly E-Journal on East Asian Bilateral Relations*, CSIS/Pacific Forum CSIS, April 2009.

③ 《美国礼遇中国引世界惊讶，专家呼吁保持清醒》，《环球时报》2009 年 7 月 28 日。

120 亿美元。吴邦国提出促进美中关系的三点建议：扩大双赢基础上的合作范围，增进交流建立合作基础，在相互尊重基础上处理分歧。奥巴马在会见时称"美中战略伙伴关系不仅有益于中美，也有益于世界"。副总统拜登表示同意吴邦国提出的"双方关系进入新的历史阶段"，称是"最重要的双边关系，也是非零和的关系，美国希望中国成功"。该月，胡锦涛访美参加联合国会议期间与奥巴马进行第二次一对一会面。奥巴马称他"真的想与中国发展全面合作关系，希望双边合作更有活力"，并接受中国邀请 11 月访华。双方讨论了朝鲜、伊朗、气候变化、全球经济复苏以及双边经贸关系等问题。奥巴马强调伊核问题对美国国家利益的重要性，希望美中加强合作。胡锦涛表达了中国与美国合作的意愿，但认为应正确处理双边问题，尊重彼此利益，包括中国台湾、西藏与新疆的主权与领土完整。他指出奥巴马实施的轮胎特保案不符合两国利益，"不应再发生"，并提出加强关系的四点建议：保持高层往来，执行 S&ED 协议，加强地区与国际事务协调，包括朝鲜半岛、伊朗、南亚及气候变化等全球问题，加强文化与人员往来以强化双边社会基础。

　　11 月奥巴马访华。尽管此前双方进行了周密准备，贝德还几次赴京与中方准备《联合声明》措辞，但当时中美舆论对此次访问均期望不高。美国认为奥巴马难以在气候变化与经济再平衡上有所斩获，中国则认为尽管中美合作很重要，但美国在贸易与西藏等问题上态度不会改变。经过合计长达 6 小时的会面，胡锦涛称会谈"坦率、建设性、非常有成果"，中国将"继续本着面向长期的战略性态度，增进对话合作"。胡锦涛还表示反对任何形式的保护主义。奥巴马则欢迎中国"在世界舞台上发挥更大作用"，但强调"这意味着更多责任"。他肯定了双方在地区及全球问题上的合作，以及中国"向更加市场化汇率的努力"。奥巴马重申尊重中国主权与领土完整，呼吁中国政府尽快恢复与达赖对话，并基于《三个联合公报》和"与台湾关系法"鼓励两岸发展联系。[①] 双方宣布达成"增进在气候变化、能源与环境合作谅解备忘录"，建立中美清洁能源中心，并签订

---

① 奥巴马：《S&ED 是推动中美关系的重要步骤》，新华网，2009 年 7 月 28 日。

了自 1997 年以来首次《联合声明》。从声明看，双方合作非常广泛，涉及双边、地区、全球各个层面，反映出其合作深度、广度及对两国利益的重要性。美国官员私下认为美国有两点收获：一是"中国欢迎美国作为亚太国家在地区发挥和平稳定繁荣的建设性作用"，而上一次由中国最高领导人发出这一看法是早在 2001 年前总书记江泽民对布什称，"中国认为美国在地区的存在是稳定力量，中国不寻求把美军驱逐出去"。① 二是"采取切实步骤促进军方关系持续发展"，美国揣度中方可能不会对此后的对台军售做出过激反应。对中国而言，则认为"尊重彼此的核心利益"是重大成功。不过，美国内对奥巴马此次访问批评声音居多。一是认为访问没有取得成果，二是认为奥巴马过于"软弱"，"欢迎一个独裁者发挥全球影响力"。特别是指出奥巴马访华受到的新闻监督：包括在上海的演讲"被严密控制"并限制中央台直播，以及《南方周末》的采访受到中宣部抵制和网络封锁。② 也有少数正面声音，如沈大伟认为实质性改善了美中关系的基调和实质。吉姆斯·法洛斯（James Fallows）认为中国在奥巴马访问后开始慢慢做些让步，如 11 月底支持国际原子能机构（IAEA）要求伊朗停止富核计划的决议。③ 不过，葛莱仪（Bonnie Glaser）认为中国作出的让步有限：因为此后中国在伊朗问题上"不再采取任何步骤"，包括拒绝接受沙特与美国要求中国降低对伊朗石油的依赖；1 个月后温家宝称绝对不会重新评估币值，表明在汇率问题上的让步也有限。气候方面，尽管中国宣布 2020 年降低二氧化碳排放量占总体经济比重的 45%"是个进步"，

① 美国学者认为该表述的中英文版本有细微差别：英文为"China welcomes the United States as an Asia-Pacific nation that contributes to peace, stability and prosperity in the region"，指"中国欢迎美国作为一个太平洋国家而发挥有利于地区和平、稳定与繁荣的作用"；而中文版本是"中国欢迎美国作为太平洋国家所做的有利于地区和平、稳定与繁荣的努力"，即"China welcomes the efforts of the United States as an Asia-Pacific nation to contribute to peace, stability and prosperity in the region"。Bonnie Glaser, Obama-Hu Summit: Success or Disappointment, *Comparative Connections*, Jan. 2010.

② Jeffrey A. Bader, *Obama and China's Rise: An Insider's Account of America's Asia Strategy*, Brookings Institution Press, 2012, pp. 24—25.

③ James Fallows, "Last words on Obama and China", *the Atlantic*, Nov. 2009.

但此后在哥本哈根会议上因拒绝核查而勉强与美国达成妥协协议，导致奥巴马难以向国会推销对发展中国家提供援助以及控制排放量的气候决议（国会依然把中国的首先承诺作为前提），也从反向上降低了北京减少自身排放量的意愿，因为它不确定美国是否会这样做。[①] 尽管如此，访问符合奥巴马政府从长远战略角度而非一时一事考虑对华关系的想法。奥巴马政府希望通过强化关系建设、静悄悄的外交等形式构筑对华合作框架，这要求其必须超越眼前利益。

奥巴马政府上台后还有意淡化人权问题在中美关系中的影响，但考虑到国内压力也体现出偶尔反复的特点。如希拉里访华前回答记者"是否会在北京提请人权问题"时称，美国应继续提出关注，但"这些压力不能干涉全球经济危机、气候变化和安全危机"，这一说法受到美国内人权分子猛烈抨击。这使其在访华期间修正观点，称"促进人权对美国全球外交至关重要，已就此与中国领导人坦率讨论"[②]。回国后不久，国务院即发表年度人权报告，列举中国人权问题，包括"对新疆与西藏的文化、宗教压迫"。新疆"7·5事件"后，美国反应相对平静，白宫发表声明呼吁"克制"，希拉里称"表达我们的关注"，国会仅有众院议长佩洛西发表谴责声明，被中国视为较为"温和"的立场。[③]

二、积极谋求恢复军事交流，但对华战略疑虑持续发酵

2月底，以美国助理国防部长帮办谢伟森（David Sedney）访华为标志，部分恢复美中军事交流。因2008年10月布什政府售台武器导致中方中断两军交流，此次访问试图全面恢复交流，但中方拒绝全面恢复，坚持

---

① Bonnie Glaser，"US-China Relations：Obama-Hu Summit：Success or Disappointment?" *Comparative Connections*，Jan. 2010.

② Jeffrey A. Bader，*Obama and China's Rise：An Insider's Account of America's Asia Strategy*，Brookings Institution Press，2012，pp. 15—16.

③ Bonnie Glaser，"US-China Relations：Strategic & Economic Dialogue Sets Agenda for Co-operation"，*Comparative Connections*，Oct. 2009.

美国必须解除"三大障碍"①。3月谢伟森在美国国会作证时强调避免美中敌对关系、发展正面关系是新政府的意愿。但此间"无暇号"等事件的发生加重了美国对华战略疑虑。

据五角大楼3月9日称，事件发生在海南75英里处，五艘中国船接近至25英尺距离，试图威胁冲撞美海洋监测船无暇号，投掷木头阻其前进，并试图利用拖网拖住其声纳。当时中国海军正在南海演习，美国认为其监测船"有必要"侦察中国潜艇的部署能力，以"威慑并打败中国对台湾的进攻"。② 美国《华盛顿观察》指出，中方对美国海洋探测船采取对抗措施绝不是第一次，也不是最严重的一次。此次美军方主动公布的动机，是提醒奥巴马政府不要忘记中国的海洋崛起。③ 另有分析认为，美军方把无暇号事件的责任推到中国方面，不仅将会激化美中矛盾，还会让奥巴马政府构思的美中战略接近前景不明。不过，事件正值中国外长杨洁篪访美磋商4月胡锦涛与奥巴马会面事宜，双方均不愿此事妨碍在地区与全球事务的合作，因而同意"确保这些事件不再发生"。奥巴马在会见杨洁篪时表示，双方提升军事对话非常重要，以避免未来发生意外事件。希拉里也表示，希望美中加强军事关系，以确保意外事件不会造成不可预见的后果。此后，美国试图通过不同渠道说服中国讨论此事，但受到中方抵制。美国太平洋总部司令基廷3月19日在参院作证时抱怨道，"这证明中国在南海正以进取性方式不受国际规则约束"，应以"首创精神"制定"交通规则"以解决类似问题。由此看来，尽管此事暂时解决了，但其所反映出的美中深刻的战略分歧，特别是在专属经济区（EEZ）从事军事侦察的合法性问题仍在发酵。此后美国又派重型驱逐舰钟云号护卫无暇号，

---

① 一是美国对台军售；二是美国军舰、飞机在中国南海、东海对中国进行高强度监视、侦察；三是美国国会通过的《2000财年国防授权法》和《迪莱修正案》，对12个领域的两军交流进行限制。

② Ian Storey, "Impeccable Affair and Renewed Rivarly in the South China Sea", *China Brief*, Vol. 9, Issue 9, April 30, 2009.

③ Oriann Skylar Mastro, "Signaling and Military Provocation：A closer Look at the Impeccable Incident", *Washington Quarterly*, March 18, 2009.

中方也派出渔政船维护其南海权利。美中海上冲突成为伴随奥巴马对华政策的一个常量。

3月底美国国防部发表年度《中国军力报告》，强调中国缺乏军事透明度，投资于"毁坏性军事技术、反介入与区域阻挠、核太空与网络战"，改变了地区军力平衡。其远程能力可用于承担人道主义救援、灾难减轻、反海盗等和平行动，但也可更易获取资源和争夺争议领土。① 这代表了美军方对中国军力的典型看法：一方面担忧特别是反介入与区域阻挠等能力，另一方面也认为这些能力可用于提供全球公共产品，关键在于其使用军力的"意图"。这一对意图的担心成为美国缺乏对华战略信任的一个根本原因。

5月1日，美国海军监测船胜利号在中国黄海170海里处受到中国"滋扰"。6月11日，一艘中国潜艇在南海"菲律宾沿海"与美国舰约翰·麦凯恩号拖拽的声纳相撞。美国担心演变为类似于撞机事件的冲突，频繁要求与中国讨论海上安全与行动沟通问题。在G20峰会上奥巴马与胡锦涛讨论过该问题。美国海军作战部长加里·罗海德（Gary Roughead）与中国海军司令吴胜利对话后称："双方保留对海洋法认识的分歧，但已告知他们不应对我们执行任务的人员有任何伤害。"② 太平洋舰队司令威拉德（Robert Willard）称："海洋法允许我们在专属经济区（EEZ）从事军事行动，但也努力化解分歧使其不至升级。"③ 6月底在北京举办了第10届防务磋商会（DCT），中国副总参谋长马晓天与美国防务政策次卿米歇尔·弗卢努瓦（Michele Flournoy）表达了避免类似事件再次发生的必要性，称一旦发生将尽可能谨慎解决。在7月的S&ED中，基廷与中国国防部外事副主任关友非会面，同意恢复军事交流，基廷希望加强军事演习、个人交流、人道主义救援。此后在其澳大利亚访问中，基廷呼吁中国

---

① "Pentagon Report: China's Military Is Capabilities", *CNN*, Marhc 25, 2009.

② "Press Conference of U. S. Chief of Naval Operations Admiral Gary Roughhead", Press Release, Embassy of the U. S. in Beijing, April 19, 2009.

③ "Gates, Willard Seek More Engagement With China", http://www. allmilitary. com/board/viewtopic. php? id=26090.

"更多向公众解释其防务计划，不要自绝于亚太之外"①。

8月在北京召开的"海上军事安全磋商机制"会议（Military Maritime Consultative Agreement，MMCA）尽管同意"需要避免不必要的冲撞"，但未达成指导未来海上行动的任何具体协议。同月美国陆军司令乔治·凯西（George Casey）访华，强调军方交流的重要性，希望与中国进行联合救灾演习。10月24—11月3日中央军委副主席徐才厚访美（此次访问原计划是2008年12月，但因布什对台军售而推迟），与盖茨达成四项协议：促进高访，盖茨次年访华；增进人道主义救援与灾难合作，深化军事医疗合作；扩大两军一般人员交流，增进中等和初级军官交流，促进文化体育联系；扩大现有外交与谘商机制以改善海上安全。美国强调交流延续性的重要性，中方则重申几大障碍，特别是体现在美国官方报告中缺乏对华信任。

三、解决地区与全球问题上寻求中国帮助取得部分进展

（一）气候变化。气候问题是奥巴马上台初期最重要的优先议题之一。实际上自布什二任开始有关如何降低排放量就成为美中关系的一个议题，但奥巴马上台后一度成为中心议题。5月，众院议长佩洛西（Nancy Pelosi，D‐CA）访华讨论能源与气候问题，称"希望探讨合作可能性，以期在哥本哈根大会上完成协议"。访问结束后，尽管佩洛西本人及同访的约翰·克里（John Kerry）均对此后合作表示"乐观"，称中方在限制汽车排放及使用风能方面"令人鼓舞"，但同行的共和党议员吉姆·萨森布雷纳（F. James Sensenbrenner，R‐WI）对中国坚持发达国家优先减排的态度表示不满。② 而作为"人权斗士"的佩洛西此次也因未提及人权问题而受

---

① "Keating Queries Stance on China"，http://www. theage. con. an/national/keating‐queties‐stance‐on‐china‐20090702‐615. html.

② "In China, Pelosi Talks with Hu and Wen About Climate Change"，*New York Times*，May 28，2009.

到国内批评。① 两周后美国气候变化特使托德·斯特恩（Todd Stern）访华，希望"中国同意降低排放的硬指标以期达成下一个气候协议"②。事实证明中美差距巨大。中国认为至 2020 年美国应把排放量降到 1990 年水平的 40％；而 6 月美国众院通过的法案要求美国至 2020 年降低 17％。尽管如此，中国同意在"共同而有区别的责任"下积极与美国合作。在 7 月的 S&ED 上，两国签署"气候变化备忘录"，胡锦涛首次宣布中国有降低排放的义务。奥巴马访华后，中方又宣布 2020 年将降低 45％ 的排放量。美国感到，尽管这并未停止而仅是放缓了总排放量的增加，数量也仍未达到美国和其他发达国家的标准，但这为在哥本哈根会议上的讨价还价提供了可能。③

会议上中美讨论的焦点在于是否要对排放进行独立核查，以及应向发展中国家投入多少资金。谈判在中国副外长崔天凯及美国气候特使托德之间一度濒临破裂，希拉里到来后又抛出所谓对发展中国家的 1000 万美元援助计划，前提是"所有重要国家均需遵守排放标准并接受核查"，试图将达不成协议的责任转嫁到中国头上。最终奥巴马的到来"挽救"了会议。奥巴马直接参与与"基础四国"（巴西、南非、印度、中国）的谈判，建议将"检查与评估"改为"国际咨询与分析"，降低干涉"主权"的色彩，基础四国也同意发展中国家每两年报告其减排进展。美国内部人士认为，正是奥巴马与温家宝之间的同僚合作（the congenial and collegial efforts）说服了其他三方同意，避免了把不成功的责任相互推给对方。④ 但对此次会议如何评价各方看法不尽相同。中国官方总体表示满意，认为"是应对气候变化迈出的第一步"。⑤ 学界则认为美国应为会议的不成功负更多责任，"中国与发达国家差距进一步扩大"。77 国集团则批评他们的

---

①　"Pelosi Avoids Human Rights on China Visit", *Time*, May 27, 2009.

②　"Todd Stern in China: faux pas or change of tack?"*Global Dashboard*, June 12, 2009.

③　Bonnie Glaser, "US-China Relations: Obama-Hu Summit: Success or Disappointment?" *Comparative Connections*, Jan. 2010.

④　同上。

⑤　《温家宝：哥本哈根会议中国已尽心尽力尽责任》，新浪网，2009 年 12 月 27 日。

声音没有在最后文件中得到反映。① 美国专栏作家托马斯·弗里德曼（Thomas L. Friedman）评论道，中美是事实上的 G2，会议反映出中美的权力斗争。② 奥巴马也不满意，后来他在接受美国公共电视网（PBS）采访时称："人们有理由对哥本哈根感到失望。"③ 美国评论还注意到，中国担心美国借气候问题压制其经济崛起，特别是在美国贸易保护主义盛行的情况下。④ 此后，美国减排及对发展中国家援助等承诺受到参院杯葛，而其借口就是要以中国的承诺为前提，这使双方合作处于相互捆绑的死结之中。

（二）朝鲜。朝鲜问题是美国认为的美中关系中最迫切的地区安全问题。美国希望与中国合作"说服朝鲜回到六方会谈并重启其非核化义务"，为此多次与中国沟通，并取得一定进展。4 月初，朝鲜试射远程导弹，之后进行第二次地下核试验，并宣布做好核进攻准备。包括美中在内的安理会通过主席声明，谴责朝鲜发射导弹，并通过扩大对朝鲜制裁决议。6 月初，斯坦伯格访华，敦促中国更加强硬，并采取"更加长远的战略确立东北亚的和平、稳定"。⑤ 7 月初，美国 1874 号决议协调员访问北京，中方也派出外交部、央行、海关在内的小组讨论如何执行决议。同时，中方六方会谈代表武大伟访美，两周后坎贝尔访华。9 月美国朝鲜特使博斯沃兹（Stephen W. Bosworth）访华。此间美国对中国的合作表示"满意"，特别指出所谓一艘被美军认定为"携带违禁物品"的朝鲜货轮，在南海上漂流几周后，在去缅甸的路途中掉头返回朝鲜。美国认为这是北京对缅施压要其拒绝卸货后的结果。希拉里就此事评论道，中国压力可能是"最直接

---

① 《哥本哈根大会结果为美国所期望》，人民网，2009 年 12 月 22 日。

② Thomas L. Friedman, "The Copenhagen That Matters", *New York Times*, Dec. 22, 2009.

③ "Excerpt: Obama on Disaapiontment Over Copenhagen", *PBS*, Dec. 23, 2009.

④ "Copenhagen Climate Talks Will Hinge on Economics, *Los Angeles Times*, Dec. 7, 2009.

⑤ "North Korea: Working to Produce Strong Resolution", Deputy Secretary Steinberg, http://www.state.gov/s/d/former/steinberg/steinbergtravel/2009.169360.htm.

的原因"（a "proximate cause"）①。9 月，奥巴马接受 CNN 访问时对中俄在朝核问题上的合作表示满意，"我们与包括中俄在内的国家形成一个联盟，执行了最严厉的制裁"②。美国还注意到 9 月戴秉国以胡锦涛特使身份访朝后，金正日宣布朝鲜将继续维持非核化目标，表达了双边及多边合作意愿。③

（三）阿巴、苏丹问题。美国要求中国更深卷入美国在阿富汗、巴基斯坦应对穆斯林极端分子的战争。4 月中旬，奥巴马派阿巴特使理查德·霍尔布鲁克（Richard Holbrooke）到巴基斯坦重要盟友中国、沙特寻求帮助稳定巴局势。当时美国认为中国会担心西部稳定及在巴经济利益，有可能会与美国合作。美国要求中国向巴基斯坦提供军事培训和装备，并对巴施压反恐。5 月 6 日奥巴马与胡锦涛通话时阿巴问题成为讨论重点。6 月中旬报道称中国与巴分享情报与装备，并向巴出售了 2.8 亿美元的设备用于抵制汽车炸弹，以共同应对"塔利班与中国穆斯林独立分子的结合"④。美国还敦促中国帮助促进阿富汗稳定与经济发展，要求中国开放从西部进入阿富汗的后勤替代通道。美国众议员马克·柯克（Mark Kirk，R - IL）称其随佩洛西访华时曾提议中美共同为阿富汗提供"国际安全援助力量"，特别是允许阿富汗政府从中国西部购买食物、燃料，确保"国际安全力量"得到可靠物资，此举得到中国政府"正面呼应"⑤。奥巴马政府也在苏丹问题上寻求中国帮助。5 月派苏丹特使斯考特·格拉

---

① 希拉里在泰国第 16 届 AFR 会议上称，中国为该事件的成功结束发挥了作用，中国的压力是"直接"的原因（proximate cause）。参见：John Brandon, "Strengthening US-Asean Ties", Asia Foundation，July 22, 2009.

② "State of the Union With John King, Interview With Barack Obama", *CNN*, Sep. 20, 2009.

③ Bonnie Glaser, "US-China Relations: Strategic & Economic Dialogue Sets Agenda for Co-operation", *Comparative Connections*, Oct. 2009.

④ "China Provides Pakistan With Equipment, Intelligence in Battle Against Taliban", http://voice. yahoo. com/China—provides—pakistan—equipment—intelligence—3606067. html? cat=9.

⑤ "Mark Kirk: I Told China not to Believe US Budget Number", June 8, 2009, http://www. csis. org.

逊（Scott Gration）访华，与中国达尔富尔特使刘贵今讨论"深化美中在苏丹共同利益上的合作"①。

尽管双方在如上地区问题上共同利益越来越多，但由于缺乏战略互信，事实上难以取得有效合作。以阿—巴为例：中国对美国驻军阿富汗持有消极看法，认为这与美国寻求中方合作的初衷是有矛盾的，美国需要改变这一战略。② 而希拉里则批评小布什孤立拉美反美领导人的做法"代价过大"，使俄、中、伊朗"影响力大增"③，美国对华战略疑虑可见一斑。

四、经济上在密切扩大合作的同时采取强硬的贸易政策

经济合作是奥巴马上台初期迫切寻求中国合作的领域。奥巴马政府一方面通过 G20 机制敦促中国实施强劲的经济刺激计划，一方面在双边关系中鼓励中国购买美国债券。在第一次 S&ED 召开前夕，美国财长盖特纳专访北京，强调"中美共同应对危机对于全球经济的平衡、可持续发展的重要性"，鼓励中国继续执行刺激计划，减少对出口依赖，并向中国保证投资美债的安全。④ 在这一时期，寻求中国与美国共同稳定世界经济、各自实现内部调整（美国减少赤字与政府干涉、中国提高国内消费、减少对出口依赖）是美国主要考虑，因而暂缓人民币升值的调门。

不过，美国对华经济需求的增高并未妨碍其采取进取型的贸易政策。9 月 11 日，奥巴马宣布针对中国轻型卡车轮胎增加 35% 的进口税。此决定源于美国际贸易委员会提交的一份报告，称中国进口轮胎增多对美国内市场造成"威胁"。事实上，小布什政府曾四次抵制此项制裁要求。而奥巴马此举有其国内背景：该要求最初由美国钢铁工人协会提出，而协会对奥巴马政府医保改革法案的通过至关重要。此举遭中国商务部强烈反对，

---

① "US Envoy to Visit China, Other Nations on Darfur Peace", *AFP*, May 22, 2009.

② 如中国驻巴基斯坦大使在奥巴马就巴问题打电话的第二天，就对巴商业人士称美国在阿富汗驻军是地区外部力量，需要改变战略。Bonnie Glaser, *Comparative Connections*, July 2009.

③ Iran/Nicaragua, "Hillary Clinton's New Life", July 28, 2009, http://www.voltairnet.org/article161324.html.

④ "Geithner's Asia Background Shows During His China Trip", *Time*, June 1, 2009.

并正式向 WTO 起诉，以对美国进口鸡肉和汽车部件展开调查。10 月，美国又针对中国出口的钢管进行调查。中国则针锋相对要求调查美国汽车补贴，并对美国出口的尼龙纤维加税。该举进一步导致美国要求 WTO 调查中国对金属、化工等原材料的出口税。12 月底，美国宣布了迄今最大一笔对华贸易制裁：对中国钢管实施近 16% 的最终关税（2008 年度进口额为 26 亿美元），为此中国宣布对美国实施反倾销，并对某种钢材实施抵消关税。商务部称这是中国首次同时实施反倾销与抵消关税调查。① 同月，美国贸易代表办公室发布年度报告，称中国的工业政策"试图对非中国商品及外国服务限制市场准入"，包括限制美国对华的汽车出口。② 而随着美中贸易摩擦热度上升，尽管奥巴马政府仍在人民币问题上保持沉默，但舆论逐步开始炒作。如《纽约时报》称中国为"重商主义者"，"人为操纵贸易"。③ 美国还注意到，当时美国并不是唯一与中国进行贸易战的国家，欧盟、东南亚国家也对中国贸易不满意，特别是汇率问题。此前欧盟曾宣布提高对中国出口鞋类的关税，中国则提高了对欧盟出口钢紧固件的关税。英国经济政策研究所认为中国"成为保护主义措施最多的国家"④。

应看到，尽管奥巴马上台初年两国就因贸易问题多次交锋，但正如中国学者所言，"对于具体工业部门而言可能是个零和游戏……但对于中美整体经济关系而言仍是双赢的"⑤。奥巴马对华贸易强硬政策难以掩盖其在宏观上对美中相互依赖的认知。除了在金融危机和购买国债及"全球经济再平衡"上的合作，两国企业间的合作也在增强，如美国通用公司（GE）与上海通用合作开发印度市场，以及与神华公司合作开发煤炭气化

---

①　《反倾销与反补贴调查：中国扳回一局》，中新网，2009 年 11 月 12 日。

②　"2009 Report to Congress on China's WTO Compliance"，http：www. ustr. gov/about－us/press－office/reports－and－publicatio/2009.

③　Paul Krugman，"Macroeconomic Effects of Chinese Mercantilism"，*New York Times*，Dec. 31，2009.

④　Bonnie Glaser，"US-China Relations：Obama-Hu Summit：Success or Disappointment?"*Comparative Connections*，Jan. 2010.

⑤　《交融、摩擦、前景——中美经贸走过 2009 年》，新华社，2009 年 12 月 22 日电。

技术等。

总之，2009年奥巴马政府志在谋求"积极、合作、全面"的对华关系，希望通过频繁的磋商与领导人关系建设为长远的美中关系奠定基础，美中关系也上升到应对金融危机、气候变化的全球层面。奥巴马政府积极谋求对华军事交流，敦促解决两国海上冲突等战略互疑等问题。就其成效而言，在沟通与磋商等关系建设方面成果显著，中美均表现出长远战略合作的良好意愿；在其迫切的朝鲜、伊朗等问题上中国亦有所合作，但深刻的利益分歧犹在；在经贸及气候等美国关心的领域可谓收效甚微：奥巴马政府动辄发动的强硬贸易措施不仅未能促使解决美中贸易不平衡问题，更引发中国的反报复；气候方面美中在哥本哈根达成的协议仅是象征性地维护了某种勉强的合作，美国国会继续以中国减排不力为籍口阻挠气候法案通过。更为重要的是，两国深刻的战略互疑仍在发酵：美国担忧中国随着全方位能力的增强野心会增大，中国则担忧美国国会全力阻止中国作为全球大国的复兴。而这些互信的缺乏在余下的三年中更加一览无余。

第二节　螺旋下降期（2010年）：在矛盾碰撞中艰难磨合

2010年开始暴露出美中关系中的很多问题。其中有一些巧合，但更多的是美中关系中结构性矛盾集中爆发的结果。其时机的选择有其偶然性，但与奥巴马政府对华政策的整体节奏密不可分。2009年面对金融危机考验，奥巴马政府亟需中国"同舟共济"，志在避免上任初期美中交恶循环，望在战略上打造一个坚实的对华关系框架。应该说，奥巴马政府基本实现了这一意图。2010年伊始美国认为售台武器及见达赖事宜不能再拖延，也暗自思忖经过一年经营，美中关系不致因此而脱轨；同时，谷歌（Google）、"天安号"、中国与东南亚国家南海冲突等事件不期而至，亦考验着美国对华的政治智慧。

一、第一回合（2010. 1—7）："天灾人祸"中，美国寻求修补对华关系

（一）政治上密切保持沟通磋商，谋求危机中的"软着陆"。

1月12日，Google 宣布停止在中国运行，原因是发现其公司源代码被盗，导致一些中国人权分子账户被攻击。这一问题很快就被政治化了，美国大使馆正式发文谴责，希拉里也要求中国停止"网络审查"和调查该事件。中国发言人表示强烈反对，称 Google 退出仅是商业行为，美国如此"闹剧"只能把双边关系降到谷底。^① 在与中国政府谈判失败后，3月22日 Google 宣布将搜索引擎移往香港，同时仍保留研发、地图、音乐等业务。这一事件反映出"网络审查"在美中关系中的敏感性，但 Google 选择保留大部分业务也是其在"新闻自由"与商业利润之间权衡的结果。

当 Google 事件正在发酵中，1月29日，奥巴马政府通知国会将售台64亿美元武器，包括爱国者导弹、黑鹰战斗机、反舰导弹等。美国认为此军售尽管与布什政府2008年10月的军售价格相同，但在武器上有所限制：没有出售包括台湾当局一直要求售出的潜艇及 F—16C/D 战机。中国在一天之内做出反应：副外长何亚非向美国大使馆提交抗议公函，称"严重干涉中国内政，破坏中国国家安全，伤害两岸和平统一"；中国将推迟总参谋长陈炳德访美国及太平洋总部司令威拉德访华，取消副部长级安全与军控对话，制裁美国参与军售公司，称此举将对"美中重要合作"产生"消极影响"。^② 中方提出制裁及影响到美中"重要合作"均属首次，其之所以反弹巨大是认为美国违反了中国的核心利益。奥巴马积极谋求对华合作，中方期望美国在售武的质量与数量上能有所下降，而2009年美中较为坚实的合作也使中方认为有理由阻止美国这样做。中国国内反弹非常强

---

① 《谷歌退出中国称言论受限，外交部回击：中国互联网很开放》，中国新闻网，2010年1月14日。

② 《中国高调反击美对台军售，外媒预测中美关系走向》，中国网，2010年2月2日。

烈，甚至有学者建议中国抛售美元。① 但美国分析认为总体而言中国反应还算"温和"：2、3 月间美国航母"尼米兹号"及指挥船"蓝岭号"都被允许访问了香港，"这在过去是不太可能的"；中国也未采取任何制裁行动。经过三周左右的"攻击"，中国学者也开始呼吁"理性"，强调美国售台的国内因素，使事件较快被平息下来。②

2 月初，白宫宣布奥巴马将于 18 日会见达赖。据美方透露，2009 秋达赖访美时曾要求与之会面，奥巴马考虑到即将访华因而有意推迟。为此专门派其高级顾问瓦莱丽·贾勒特（Valerie Jarrett）赴达兰萨拉面见达赖表达对"西藏人民的支持"。当然，这一推迟也受到美国内对奥巴马对华"磕头"的批评。③ 11 月奥巴马访华时曾当面对胡锦涛称他要在几个月后会见达赖，但地点会选择在白宫地图室而非椭圆型办公室。美国认为这反映出他"想要把消极影响减到最低"。会面时没有记者参加，后白宫也仅发了一张合照，但声明称奥巴马"强烈支持保护西藏独特的宗教、文化、语言及人权"，并鼓励中国政府与达赖正式对话。美国分析认为，尽管中国政府严厉批评美国"支持反华分裂力量"，但仍想把不满控制在一定程度内，反映出其应对外部压力更加自信。④

面对美中一系列震荡，3 月斯坦伯格与贝德访华修补关系。中国坚持要美国采取步骤弥补伤害，美方则提出美中应在"尊重核心利益"方面维持分歧，申明美国对台政策没有改变：美国将继续坚持一个中国，不支持台湾独立，反对任何一方片面改变现状，欢迎两岸对话有利于问题的和平解决。在西藏方面，重申西藏是中国一部分，不支持西藏独立，但强烈支

---

① 罗援称美军售正好给中国"正当的借口"增加军费开支和实现军力现代化，"老虎不发威就被当成病猫"。在接受路透社采访时，罗援称中国的报复"不应限于军事"，可"通过倾销某些美国政府债券惩罚美国"，参见罗援：《对台军售：要让美国知道疼》，新华网，2010 年 1 月 18 日；"China PLA Officers Urge Economic Punch Against U. S.", *Reuters*, Feb. 9, 2010.

② Jeffrey A. Bader, *Obama and China's Rise: An Insider's Account of America's Asia Strategy*, Brookings Institution Press, 2012, pp. 77—79.

③ 同上，pp. 71—76.

④ Bonnie Glazer, "US-China Relations: The Honeymoon Ends", *Comparative Connections*, April 2010.

持中国政府与达赖代表对话。并一再表明美国寻求与中国正面、现实的合作，在扩大共同利益的同时坦陈分歧。[①] 美国还试图将话题转为"双方共同关系的问题"，如伊朗、朝鲜、贸易与市场准入、气候变化等。美国报道称北京提供了包括停止军售、不见达赖等一系列问题的单子，但实际上也认为美国不可能同意，可能是"认识到与奥巴马就全球问题合作以换取对中国核心利益的承认失败了"[②]。此外，中国还认识到如胡锦涛不出席核峰会会有损其负责任的国家形象，因而决定找到"既给中国领导人面子也可以妥协"的办法。[③]

斯一贝访华后，杨洁篪称尽管如上事件"严重干扰了双边关系，但美中关系稳定对两国至关重要"[④]。此后，副外长崔天凯赴加拿大参加G-20会议后路经华盛顿时面见美国安会顾问琼斯，也得到其"坚持一中"的保证。一周后，奥巴马采取了非常不同寻常的做法，会见了新任中国大使张业遂，反映出其急于恢复对华合作关系。白宫声明称"总统表明发展与中国积极关系的意愿"，重申"一中"和支持两岸合作。[⑤] 总体而言，美国认为美国弥合关系的努力产生了不错效果。如在美国关心的伊朗问题上，中国一直反对制裁敦促各方通过外交解决，但3月31日，中国态度发生改变，美国认为这是其静悄悄外交的结果。美国驻联合国大使苏珊·赖斯（Susan Rice）宣布安理会五个常任理事国将举行新一轮对伊朗制裁谈判。4月1日，美国国务院发言人克劳利（P. J. Crowley）称，中国表现出参与安理会对伊制裁决议的兴趣。同日，奥巴马与胡锦涛进行了长达1小时的电话会谈，讨论伊朗制裁、不扩散、人民币等问题，奥巴马表示"对伊

① "State's Steinberg on Recent Trip to Asia", March 29, 2010, http://iipdigital. usembassy. gov/st/english/text/2010/04/2010402175740（上网：2012 年 11 月 1 日）。

② Bonnie Glazer, "US-China Relations: The Honeymoon Ends", *Comparative Connections*, April 2010.

③ "Hu to attend nuclear summit in Washington", *Los Angeles Times*, April 2, 2010.

④ 《杨洁篪谈中美关系》，新华网，2010 年 3 月 7 日。

⑤ "Obama Wants 'Positive' Ties With China-White House", *AFP*, March 30, 2010.

制裁决议谈判正在取得进展"①。当天早些时候，中国外交部宣布胡锦涛将访问核峰会。4月2日，奥巴马政府宣布将推迟决定中国是否是货币操纵国。如上一系列紧密的外交互动表明，美国通过外交沟通与政策宣示弥补对华伤害取得一定效果。

5月24-25日，第二次 S&ED 在北京召开。与第一次相比，此次双方措辞显示出双方都更加现实，均降低了对对方的期望。希拉里强调两国处于"不同历史与发展阶段"，中方也强调双方"历史、文化、国家条件及发展阶段等不同"②，但双方均强调合作的重要性：希拉里称"没有美中参与，几乎难以解决任何全球问题"。戴秉国称，"要是美中不能建立起一种新型伙伴关系，21世纪的和平将会严重破坏"。会议结果不出所料：在贸易、环境、能源、卫生等共同利益重合方面双方达成不少共识，但在伊朗、朝鲜等安全议题上分歧很大。会议达成26项成果，加强了在能源、环境、科技、文化、教育、卫生、海关、核安全、反恐、法律执行上的合作；签署了核安全、页岩气、生态、供应链安全、传染病等7项合作协议。在发展援助、人权等分歧问题上坦率交流看法，同意继续密切磋商。③

经济方面，美国认为在应对中国"本土创新"方面取得一些进展：中国将交付"公众讨论"以暂缓推行该政策，双方还同意创新政策"应严格遵守非歧视、知识产权保护、市场竞争、政府不干涉技术转让等原则"④。中国还同意再次申请加入 WTO 有关政府采购协议，由此可使美国产品与服务"得到更公平对待"。中方则敦促美国放松高科技产品出口限制，要

---

① "Obama, Hu Talk Nuclear, Economic Issues By Phone", *CNN*, April 2, 2010.

② 《王岐山讲话，第二轮中美战略与经济对话》，人民网，http://world. people. com. cn/ GB18212/191426.

③ 《第二轮中美战略与经济对话》，人民网，http://world. people. com. cn/GB18212/ 191426.

④ "Second Meeting of the U. S. -China Strategic & Economic Dialogue, U. S. Fact Sheet-Economic Track", http://beijing. usembassy. china. org. cn/052510sed3. html.

求美国赋予市场经济地位。① 在经济恢复和平衡增长方面，美国财政部称中国消费由 2008 年占 GDP 的 4.1％上升到 2009 年的 4.6％；美国对华出口在过去两年也增长了 20％。美国承诺确保财政稳定，计划于 2015 年将赤字降到 GDP 的 3％，并增加国内储蓄。双方同意消除不合理的化石燃料补贴，以应对气候变化。最后，双方均认为 S&ED 机制促进了胡锦涛与奥巴马倡导的"积极、合作、全面的双边关系"，希望通过合作沟通消除双方的"信任赤字"。②

美国认识到，尽管这一阶段美中关系经历了困难，但因为两方都希望保持合作势头，美中外交官都在寻求双方均可接受的方式解决问题。这预示着双方在利益重合之处可以广泛合作，但对利益冲突之处必须小心应对。

（2）外交上软硬兼施，说服中国在朝鲜、伊朗问题上合作。

3 月 26 日，"天安号"事件发生③。希拉里在 S&ED 会议上呼吁中国再次与美国合作应对危机。中国对五国组成调查组的结论表示怀疑，称此为悲剧"事件"，呼吁各方"冷静、克制"，"有关各方应基于长远利益确保半岛和平与稳定"④，并与俄罗斯一起拒绝在安理会通过决议或以主席声明方式谴责朝鲜。美国官员认为中国希望整个事件悄悄过去，继续扮演'好邻居'角色，以与南北共同发展关系。对此美国表示"非常失望"，参

---

① 按照 2001 年中国加入 WTO 时的协议，将于 2016 年自动获得市场经济地位。而在 WTO 成员中，目前已有 97 个国家同意赋予中国市场经济地位，但中国最大的两个贸易伙伴美国和欧盟还未这样做。

② 《2010 年中美战略与经济对话框架下成果清单》，新华网，2010 年 5 月 26 日。

③ 2010 年 3 月 26 日晚，"天安号"警戒舰在西部海域值勤时因发生爆炸而沉没，108 名船上人员仅有 58 人生还。韩国政府 5 月 20 日正式调查结论认为，该舰是受到朝鲜小型潜水艇发射的鱼雷攻击而沉没的。

④ 杨洁篪外长于 2010 年 5 月 15 日会晤韩外长时表示，"天安号"沉没是一起不幸事件。当前半岛形势十分复杂敏感，中方希望有关各方以半岛和本地区和平稳定大局为重，着眼于长远，保持冷静克制，妥善处理有关问题。http://baike.baidu.com/view/3423205.htm.

联会主席穆伦（Mike Mullen）6 月批评中国的反应"过于胆怯"。① 此后在多伦多 G20 会议期间，奥巴马称他非常"直率"（very blunt）地批评了中国政策："尽管中国认为对邻国应保持克制，但克制与对问题的有意无视是有区别的……逃避朝鲜的挑衅行为……只会带来和平的假象……安理会必须明确表示朝鲜的好战行为是国际社会不能接受的。"② 对此中国外交部反驳称："中国并没有躲在朝鲜后边……必须谨慎处理与邻国关系，不想火上浇油，也不想站在任何一边。"③ 此后美中摩擦不断加剧，由此引发的黄海军演事件再次凸显出美中的战略矛盾。

另一方面，在伊朗问题上美中合作却较为顺利，美国认为共同促成安理会通 1929 号制裁决议是个"重大胜利"。该决议于 6 月 9 日通过，主要针对"正在更多参与"伊朗核计划的伊朗共和军：禁止别国投资伊朗用于富铀工厂、铀矿及其他核技术；对本国出入伊朗的"可疑"轮船或飞机进行审查。美国认为中国的合作是"经过几周外交努力和关键让步"实现的：北京一直反对制裁，称会阻碍外交解决。4 月初，在美国重申"一个中国"后，中国开始同意在联合国讨论该问题。开始中俄强烈反对制裁伊朗银行、保险及油气等贸易，认为会损害普通民众及正常的贸易关系。为了减轻中国对能源安全的考虑，美国及其他安理会成员经过协调，"确保如因制裁导致伊朗对华出口石油减少，中国将得到其他石油补偿"。中国政府还得到美国保证，豁免中国公司遭受美国对从事对伊贸易第三方的制裁。4 月中旬胡锦涛与奥巴马在核峰会期间会谈，就"伊朗必须遵守国际核不扩散义务"达成协议，同意美中将促使"P5＋1"合作通过一项新的伊朗制裁决议④。此次会谈中胡锦涛还接受奥巴马对美国进行国事访问的

---

① "Adm. Mullen's Speech at the 2010 Asia Society Washington's Annual Dinner", Asia society，June 9，2010.

② "US Warns Over Recession Risks as G20 Meeting Starts", *BBC News*，June 27，2010.

③ 《外交部就美韩黄海联合军演答问：密切跟踪事态发展》，人民网，2010 年 6 月 29 日。

④ "P5＋1"即联合国五个常任理事国（中、美、英、法、俄）加德国与伊朗进行的核问题对话与磋商。

邀请。[①]

（三）经济上加强人民币与贸易施压。

自 2006 年战略经济对话以来人民币升值一直是美国对华政策中的主要问题。2005—2008 年中国政府允许汇率升值约 21%，但金融危机开始后再次将人民币与美元挂钩。自此，美国一直施压，但比较注意不在公开场合谈论此分歧。2010 年 2 月开始，美中关系再次因为人民币问题起伏不定。2 月 3 日，奥巴马会见民主党参议员时称，美国将采取更强硬的态度应对人民币问题，美国媒体普遍猜测财政部可能会在 4 月 15 日宣布中国为"汇率操纵国"。3 月奥巴马在讲话中再称"人民币升值对全球经济健康非常重要"，引发温家宝回应称，美国"执行贸易保护主义等于操纵美元贬值"[②]。该举引发美国国会强烈反弹，130 个众议员写信给财长盖特纳及商务部长骆家辉，建议宣布中国为"汇率操纵国"。参议员查尔斯·舒曼（Charles Schumer，D‐NY）与众议员林赛·格莱姆（Lindsey Graham，R‐SC）提出议案，要求美国对中国"低估"人民币做出反应，包括提供进口补贴和提高关税。同月中国商务副部长钟山访美国，但双方的公开矛盾并未弥合。直至到 5 月的 S&ED 会议上，胡锦涛在讲话表明中方立场有所松动："中国将继续稳定地促进人民币汇率在独立、可控和渐进原则下进行改革。"6 月 19 日，中国央行宣布"进一步改革人民币汇率以增加其灵活性"。对此奥巴马表示"欢迎"，但称这一调整"是否是我们所认为合适的再平衡还有待观察……当然，中国步子过快也对世界货币和中国经济不利，因本着其主权和经济计划逐步推行"[③]。在多伦多会议上，奥巴马再提汇率问题，称人民币低估使中国享有重要的贸易优势，不符合平衡与可持续增长的目标，希望随着中国更多盈余而大幅升值人民币，他

---

① Jeffrey A. Bader, *Obama and China's Rise：An Insider's Account of America's Asia Strategy*, Brookings Institution Press, 2012, pp. 21, 52—54, 56, 76.

② 《温家宝重申人民币未低估》，凤凰网，2010 年 3 月 15 日。

③ "Remarks by President Obama and President Medvedev of Russia at Joint Press Conference", The White House, Press Release, June 24, 2010.

将与美国公司与国会合作促使"公平竞争"①。

（四）对中国冻结军事交流表达不满，敦促尽快恢复。

美国售台武器及会见达赖后，美中军事交流再次冻结。S&ED前，盖茨表示6月访问亚洲时期望访华，以重启军事交流，但"中方拒绝称时间不方便"②。在S&ED期间，解放军外事办公室副主任关友非批评美国"错误地处理了美中关系"，美国通过加强与周边战略盟友关系"包围中国"，是"霸权主义"。③马晓天则对威拉德重申美中交流"三大障碍"，称"恢复关系有赖于美国尊重中国的核心利益与主要考虑"④。对此，盖茨表示，"解放军明显不如中国政治领导人更想发展对美关系"⑤。在6月新加坡香格里拉会议上，盖茨辩解道，美国售台武器不是新事物，而是维护两岸和平与稳定的重要组成部分，也是针对中国日益增长的军事能力做出的反应；军方交流的停滞对美中发展积极、合作、全面双边关系是不利的。⑥几天后穆伦称，美国对中国发展军力的动机非常关注，北京不应朝令夕改，这无助于两国"共同工作和领导以促进地区稳定"的宗旨⑦。6月，参院情报委员会主席戴安娜·芬斯坦（Dianne Feinstein）访问大陆与台湾考察售台问题。回国后她在参院听证会上对盖茨称，军售是美中关系中"实质性的麻烦"，应考虑"北京可采取何种步骤促使美国改变这一态度"。⑧多伦多会议期间，奥巴马敦促中国邀请盖茨访华。此后中国显

---

① "China's Move Towards Floating Yuan is a Ploy", *The Daily Beast*, June 20, 2010.

② Bonnie Glazer, "US-China Relations: Cooperation Faces Challenges", *Comparative Connections*, July 2010.

③ 同上。

④ 《马晓天会见美军太平洋总部司令及美国助理国防部长》，新华网，2010年5月25日。

⑤ Ian Storey, "Shangri-La Dialogue Hightlights Tension in Sino-US Relations", *China Brief*, June 24, 2010.

⑥ "Gates Says Taiwan Arm Sales Serve to Keep the Peace", *Los Angeles Times*, June 5, 2010.

⑦ "Adm. Mullen's Speech at the 2010 Asia Society Washington's Annual Dinner", Asia society, June 9. 2010.

⑧ "Senator Questions Arms Sales to Taiwan", *Reuters*, June 16, 2010.

示出恢复交流的迹象。几天后，马晓天宣布中国欢迎盖茨"适时访问中国"，时值1月29日对台军售正好6个月。

二、第二回合（2010.7－2010.12）：继续在危机中化解矛盾、寻求合作

（一）美国在显示"重返亚洲"进取性姿态的同时重视对华的"语言安抚"。

经过美中关系近一年的起伏，奥巴马政府开始调整对中国的期望。希拉里在讲话中称中国是少数几个"兴起的力量中心之一"，美国希望更深地接触，也呼吁其"承担解决共同问题的责任，遵守公路上的交通规则……从知识产权到基本自由"。而对那些不接受责任但实力却不断增长的国家，美国将"全力与其他伙伴合作鼓励其改变方向……其中人权仍是美国外交与发展的重要任务"①。斯坦伯格则强调美国亚洲政策有同盟、新兴大国、地区机制"三个支柱"，将"寻求与中国更为广泛的合作，特别是军事交流"②。这表明美国依然重视从长远战略角度构筑对华关系，但开始明显强调"规则"与责任的重要性。

1. 黄海、南海外交冲突及其善后。7月9日，安理会就"天安号"事件发表"主席声明"。在中俄的反对下，声明仅谴责了"进攻"，称五国调查团认为朝鲜应负责，但朝鲜"表明与此事无关"。韩国对此表示失望，要求美国加大地区军事投入呼声高涨。6月，韩军官对韩媒体称，美国将派乔治·华盛顿号航母、宙斯盾驱逐舰及一艘核潜艇到黄海展示武力。③

① Hillary Rodham Clinton，"Foreign Policy Address at the Council on Foreign Relations"，July 15, 2009. http://www.america.gov/st/peace－chinese/2009/july/200907171443527xisnommis974425e－02.html/.

② James B. Steinberg，"First Session：The United States and China：Visions of Global Order"，The keynote speech to the Eighth Institute of International Strategic Studies(IISS)Global Strategic Review conference held in Geneva，Switzerland，Sep. 2010.

③ 《美国航母真的来了中国战略底线受挑战》，环球网（转引韩联社2010年6月6日电），2010年6月16日。

对此盖茨表示"不知道有这样的计划"，美国国防部发言人也称尽管有联合军演，但仍未做出航母是否参加的决定。对此中国外交部表示"非常关注"，马晓天称中国"强烈反对黄海军演过于接近中国领水"。① 解放军东海舰队宣布将在东海实施实战演习。这些反应令美国感到"出乎意料"，因为"美韩军演的目标是威慑朝鲜，加强韩反潜能力"，"中国没有理由称威胁到其安全"。② 事件很快就演变为一个美中关系问题，奥巴马政府面临两难选择：部署就会增加与中国冲突，使因为军售、达赖而受损的双边关系进一步损害；不部署则"显得屈从于中国压力"。最后支持不惹麻烦的意见占了上风，奥巴马政府决定 7 月底派航母到日本海，远离天安号海域，但日后仍会派航母到黄海。③ 8 月，五角大楼宣布将派乔治·华盛顿号到黄海参加演习。中国外交部再次敦促各方考虑中国的严正立场，称"任何旨在施压于 13 亿人口的行为都是不可取的"④。9 月底黄海军演展开，包括驱逐舰、潜艇、飞机等参与，但没有航母。五角大楼称，尽管还未确定乔治·华盛顿号何时参与军演，将"已确定将在黄海国际水域军演"，并称其不针对中国而是朝鲜。⑤

另一方面，7 月中旬在 ARF 河内会议上，美中因南海问题交火。希拉里发表讲话称："美国对南海航行自由、亚洲公海开放及尊重国际法拥有国家利益……美国支持 2002 年'南海行为准则'（DOC），帮助促进相关倡议与信任建设措施。"⑥ 美国媒体报道称，当时杨外长专门离场一小时，回来后即发表看法，称："南海是和平的，贸易增长也是航行自由的

---

① 《马晓天称中国强烈反对在中国领水附近举办军演》，凤凰网，2010 年 7 月 1 日。

② "US South Korea Announce Yellow Sea Exercises", News, U. S. Department of Defense, Aug. 18, 2010.

③ Bonnie Glazer, "US-China Relations: Tensions Rise and Fall, Once Again", *Comparative Connections*, Oct. 2010.

④ 《姜瑜就美韩军演答记者问》，新华网，2010 年 8 月 6 日。

⑤ "US South Korea Announce Yellow Sea Exercises", News, U. S. Department of Defense, Sep. 26, 2010.

⑥ "Remarks at Press Availability", Hillary Clinton, Hanoi, Vietnam, http://www.state.gov. secretary/rm/2010/07/145095. htm.

表现，并没有被阻碍……对话的渠道也是通畅的……有关国家不应把争端国际化。"① 葛莱仪认为，美国对南海立场并没有实质性的变化，依然坚持"对领土争端不持立场"，但之所以"进一步澄清其立场"有三个原因：一是担心海洋商业与航行自由；二是中国单方面休渔、海监队护航等"强硬措施"引发东南亚国家不满，许多国家敦促美国发表立场；三是美国认为有必要回应中国日趋"强硬"的立场。西媒普遍报道，中国某高级官员对美国官员私下称南海是中国的"核心利益"，意味着"不可谈判"，美国感到有必要阻止其成为正式的官方立场，否则中国可能会对整个海域声称主权，而非希拉里所称"按照地貌特点的合法声索"。由此，奥巴马政府认为必须超出传统的"美国不谋求什么"转为清晰的"美国想谋求什么"的立场。② 此后，美中不断批评对方立场，美军方尤其关注其战略利益。7 月 23 日，穆伦称中国在其沿海附近国际水域采取了"更加进取的方式"。威拉德亦称中国在南海进取性姿态引发地区关注，美国将确保贸易通道的安全。③ 第七舰队司令理查德·兰多特（Richard Landolt）称，中国要成为一个全球大国，必须负责任地行动，促进而非阻碍航行自由。④ 中国则认为美国在南海问题上试图组成一个联盟，以重塑其地区领导权。希拉里讲话进一步强化了中国的疑虑，认定美国故意要破坏中国与邻国的关系。一些中国媒体警告，美国"分而治之、破坏关系的努力注定失败"。⑤ 外交部则称，坚决反对任何非南海国家参与冲突导致的国际化和军事化。⑥

面对两国关系的螺旋式下降，双方均表现出修补关系的意愿，特别是

---

① "offering to Aid Talks, US Challenges China On Disputed Islands", *New York Times*, July 24, 2010.

② Bonnie Glazer, "US-China Relations: Tensions Rise and Fall, Once Again", *Comparative Connections*, Oct. 2010.

③ "China Taking"More Aggressive"Stance at Sea: US Admiral", http://www.spacewar.com/reports/china-taking-more-aggressive-stance-at-sea-us-admiral-999.html.

④ "China must act responsibly: US Commander", *Reuters*, Sept. 19, 2010.

⑤ 新华社时评：《警惕外来势力插手南海问题》，《人民日报海外版》2010 年 7 月 28 日。

⑥ 《姜瑜答记者问》，人民网，2010 年 9 月 13 日。

2011年胡锦涛访美的确定令美中着眼于未来准备。8月25日，中国副外长崔天凯赴美参加中美副外长级政治磋商，与斯坦伯格、坎贝尔、贝德等人会晤，称健康的关系对双方有利，并重申构筑"正面、合作与全面关系"。9月初，奥巴马派多尼隆与国家经济委员会主任萨默斯访华为胡锦涛出访做准备，旨在"面向长远"。胡锦涛亲自会晤，称中国希望与美国改善关系，促进关系健康发展。戴国委也表达了实现高水平接触的意愿，"访问传递出的正面气氛及高规格接待预示着中国对双边关系非常看重"①。此后温家宝在联大期间发表演讲，称尽管有贸易争端，但相信会解决，美中共同利益超过分歧。奥巴马则称美中关系"基于合作、共同利益与互相尊重，将继续为平衡与可持续增长加强合作"。对于南海问题，奥巴马称"保护南海和平与稳定是个双赢而非零和问题"，温家宝则重申两国共同利益远远超过分歧。10月，希拉里访亚洲期间在海南与戴秉国见面。原计划双方在河内见面，但应中国要求而放在"中国领土"。双方同意"通过更多非正式外交及更加机制化的磋商，为胡锦涛访美国创造友好气氛"②。此次会晤中，中日撞船事件及中国稀土出口政策成为讨论焦点。③ 美国担心中国"使用稀土垄断作为政治工具"，呼吁寻找替代供应，中国则称"没有意图操纵稀土资源……不追求限制矿产资源出口的政策"④。

2. 美国试图打消中方对"重返亚洲"疑虑。奥巴马上台初期即提出"重返亚太"，但因国内事务纷扰而无多建树。2010年以天安号事件为起点，黄海军演、南海介入以及10、11月奥巴马、希拉里对亚洲分别长达

① Martin S. Indyk, Kenneth G. Lieberthal, *Bending History: Barack Obama's Foreign Policy*, The Brookings Institution, 2012, p. 53.

② Kurt Campbell, "Briefing on Secretary Clinton's Upcoming Travel to the Asia-Pacific Region", Oct. 26, 2010, http://usraustralia.state.gov/us−02/2010/10/26/dsl.html/.

③ 9月中日撞船事件后，中国停止对日稀土出口，此后美欧也认为其稀土出口受到影响。

④ "China Gives US Assurances on Rare Earth Minerals", *Reuters*, Oct. 30, 2010.

10 日及两周的密集访问，使中国认为美国再次启动"重返亚洲"进程。[①] 对此中国国内有两派看法：一类认为美国有意在中邻之间打入一个楔子，对中国实施"战略包围"；另一些学者则认为不应过度解读，中美频繁的高层往来证明合作仍是关系的主线，即便美国利用周边国家抗衡中国，但也仍有求于中国合作。[②] 此间美国在钓鱼岛问题上的表态更引发中国正式外交抗议。实际上，希拉里 9 月就曾在纽约表态称"钓鱼岛适用于美日安保条约第 5 条"，10 月 28 日她在火奴鲁鲁与日本外长会面后再次重申这一立场。对此中国外交部表示坚决反对，称中国对钓鱼岛拥有无可辩驳的主权，美日条约不应伤害第三方利益……"中国政府与人民永远不会接受钓鱼岛被美日条约涵盖"。此后希拉里提出举办美日中三边对话会讨论该问题，中国外交部抵制称"这仅是美国的一厢情愿"。[③] 11 月，美国在延坪岛事件后部署航母战斗群到黄海军演再次引发中国不满，批评某国"正在亮剑"。美国则认为这一反应比 7 月有所克制，美国国防部坚称军演在国际水域，并不针对中国。穆伦称，美国"已告知中国军演的目标与时间"[④]。此后，美日进行了名为"锐剑"的最大规模军演，包括 3.4 万日本人和 1 万美军参加，韩国作为观察员参加。中国批评称该举无助于半岛合作："一些人在亮剑的同时却告诉我们要对话，这公平吗？"[⑤]

　　面对中国对美国重返亚洲疑虑的上升，以及西方媒体对美中关系恶化的炒作，美国官员开始强调奥巴马政府重返亚洲不会损害中国利益。希拉里重申，美中不是零和关系，美中合作建设面向新世纪的"积极、合作与全面关系"。[⑥] 盖茨称："这根本与中国无关，而是与我们同其他亚洲国家

---

　　① 《对外战略调整全面推出，亚洲成为关注重点》，《国际战略与安全形势评估》，中国现代国际关系研究院 2010/2011 年，第 124 页。

　　② 《聚焦美国重返亚太战略：中国学者的看法》，《环球视野》2011 年 1 月。

　　③ 《外交部：举行中美日三边官方对话只是美方想法》，中国网，2010 年 11 月 2 日。

　　④ "Mullen Criticizes China Over North Korea", *New York Times*, Dec. 8, 2010.

　　⑤ 《中国外交部就美国航母进入黄海参加美韩军演表态》，凤凰网，2010 年 11 月 27 日。

　　⑥ Hillary Rodham Clinton, Honolulu, "America's Engagement in the Asia-Pacific", The State Department, Oct. 28, 2010.

关系有关，包括反恐、反海盗与减灾。"① 奥巴马与印尼总统苏西诺见面时称："我们希望中国成功、繁荣……美国想表明，我们和印尼都在国际框架与规则下行事，国家应相互认识到彼此的责任。"② 贝德称，美国对华政策建立在三个支柱之上：一是扩大双边合作领域；二是加强与地区伙伴盟友合作以"确保中国崛起有利于而非阻碍亚洲稳定"；三是坚持中国遵守全球规范与国际法。③ 斯坦伯格重申："欢迎中国崛起为一个成功、强大、繁荣的国家而在全球事务中发挥更大作用。"④ 这些表态显示，美国试图将中国崛起纳入美国重返亚太整体布局，以规则为主导确保中国崛起有利于"地区稳定"。

这一阶段人权问题再次突显。10 月 8 日，奥巴马在刘晓波被授予诺贝尔奖几个小时后便发表公开声明，称刘为"促进普世价值与非暴力推动民主、人权、法治的勇气代言人"，敦促中国政府尽快释放。⑤ 据维基解密显示，自刘晓波 2008 入狱以来美国一直积极谋求其释放。因而此次中国认为美国"可能在幕后插了一手"。戴秉国在海南与希拉里会面时称，中国政府认为颁奖是一个"美国阴谋，以令北京难堪"⑥。

（二）在伊朗、朝鲜问题上继续施压合作。

6 月安理会通过制裁决议后，7 月 1 日，美国国会通过针对伊朗能源与银行业的单方面制裁法案。中国反对这一法案，认为任何额外惩罚都不

---

① "Gates：US Seeks Stronger Security Relationship in Asia", US Dept. of Defense, Nov. 6, 2010.

② "Obama：China's Prosperity Needs Guidance in An International Framework", http://www. wantchinatimes. com/news－subclass－cnt. aspx? id＝20101110000146＆cid＝1101.

③ "Press Gaggle by NSC Senior Director for Asian Affairs, Jeff Bader", Nov. 9. 2010, http://www. presidency. ucsb. edu/press－briefing. php? year＝2010.

④ "Center for Ameican Progress Discussions on US-China Relations", *C-SPAN*, Dec. 7, 2010.

⑤ "Nobel Peace Prize Winner Liu Xiaobo Should be Freed", Dec. 10, 2010, *CBS News*, Dec. 10, 2010.

⑥ Bonnie Glazer, "US-China Relations：Friction and Cooperation in Run-up to Hu's US Visit Once Again", *Comparative Connections*, Dec. 2010.

应超出安理会决议。此后日本韩国也宣布其单边制裁措施。美国担心随着其他国家均撤出在伊朗商业，中国依然留下会获取市场优势。美国国务院不扩散与军控特别顾问罗伯特·埃因霍恩（Robert Einhorn）敦促中国更加坚定地执行安理会决议，"这意味着不要对其他国家负责任的行为倒行逆施"①。中国外交部反驳称中国与伊朗贸易是正常的商业往来，不会损害其他国家利益。而美国则希望中国更多对伊朗施压，包括推迟签署承包合同等。9 月中旬，国际原子能机构（IAEA）宣称伊朗仍在继续其核计划，为此中国呼吁伊朗应充分与 IAEA 合作确保核计划用于和平目的；中国驻联合国代表称，中国将为问题全面、长期的解决发挥积极作用。② 美国认为这些表态是积极的，但中国在多大程度上与国际社会合作鼓励伊朗停止核武器"并不明朗"。利伯曼（Joe Lieberman，I - CT）甚至警告："要是北京损害制裁，国会将实施针对中国公司的制裁……中国将会孤立于负责任的国际社会。"③ 9 月底，埃因霍恩（Robert Einhorn）及美国负责反恐金融的助理财长访华寻求在伊朗、朝鲜制裁上的合作。

朝鲜方面，11 月 23 日发生的延坪岛炮击事件再次将美中矛盾暴露出来。与天安号类似，奥巴马政府呼吁中国以强硬态度施压朝鲜，中国则避免指责任何一方，呼吁各方表现最大克制，以减轻紧张局势，并建议立即召开六方会谈，但美国认为时机"不成熟"而予以否定。④ 美国不断寻求中国对朝鲜施压，穆伦称"唯一对朝鲜有影响的国家是中国"⑤；美国国务院发言人克劳利（Philip J. Crowley）也敦促中国采取行动："希望中国运用其领导力降低紧张局势，鼓励朝鲜采取坚定的步骤实现非核化。"⑥

---

① "US to Press China，UAE，Others on Iran Sanctions"，*AFP*，August 2，2010.

② 《中国政府对伊核问题的立场》，新华网，2010 年 9 月 15 日。

③ "Lieberman Warns China Not to Undermine South Korea Sanctions"，http://thecable. foreignpolicy. com/node/413451.

④ "South Korea Backs Six-Party Talks With North"，*BBC News*，Dec. 29，2010.

⑤ "Adm. Mike Mullen：China's Leadership Is Absolutely Critical in North Korea"，*ABC News*，Nov. 24，2010.

⑥ "North Korea Warns of Retaliation If Provoked"，*CBC News*，Nov. 24，2010.

《纽约时报》援引一匿名美国高级官员称："过去8个月的拥抱朝鲜政策使其确认中国支持和鼓励它的行为……我们认为是中国纵容了朝鲜这样做。"① 中国则敦促美日韩直接与朝鲜对话，驻日大使程永华称："不能理解为什么每次朝鲜有事总要中国负责任。"② 另据白宫透露，炮击发生后奥巴马立即给胡锦涛打电话，但"直到12月5日才安排"，这已是两周之后。奥巴马强调朝鲜应停止挑衅行为，履行包括六方会谈"共同声明"的义务，敦促中国合作以对朝鲜传递一个清晰的信息，就是其挑衅是不能接受的。胡锦涛则强调中国对局势非常担心，安全非常脆弱，要是不正确处理，会导致升级甚至失控。③ 在安理会紧急闭门讨论中，美国要求明确谴责朝鲜，中国则坚持谴责就是"挑衅"。最后达成的声明未指责朝鲜承担责任。此后，奥巴马派斯坦伯格与贝德访华做工作。美国国务院就此的声明称，双方就东北亚稳定、和平进行了"有益的讨论"，美方向北京传递了很坚定的信号，要其说服朝鲜。12月底，美中就此磋商取得进展：奥巴马称赞"朝鲜没有对韩军方的实战演习做出反应，这是北京做工作的结果"。美中还同意以促朝鲜与韩国和解为前提恢复美朝对话与六方会谈。④

（三）深化对华经贸合作的同时，继续操弄汇率问题与对华贸易措施。

6月19日中国央行宣布灵活调节汇率后人民币升值了2.2%，但美国认为远远不够。当时美国失业率维持在9.7%，而随中期选举日益逼近，使奥巴马对此问题"失去耐心"。7月初，美国财政部发布"世界货币报告"（推迟了3个月）称人民币继续被低估，但未将中国列为货币操纵国。从法律上说，奥巴马政府是否作此宣布并未有任何实质性影响，但这一态势会支持国会推动针对中国的进口关税，从而对中国反向施压。9月15

① "North Korea Relies on China but Resists Advice", *The New York Times*, Nov. 23, 2010.

② 《施压朝鲜、中国驻日大使严拒》，《朝日新闻》2010年12月9日。

③ "Readout of The President's Call With President Hu", Press Release, The White House, December 5, 2010.

④ Bonnie Glazer, "US-China Relations: Friction and Cooperation in Run-up to Hu's US Visit Once Again", *Comparative Connections*, Dec. 2010.

日，美国向 WTO 起诉中国对美国钢铁工业及信用卡公司的歧视。美国贸易代表柯克（Ron Kirk）称，中国"破坏与美国及其他 WTO 国家间的贸易义务，排除美国信用卡及借记卡公司参与业务，不公正地限制美国钢铁进口"①。同时，美国国会继续推动美国征收进口税。蒂姆·墨菲（Tim Murphy，R-PA）与蒂姆·雷恩（Tim Ryan，D-OH）提出议案，要求美国商务部"将严重低估币值视为非法出口补贴，美国公司可因此要求抵消关税"。最终众院以 349 对 78 票通过该法案，参院则宣布中期选举后再投票。奥巴马政府认为要是国会通过该法案，会得到中国的严厉报复，因而一再强调"任何法案必须与 WTO 规则相吻合"，即使通过奥巴马签署的可能性也不大。尽管如此，奥巴马政府还是愿意时不时地操弄这一杠杆对中国施加压力。

11 月 3 日，美联储宣布至 2011 年第二季度购买 6000 亿美元财政债券，即所谓"第二轮量化宽松"，旨在降低中长期利率，以鼓励消费、银行借贷与公司扩张。对此中国表示反对，称"美元流动性过剩对新兴市场产生不利影响"②。在之后的 G20 会议上，美国本希望借机对人民币再次施压，但各方注意力均投射到美国"量化"问题上，因而会议最后声明仅称各方同意"防止货币的竞争性贬值，以逐步向市场决定汇率转变"，美国认为其计划失败。12 月前后，汇率问题再次浮出水面。中选后，9 月众院通过的"货币改革法案"在参院命运如何成为热门。参议员施罗德·布朗（Sherrod Brown，D-OH）及奥林比亚·斯诺（Olympia Snowe，R-ME）写信给参院领袖，要求立即投票，否则 2011 年 1 月 5 日本届国会即将结束，如参院通不过，众院即便已通过也是无效，新国会需要重启程序。但参院领袖否决了这一提议。同时年底人民币升值到 6.6 元兑 1 美元，成为 17 年来的最高，自 2010 年以来已升值 3.6%。

12 月，21 届美中商贸联委会（JCCT）召开。王岐山率领 100 多人的

---

① "US Files Two WTO Cases Against China", Press Release, The Office of the US Trade Representative, Semptember 19, 2010.

② 《财政部副部长：中方"质疑"美国量化宽松货币政策》，新华网，2010 年 11 月 8 日。

中国代表团与美国商务部长骆家辉、贸易代表柯克、农业部长托姆·维尔萨克（Tom Vilsack）见面。美国旨在寻求更大的市场准入及知识产权保护。双方签署了有关投资、农业、检疫、能源、水保护等协议；同意在知识产权确立合作框架，确保商业投资的开放、公平与透明。①骆家辉认为，此次会议真正实质性的进展是在降低贸易不平衡方面，包括知识产权执行、开放与中立的技术标准、清洁能源、政府采购方面中国的进步，如加强打击盗版与假冒商品，促进使用正版软件；修改大宗设备进口清单，以对外国供应商公平对待；简化申请手机生产程序等。②中国还决定恢复进口美国牛肉③，解除因甲流而禁止的猪肉进口。美国则同意继续改革出口管制体系，谨慎出台对华贸易措施，"严肃考虑"和加快讨论中国的市场地位问题。对此，王岐山表示，"中国的得到远远小于付出"④。

（四）继续密切监测中国军力变化，同时推动军事交流全面恢复。

8月16日，美国国防部在推迟近5个月后，公布了《中国军事与安全发展报告》（Military and Security Developments Involving the People's Republic of China）⑤。认为中国"继续寻求反介入、区域拒止、力量投放等能力，特别谋求最活跃的陆基导弹、巡航导弹"；"中国将研制一种新的公路运动型巡航导弹，可以装载多个独立目标的再进入工具（MIRV）。装有远程陆地进攻巡航导弹的远程B－6轰炸机可打击至第二岛链以远……中国如今拥有亚洲最多主力战舰、潜艇、水路两栖战舰……正在扩大核动力进攻潜艇能力，未来10年将建几艘航母，并推出本土平台……2015—2020年有望建成一定的远程投放能力，但要从事高强度战斗任务

---

① 《中美商贸联委会的双方承诺及后续工作》，《卡内基中国透视》2011年2月22日，http://chinese.carnegieendowment.org/pubilications;fa＝42698.

② "China Agrees to Significant Intellectual Property Rights Enforcement Initiatives, Market Opening, and Revisions to its Indigenous Innovation Policies", Press Release, Commerce, Dec. 15, 2010.

③ 自2003年因疯牛病而中止。

④ Bonnie Glazer, "US-China Relations: Friction and Cooperation in Run-up to Hu's US Visit Once Again", *Comparative Connections*, Dec. 2010.

⑤ 此前称《中国军力报告》，the Military Power of the People's Republic of China。

还要等到下一个十年……对台湾军事平衡方面继续向大陆倾斜，但可能还不能实施全面封锁与拦截"。① 报告首次增加"军事交流"部分，认为"持续、可靠的军事联系非常重要，但很难实现，军事起伏不定限制了两军的合作互信"。② 如上表明，在美国力争对中国军力"客观"评估的同时，也谋求建立更加稳定的军事关系。

作为恢复交流第一个实质性的标志，是 10 月中旬盖茨与中国国防部长梁光烈在河内东盟国防部长论坛（ADMM＋）见面。梁光烈称"军方关系是双边整体关系一个重要方面，但美国对台军售是最大障碍……应尊重对彼此核心利益尊重，强化战略互信"。盖茨强调希望军方关系能取决于相互的利益与责任，称"对台军售是政治决定而非军事决定，不应以牺牲军事关系为代价"。③

几天后，太平洋总部与中国国防部召开 MMCA 会议。该机制旨在确保两国"飞行员与海员在相互接近时的安全"，但自 1998 年以来讨论时断时续。最后一次年度会议是在 2008 年，而 2009 年 8 月召开的是专门讨论美国在 EEZ 侦察的特别会议。此次 MMCA 就海上安全交流了看法，太平洋总部称讨论"专业而坦率"，有助于"持续、可信赖的官方关系④"。12 月，11 届 DCT 会议召开。弗卢努瓦称双方在分享军事信息方面取得进展。"中方解释了其防卫原则以及对世界及军事在其中作用的看法，我们则提供了有关核态势、导弹、太空防务计划的内容，交流水平堪比最亲近的盟友。"⑤ 会议还决定推行两项 2010 年的未尽事宜，就是盖茨访华与陈炳德访美。

在 2010 年螺旋下降期两个回合的美国对华政策表明，鉴于结构性冲突，美中发生危机是不可避免的，不管是天灾，还是人祸，均显露出深刻

---

①　"Annual Report to Congress：Military and Security Developments Involving the People's Republic of China"，the Defense Department，pp. 6—10，29—37.

②　同上，pp. 53—67.

③　《梁光烈 11 日下午会见了美国国防部长盖茨》，人民网，2010 年 10 月 11 日。

④　"Sino-US Talks Ease Maritime Concerns"，*China Daily*，Oct. 18，2010.

⑤　"Pentagon Talks Advance US-China Relations"，Defense Department，Dec. 10，2010.

的战略分歧，但双方均谋求通过维持合作的框架和气氛使危机能以某种可接受的方式转移、淡化或者超脱。相较而言，美国在双边关系中的主动性更强，善于通过高层沟通、静悄悄的外交、外交施压、国内因素等塑造美中关系，使中国作出符合其利益的让步。而此间奥巴马对华政策经过美中关系的几次碰撞亦有所调整，一是降低预期，采用现实态度，更加清晰地维护美国利益；二是更多采取进取强硬姿态，包括"重返亚洲"、汇率问题、介入黄海、南海、东海等，在声势上压制中国；三是强调"规则"与"责任"，为中国的"顺从"找到道义上的理由；四是重视中方反弹，及时予以修补，但绝不屈从于中国压力。

第三节　再平衡期（2011年）：更现实地处理对华关系

奥巴马政府上台最初采取和缓、合作的态度，有意推迟一些"激怒北京"的行为，试图培育互信和合作习惯，以为后来可能的紧张关系铺设防滑垫。而2010年由于军售、达赖、黄海、南海、朝鲜等问题关系尤其不稳，经过调整，两国对彼此均有了现实的期待，也充分理解了对方的优先考虑、敏感问题及红线。2011年初以胡锦涛访美为标志，美国对华政策进入再平衡期，谋求更加现实地处理对华关系，全力加大共同利益合作，同时现实地处理分歧。

一、政治关系起起伏伏，双方均采取合作的现实态度

（一）继续夯实高层交往、深化双边合作以"做大、做实"。

2011年1月，胡锦涛应邀对美国进行正式国事访问，以"指导双方未来在共同利益上的合作，成功管理利益分歧"，同时也有利于向双方的国内舆论表明关系之重要性，以缓解国内批评。[①] 此次奥巴马政府接受了布什时期教训，通过"21响礼炮"与举办国宴等高规格形式接待，以反映其重视程度。不过，奥巴马也想借机批评中国"压制言论与政治自由"，以回击国内保守派对其在人权问题上过于谨慎的批评。如此前希拉里批评中国人权，称美国将"继续坦诚并促使中国改变"；奥巴马也接待了五名来自中国的人权分子，并在胡锦涛来访期间私下提及刘晓波问题。[②] 经济方面，美中宣布签订450亿美元的合同，将为美国提供23.5万个工作岗位（路透社指出其中多数属于此前已签的合同[③]）。关于高技术出口与市场地位问题奥巴马仅作含糊表态，未提及任何细节或期限。双方也未在人民币问题上过多流连，奥巴马仅表示"人民币被低估"，胡锦涛称"将努力向市场决定转变"。在联合声明中，中方要求加上"美中致力于建设基于相互尊重和互利的合作伙伴关系，以促进21世纪的共同利益"以及"相互尊重核心利益"，但美国认为"核心利益"争议过多而否决了后者。双方还建立"省州长论坛"，重申通过"10万强计划"（100000 Strong Initiative）实现10万名美国留学生在2009—2014年到中国学习。访问后斯坦伯格、多尼隆分别与戴秉国会面和通话，讨论如何建立"相互尊重、互利共赢的合作伙伴关系"。对此中国媒体高度评价，认为有利于发展健康、稳定的中美关系，探索"大国友好接触的新模式"。[④] 4月，国务委员刘延东访美，与希拉里主持第二届人文交流对话（CPE）。在6个领域达成40多个新项目，包括教育、科学、技术、文化、妇女、青年、体育等。希拉里感谢中国对美国增加1万名访问学者的奖学金，宣布扩大福布莱特计划。4月底举办美中人权对话，美国助理国务卿波斯纳（Michael Posner）称中国人权"严重退步"，"继续镇压可能危及美中关系"。此后美国称中

---

① "Chinese Leader Hu Jintao to Visit USA During Tense Times", *US Today*, Nov. 18, 2011.

② Bonnie Glazer, "Pomp and Substance: Hu's State Visit to the US", *Comparative Connections*, May 2011.

③ "Hu's US Visits Sets New Tone But Tensions Remain", *Reuters*, Jan. 21, 2011.

④ 陈向阳：《共建中美合作伙伴关系》，《瞭望》2011年1月24日。

国释放了人权律师滕彪，但未释放艾未未。

5月中旬，第三届 S&ED 召开。建立人文交流机制，达成第二轮海洋法与极地问题对话、美国海岸警卫队司令梅森·布朗（Manson Brown）访美等事宜，举办法律专家对话、农业与科技合作、反恐磋商、人权对话以及能源、油气、再生能源论坛等，并就非洲、拉美、南亚、中亚举办政策规划讨论。达成包括印度洋在内的海洋与渔业合作协议，续签卫生与医疗合作、供应链安全与贸易便利化备忘录。建立亚太磋商机制与美中战略安全对话（SSD，即民事与军方的联合对话）。① 美国的目标是"通过外交官与军官的集体讨论，以增强整体关系的可预见性"②。此次 SSD 主要讨论网络与海上安全，中方强调美国抵海侦察的危害性，但认为在网络安全方面合作多于冲突。经济领域成果斐然，共达成 64 项具体成果。最核心的成果是签署"促进经济强劲、可持续与平衡增长全面框架协议"，中方认为这是迄今为止双方签订的超过所有国家间的最全面的经济合作框架。该框架主张从长期、战略视角促进经济合作，以建立全面互利的经济伙伴关系。其基于的原则是：两国持续的经济增长彼此密不可分；加强国际贸易与金融机制；加强在宏观经济、金融、地区与全球经济机制中的磋商。在各自关心的经济议题上，除了货币问题双方仍各自表述外，不少领域都有突破。对美国而言取得的进展是：高水平、长期的知识产权保护，政府使用正版软件；公布贸易与经济政策并开放公众讨论；政府采购与本土创新脱钩；允许美国及其他外资银行在中国发售共同基金和提供托管服务；推进美国和其他外国保险公司在中国销售强制第三方车辆责任险。对于中国的三大诉求——放宽高技术产品出口限制、承认市场经济地位、给予赴美投资的中国企业以公正待遇，美国许诺将继续改革出口管制，放松高科技出口限制，严肃考虑在反倾销程序中"中国的市场导向型工业地位"；

---

① 该对话由斯坦伯格提出，由他本人与中国外交部副部长张志军主持，参与者包括军方与国务院官员。

② "US-China Strategic and Economic Dialogue 2011：Outcomes of the Strategic Track"，The State Department，May 10，2011.

不歧视外国投资。① 中方舆论高度评价会议成果，认为将为未来美中贸易经济合作提供指导原则；美方评论则不乐观，有前官员指出中方承诺早在2008年战略经济对话中就有承诺，关键在于落实。②

（二）在一系列分歧问题上继续推行一贯主张，但注意策略和沟通防止反弹。

5、6月份，南海问题再次突显。菲律宾总统阿基诺称："四个月以来，中国多次入侵菲律宾海域……其中一次中国军舰曾向菲律宾渔船开火……中国海军船还在菲律宾宣称拥有主权的地方卸下建筑材料、放置浮标，并追踪菲律宾油气测量船。"③ 与此同时，越南外交部指责中国海监船"干扰"越油气测量船，割断其海底电缆，声言"将动用一切手段捍卫领土完整"。④ 此后，美越在年度对话上签署联合声明，"维护南海和平稳定与航行自由，反对使用武力"⑤。菲律宾外长罗萨里奥访美，美国许诺提供军事物资与装备帮其"自卫"；希拉里表示《美菲防御条约》仍将是"两国关系的支柱与地区稳定的保证……增加情报分享，加大对争议水域的侦查，部署早期预警雷达监控入侵"⑥。6、7月，美国分别与菲律宾、越南海军举办联合训练，美国参院亦通过决议指责"中国使用武力"，引发中国外交部抗议。在6月的美中亚太事务磋商中，崔天凯警告，一些国家利用美国"玩火，……美国参与只能使事情更加复杂化"。坎贝尔则表示，奥巴马政府"不认为南海是美中竞争的领域……美国在维护南海和平

---

① "2011 US-China S&ED Fact Sheet", the Treatury Depatment, May 9, 2011.

② Ira Kasoff(former deputy assistant secretary for East Asia at the US Department of Commerce), "Impact of the US-China Strategic & Economic Dialogue", May 16, 2011, http://www.vitualvantagepoints.com/impact－of－the－strategic－economic－dialogue/.

③ Bonnie Glazer, "Friction and Cooperation Co-exist Uneasily", *Comparative Connections*, Sep. 2011.

④ 《外交部回应中国渔船切断越南勘探船电缆事件》，中国网，2011年5月6日。

⑤ "US Vietnam Joint Peace Call in South China Sea", *AFP*, June 17, 2011.

⑥ "Remarks With Philippines Foreign Secretary Albert Del Rosario After Their Meeting", The State Department, June 23, 2011.

与稳定上有重要利益"①。7月穆伦访华时，陈炳德表示"无关国家不应干涉领土争端与联合开采……美菲、美越军演是不合适的"。穆伦则称美国有航行自由的基本利益，将继续在地区存在。② 在巴厘岛召开的ARF会议上，美中再起争执。希拉里反对"任何一方威胁或使用武力促进主张或干涉合法的经济活动……最近的行为破坏了海洋安全和航行自由，各方应按照国际习惯法明确南海主权"。杨洁篪重申和平解决争端，但"谈判应基于国际法和历史事实"。不过，会后双方显示出合作态度：达成促进东帝汶农业发展与食品安全协议；增加城市搜救合作；扩大地区伙伴合作以加强地区减灾能力。此后希拉里还赴深圳与戴秉国会晤，强调双方应在共同关心的领域建立"合作习惯"。③

7月16日，奥巴马再次会见达赖。与上次类似，没有在椭圆型办公室会面，也没有任何新闻报道。白宫发表一张照片和一个声明，重申西藏是中国一部分，美国不支持其独立，督促中国与达赖对话。崔天凯立即向美国使馆副馆长提出抗议，称美国此举削弱了中国的核心利益，并通过外交渠道告知取消了罗伯特·埃因霍恩的访问。美国认为中国的表现表明，尽管对此不满，但中美关系依然在正确的轨道上。

11月，美国高调"转向亚太"（pivot to Asia）。在美国主办的APEC峰会上，奥巴马大力推动旨在逐步并最终消除全部关税的TPP；访问澳大利亚宣布美国海军陆战队到达尔文港轮训；作为首次参加东亚峰会的美国总统，重申确保南海航行自由和按照国际法解决主权争端。与此同时，宣称"21世纪是美国的太平洋世纪"的希拉里展开东南亚访问，在菲律宾的美国驱逐舰菲茨杰拉德（Fitzgerald）号上签订《美菲防御条约》60周年宣言；对缅甸展开历史性访问，承诺将随着其改革逐步提升关系。在此过程中，美国一再重申不寻求遏制、包围或制衡中国，而是实现必要的

---

① Bonnie Glazer, "Friction and Cooperation Co-exist Uneasily", *Comparative Connections*, Sep. 2011.

② "Press Availability With General Chen Bingde", Joint Chiefs of Staff, July 11, 2011.

③ "Friction and Cooperation for China and US", *Asia Times*, Sep. 29, 2011.

再平衡，以"促进美国利益，向盟友确保美国存在及义务"①。在堪培拉，奥巴马重申"欢迎和平崛起的中国……中国应按交通规则行驶，崛起于全球规范秩序之中"②。希拉里也否认其亚洲行旨在抵消任何其他国家，而是在伊战、阿战结束后将更多注意力投入亚太，以寻求机会。③ 对此中国官方反应较为冷静。外交部表示："对包括 TPP 在内的所有经济一体化合作保持开放态度……但其成员国是否能符合高标准还有待观察。"对于美澳合作，外交部表示："希望有助于亚太和平、稳定……与地区国家的利益相符。"对于美缅关系，称乐见其与西方国家改善关系并呼吁美国放松制裁。④ 南海方面，温家宝在中国－东盟领导人会议上称南海争议应通过当事国谈判友好解决，并要求与奥巴马单独会晤，并劝其不要在东亚峰会提及南海问题。奥巴马表示此不可避免，但目标是维护和平。⑤ 对此中国外交部国际司副司长庞森表示，"中国遵守那些其参与达成的集体协议，而没有义务遵守一个或几个国家制定的协议"，被认为是对奥巴马"遵守规则"的反击。⑥ 中国舆论反应则更为强烈，认为：美国旨在遏制中国，挑拨中国与东盟关系；质疑美国是否有能力扩大亚太存在，应先处理好自己的事；⑦ 奥巴马此举是为转移国内经济问题和赢得大选造势；⑧ 少数人认为中国应负责任。如时殷宏认为中国政府应反思其与邻国关系是否出了

---

① "US Pivots Eastward to Address Uneasy Allies", *New York Times*, Oct. 24, 2011.

② "Remarks by President Obama and Prime Minister Gillard of Australia in Joint Press Conference", Nov. 16, 2011, http://www. whitehouse. gov/the－press－office/2011/11/16/remarks－president－obama－and－prime－minister－gillard－australia－joint－press.

③ "From GMA, Our Interview With Secretary Hillary Clinton," *ABC News*, Nov. 18, 2011.

④ 《外交部：中方对 TPP 持开放态度》，新华网，2011 年 11 月 15 日。

⑤ Bonnie Glazer, "US Pivot to Asia Leaves China off Balance", *Comparative Connections*, Jan. 2012.

⑥ 《外交部驳美对中国不守规则指控，称对 TPP 持开放态度》，中国政府网，2011 年 11 月 15 日。

⑦ 罗援：《美国的三大错误决策将导致满盘皆输》，人民网，2011 年 11 月 28 日。

⑧ "Stability Key to China-US Ties", *China Daily*, Nov. 20, 2011.

问题；①朱锋呼吁不要再指责美、日、越、菲，而应反思其自身的外交错误；②也有认为时间在中国一边，不必过度反应，而应专注于自身发展。

二、经济摩擦与合作相互贯穿

8月初，受美债危机影响，标准普尔公司（Standard & Poor's）将美国的主权信用评级由3A降为2A，引发中国担忧。中国舆论批评美国金融不负责任、过渡消费及军费开支过大。有学者建议随着中国能力超过美国，应使用金融武器给美国继续对台军售一个"教训"。③此间人民币仍在升值，美国分析家认为这是中国为控制通胀而暂时采取强势货币政策的结果，并非是为了弥补"低估"。同时中国国内有关减持美元的呼声增多。在此背景下，拜登8月访华，旨在与习近平建立亲密的个人关系，同时向中国保证债务安全，称美国不会违约。

秋季开始后，美国加大批评中国的人民币与贸易行为，中国则反驳称高失业率、经济低增长、国债、赤字、政治僵局是导致其经济不振的更主要原因；人民币升值既不能改善贸易不平衡也不能解决美国的失业。④10月3日，美国参院对"汇率监督改革法案"进行表决，该法案授权由商业部决定"低估币值是否属于出口补贴，以及是否可适用于抵消关税"。中国对此反应强烈，警告该举可能导致贸易战。众院议长约翰·博纳（John Boehner）亦表示担忧，称"不确定该惩罚步骤是否可以很好地解决汇率问题"。12日，参院以63－35通过法案，众院态度还不明朗。12月19日，美国高等巡回法院宣布对中国轮胎实施抵消关税不符合美国法律："对华实施反倾销与抵消关税不能同时进行，前者视中国为非市场经济国

---

① Michael Chase, "China Assesses President Obama's Asia-Pacific Trip", *China Brief*, Vol. 11, Issue 23, Dec, 20, 2011.

② 同上。

③ 丁刚：《是时候用"金融武器"来惩罚华盛顿了》，《环球时报》2011年8月4日。

④ 《第三季度中国货币政策执行报告》，中国人民银行，2011年11月16日。

家，而后者又将中国视为市场经济。"① 此前商务部在评估倾销时认为中国是非市场经济国家，但在履行抵消关税时又称是市场经济。该判决遭到美国钢铁工人联合会等工会的抵制，但对于中国而言显然是个胜利。不过，国会将汇率问题列为中国不公正贸易补贴审查的声浪依然巨大，而随着共和党初选开始，掀起又一轮对中国贸易与经济政策的批评。如罗姆尼（Willard Mitt Romney）称将在上任第一天就宣布中国为汇率操纵国，引发中国不满，也改变了中方认为共和党不惯于批评贸易问题的看法。

在 11 月召开的 APEC、东亚峰会（EAS）及中美商贸联委会（JC-CT）上，美国对中国的贸易、经济政策表示担心。在 APEC 峰会上，奥巴马指出美中贸易摩擦增多，希望中国遵守规则。"要是规则被打破，美国除了公之于众……某些情况下将采取行动"，同时也保证美国对华贸易措施旨在保护美国商业，而不会寻求与中国冲突。奥巴马还宣布美国将与澳大利亚、文莱、智利、马来西亚、新西兰、秘鲁、新加坡、越南在 1 年内就 TPP 达成协议。中方呼吁新的贸易机制必须"开放和包容"，"与现有贸易机制达成平衡和补充……如受邀将认真考虑"②。美国回应道："TPP 不是受邀加入的，而是意愿加入的。"（is not something one gets invited to. It's something one aspires to.）③ 中国国内批评认为美国试图降低中国在地区合作中的影响，通过使地区国家达到美国标准而占据主导。

11 月在成都召开的 JCCT 共签订了 5 个文件，包括双边知识产权合作协议，高科技贸易合作行动计划、贸易统计工作组进展报告，能源合作与企业合作联结项目备忘录。美国完成对中国禽肉进口评估，举办检疫技术讨论，宣布制定进口中国梨的有关规定；中方则继续就高技术、市场地位、赴美投资公平待遇、减少贸易报复向美国施压，但未得到美方保证。中方还承诺未来 5 年投资 1.5 万亿美元用于生物、能源环保等战略新领

① "US Appeals Court Disappointing Ruling Against Countervailing Duties"，htt://www. tradereform. org/2011/12/us－appeals－court－disappointing－ruling－against－court.

② 《陈德铭在 APEC 会议期间接受中央电视台专访》，商务部新闻办，2011 年 11 月 21 日。

③ "Press Gaggle by Michael Froman，Deputy National Security Advisor for International E-conomic Affairs"，Nov. 12，2011，http://fpc. state. gov/177058. htm.

域；加快解除禽流感贸易限制；对美国开放梨市场；发布乳产品许可证；停止要求外国汽车商转移技术；成立知识产权保护部门，至 2013 年实现地方政府使用正版软件。王岐山呼吁两国专注于本国经济，"不平衡的恢复要好于平衡的衰退"①。

12 月掀起新一轮贸易保护。12 月 12 日，美国贸易代表办公室发表《中国执行 WTO 情况报告》，敦促中国改变"扭曲"贸易行为，加强知识产权透明度和可预见性，对美国公司开放市场，公布贸易法及贸易规则。此前一周，美国宣布针对中国对从美国进口的鸡肉加征反倾销和反补贴关税提起 WTO 诉讼，美国还继续对中国出口的太阳能电池展开双反调查。对此中国感到不满。12 月中旬，中国宣布对美国产排气量在 2.5 升以上的进口小轿车和越野车实施反倾销和反补贴关税，对此美国认为尽管使进口车税率高达价格的 22%，但由于数量小，因而只是"象征性"的。

三、军事交流稳步发展，对台军售"软着陆"

1 月盖茨访华标志着美中军事关系彻底恢复。行前盖茨表示，希望"军事关系可持续、信赖发展，尽管有起伏但应保持交往通畅，并就战略、政策及期望对话"②。访华期间参观了二炮指挥部，并达成协议确立工作组"设计改善美中防务机构关系的指导原则及框架"，可望年内在 DCT 框架下签订协议。呼吁尽快召集防务政策谘商谈判（the Defense Policy Consultative Talks，DPCT），制定双方军方交流计划。举办 MMCA 工作组会议讨论行动安全及扩大海洋合作。盖茨还建议举办"民事与军方共同参与的安全对话"，以讨论核、导弹防御、太空与网络问题。中方继续就军售问题表明立场，称如不改善会损及双边关系。盖茨则表示，"要是台湾安全局势及两岸关系改善，会重新考虑军售政策，但必须是渐进长期的

---

① 《王岐山对美喊话：不平衡的复苏好过平衡的衰退》，《人民日报》2011 年 11 月 22 日。
② Bonnie S. Glaser, "Hu Jintao's Upcoming US Visit", Jan 11, 2011, http://csis.org/publication/hu-jintao-upcoming-us-visit.

过程"①。此间发生的解放军试验 J—20 隐形飞机事件引发美方高度关注。在盖茨抵华前，一张有关该飞机飞行试验的照片出现在因特网。对此盖茨深表关注，当面询问中国领导人是否知情。中方表示并不知情，后证实该举是"预先计划好的"，与盖茨访华无关。盖茨表示"相信这一解释"。②对此美国分析家有两点看法，一是认为中方旨在选择该敏感时刻"显示武力"，二是认为中国军方与文官协调不力所导致。4 月，东亚助理国防部长帮办薛迈龙（Michael Schiffer）来华与国防部外办主任钱利华主持第 7届 DPCT 会议，美方认为中方不愿谈及下半年交流计划可能是考虑到美国计划中的对台军售。

5 月，陈炳德访问美国被认为是"首次如此高级别人士访美"③。陈炳德在美国国防大学的演讲称，"中国经济崛起和军事现代化不会对美国造成威胁"，并参观了首次给中国军官开放的在美陆军最大训练基地欧文堡与内华达州内利斯空军基地。④。访问达成 4 点共识：建立总参谋长与参联会主席热线；在亚丁湾的联合反海盗演习；人道主义与减灾训练演习；军事医疗与联合搜救操练。陈炳德批评美国军售政策，称此为"霸权主义"，如美国决定出售 F—16C/D 战机，肯定会影响中美关系，"至于多大影响，要看军售的性质"。美方认为此次访问"尽管取得一小步进展，但有利于建立持续、可信赖的军方关系"⑤。7 月穆伦回访，主要讨论了南

---

① "Drew Thompson, Think Again: China's Military", *Foreign Policy*, Mar/Apr., 2010.

② Bonnie Glazer, "Xi Visit Steadies Ties: Dissident Creates New Tensions", *Comparative Connections*, May 2012.

③ 《美中寻求军事关系的和谐之音》，美国之音中文网站，2012 年 5 月 22 日。

④ 陈炳德参访"敏感基地"引发美国议员批评。众议院外交委员会监督调查小组委员会主席达娜·罗拉巴克尔说，类似这样的访问违反了国会在《2000 财年国防授权法》中设定的有关美国先进武器或军事活动的限制。他说："我们不应该向中国将军们开放诺福克海军基地、陆军国家训练中心和内利斯空军基地等重要军事基地。我们著名的'红旗'空军和网络战演习就是在内利斯空军基地举行的。"他担心中国人会通过此次访问获得宝贵的作战信息，这些信息可能在未来的冲突中用来对付美军。参见"The Chinese People's Liberation Army Delegation Visit to the United States, May 2011: A Summary of Key Actors and Issues", USCC, *Staff Research Backgrounder*, June 30, 2011.

⑤ "Chinese General: We're no Match for US", *Associated Press*, May 18, 2011.

海、网络安全、解放军现代化问题，并敦促中国对朝鲜施压。他在人民大学演讲中提出军事交流的三个基调：相互尊重；地区与全球相结合；面向未来。穆伦访问了二炮指挥部，亲眼看到东风 11 短程导弹（对美国而言是首次），并参观了山东、浙江的陆、海、空军基地，观摩水陆两栖摩托化部队的反恐操练。访问达成军区司令与太平洋总部互访协议。

8 月，2011 年度《中国军事与安全发展报告》在被推迟 5 个月后发布。薛迈龙称，中国持续的军事投入使其追求潜在毁灭地区军事平衡的能力，这需要美中发展持续、可信的军事关系。[1] 报告新增内容包括中国的海洋战略及与其他国家的军事接触，并着重评估了 J－20 稳性战机、航母、反舰导弹、网络战能力。9 月下旬，奥巴马政府宣布同意价值 58.5 亿美元的对台军售，包括升级 F－16A/B 战机（90 年代早期购买）及提供 F－16、F－5 与 C－130 飞机零部件、培训 F－16 战机飞行员等。中方进行了正式的外交抗议，推迟了美国陆军乐团及太平洋总部司令威拉德的访问、美中军控与不扩散磋商、联合反海盗演习、以及一项军事医疗交流。关于是否出售 F－16C/D 战机美国表示"仍在考虑"。而对于中国的反应帕内塔则认为"处理得专业而外交"。[2] 12 月初，副国防部长米歇尔·弗卢努瓦访华主持 DCT，美国认为，"中国愿意继续这一机制表明其愿意接受持续、可信的军事交流"，因为 2008 时曾推迟所有军事对话，2010 年则推迟了 6－9 个月。不过，此次访问未能达成来年的军事计划。

四、继续施压朝鲜问题

1 月盖茨访华时称，朝鲜"持续发展核武器和洲际导弹"对美国造成直接威胁，但延坪岛事件后朝鲜未对韩国的实战演习做出反应是"中国施加作用的结果"，对此表示"赞赏"。[3] 在胡锦涛访美期间朝鲜也是美国关

---

[1] "Michael Schiffer: China Report Notes Military Modernization", US Department of Defense, Aug. 24, 2011.

[2] "Panetta Praises China for Response to Taiwan Arms Sale", *VOA*, Oct. 13, 2011.

[3] "Gates: North Korea will pose direct threat to US", *AP*, Jan. 11, 2011.

心的重要话题，但在联合声明中未能就此达成共识，中方反对谴责朝鲜违反安理会决议。最后双方声明对此表示"关心"，反对"一切违反'共同声明'及国际义务的行为"。[①] 此后美韩寻求在安理会通过主席声明，谴责朝鲜"从事铀浓缩活动，使六方会谈难以复会"，但中国主张不应在安理会而应在六方会谈讨论该问题。对此埃因霍恩称，美国希望中国能得出同样结论，即宁边浓缩计划不符合安理会决议及"共同声明"。[②] 1 月 28日，由专家小组提供的朝核发展报告上交安理会制裁委员会，称朝鲜的浓缩计划与轻水反应堆"严重违反"了 1718 及 1874 号决议。但美国媒体称"中国告知将抵制这一报告，防止其被纳入委员会的季度报告"，且北京"迫使"委员会仅闭门而非公开讨论这一问题。[③] 12 月，美朝就粮食援助的谈判正在取得进展期间，19 日金正日突然去世。第二天杨洁篪与希拉里通话，称维护半岛和平稳定有利于各方利益，并对美朝直接对话可能达成粮食援助表示欢迎。希拉里表示美国将密切与中国沟通合作。

2011 年尽管美中关系继续因为南海、达赖、军售、朝鲜乃至经济摩擦而起伏不定，但双方均降低调门，理性处理相互关系。美国对华政策在全方位合作、策略处理分歧、加大亚太投入、强调服从规则几个方面展开，中国则相对温和地化解了矛盾，保证中美关系沿着正面、积极轨道前行。

---

① 《中美联合声明》（全文），新华网，2011 年 1 月 19 日。

② "US official holds talks in S. Korea"，March 2, 2011，http://www.upi.com/topnews/world-news/2011/03/02/us-official-holds-talks-in-s-korea/upi-17561299047087/.

③ Bonnie Glazer, "Xi Visit Steadies Ties; Dissident Creates New Tensions", *Comparative Connections*, May 2012.

第四节　艰辛的"新型大国关系"之路（2012）：
过渡期的对华政策

一、在麻烦与冲突中塑造"新型大国关系"

（一）美中呼应建立"新型大国关系"。

2012年2月习近平访美受到美方高度重视，拜登全程陪同，奥巴马、希拉里、帕内塔及国会均与会面。美国将此定位为"奠定未来十年关系基础"之旅，尽管未签署任何协议，但旨在"令中国未来领导人了解美国"①。代表团购买了270亿美元的商品，包括芯片、电子产品、农业品等。奥巴马保证"不会遏制中国"，但对中国反对叙利亚制裁感到失望，同时施压要求减少中国对伊朗石油进口。② 在国务院举办的午宴上，拜登批评中国反对叙利亚投票以及在知识产权保护、人民币、强行技术转让、人权等方面的政策。美国舆论认为习近平主席"放松、自信，对问题非常了解"，谴责美国增加亚洲军事存在，呼吁尊重中国核心利益，警告"不要制造麻烦反复测试对方底线"；呼吁美方放松高科技出口、保护主义、给予中国公司公平待遇；未表示支持军事交流，但对美国积极发展军事交流表示"赞赏"。③ 此后美国国防部发言人称习近平主席"敦促两方保持和加强两军的实际接触与合作，同意国防部长互访及未来更多军事交流"④。

3月，坎贝尔与崔天凯进行第三次亚太磋商，讨论了朝鲜、南海、缅

---

① "China's Vice President, Xi Jinping, Open US Tour", *New York Times*, Feb. 14, 2012.

② Bonnie Glazer, "Xi Visit Steadies Ties; Dissident Creates New Tensions", *Comparative Connections*, May 2012.

③ "On US Visit, Xi to Address 'Trust Deficit'", *Wall Street Journal*, Feb. 10, 2012.

④ "As Xi Visits, US Urges More Open Chinese Military", *AFP*, Feb. 14, 2012.

甸等问题。美国重申与中国的合作伙伴关系，敦促中国发挥更加建设性作用，共同促进地区机制建设，并就亚太事务密切磋商，及时通报对方进展和政策。同月，中美均就尼克松访华 40 周年举办活动。崔天凯在讲话中警告美中战略互疑可能导致严重后果。① 希拉里在和平研究所的讲话称美中关系"史无前例"，美国"试图与一个崛起的中国合作以培育其对全球安全的积极贡献，同时保持美国领导地位……防止不健康竞争、冲突，构建一个在和平与竞争间可接受的平衡"；批评中国是"有选择的利益攸关方，有时要被当成大国有时又称自己是发展中国家，希望发挥与其相称的作用"。②

　　4 月 26 日，在第四次 S&ED 之前发生了陈光诚事件③。坎贝尔提前赴北京谈判解决，期望在人权与合作之间达成平衡。奥巴马敦促中国改善人权，"坚信中国可以通过开放和自由化更加强大"，但拒绝具体评论。④对此中国外交部表示强烈不满，认为美国对陈监护"是干涉主权"，美国应反思，采取切实步骤维护美中关系。⑤ 5 月 2 日陈表示自愿离开，中美达成协议保证其得到"人道对待"，并对地方政府进行调查；美国将通过定期访问确保其安全。此后陈又改变主意，决定赴美。为此美方决定提供学生签证，中方表示同意。5 月陈及其家属赴美。美国认为这是美中合作之举，"中国政府挽回了面子，而奥巴马也不至于受到国内批评"，此事也未能影响 S&ED 的合作。⑥

　　在陈光诚逃到美国大使馆同一天，美国对台军售遭遇小风波。白宫给

---

　　①　崔天凯：《坚定不移推进中美合作伙伴关系》，《国际问题研究》2012 年 2 月。

　　②　Hillary Clinton, "Remebering the Nixon Trip and US-China Relations Today", March 7, 2012, US Institute for Peace and Nixon Foundation Conference.

　　③　即所谓盲人"维权"律师陈光诚逃离山东地方政府的"软禁"监视，进入美国大使馆"避难"一事。

　　④　"Press Conference by Obama, Japanese Prime Minister Noda", The White House, April 30, 2012.

　　⑤　《外交部谈陈光诚进入美驻华使馆称美干涉内政》，中国网，2012 年 5 月 2 日。

　　⑥　"Dissident Chen Guangcheng's Case Complicates US-China Ties", *Los Angeles Times*, A- April 30, 2012.

参议员约翰·柯宁（John Cornyn，R－TX）写信，促其尽快同意由马克·利珀特（Mark Lippert）出任亚太安全事务助理国务卿一事，为此奥巴马政府将"严肃考虑出售 F－16C/D 并升级 F－16A/B 战机，以回应您对台湾安全的关心……利珀特任职后将加快组织跨部门磋商帮助政府制定解决台湾战机不足的新政策，包括出售一定数量的美国新战机"①。尽管白宫称该信不意味着美国政府必然要出售新战机，但在国会看来这既是一种承诺。该举引发了中国对美国对台军售的新一轮担心。

5 月第四次 S&ED 召开。战略轨道集中于高层交流、双边对话、地区与全球挑战、双边合作，达成 50 项具体合作。SSD 在副国务卿威廉姆·伯恩斯（William Burns）与副外长张志军、国防部代理副部长吉姆斯·米勒（James Miller）、太平洋总部司令洛克利尔与副总参谋长马晓天之间展开，主要讨论了海洋与网络安全。经济轨道达成从宏观政策到贸易、投资、金融等领域的 67 项成果。中国同意重新评估其"出口吸引金融"政策，允许外国投资者在证券和合资企业中占有更大份额，解除对国有企业补贴。美国表示支持人民币进入 IMF 储备货币篮子，同意促进民用高科技技术出口，承诺纠正对军民两用产品的控制。

6 月，奥巴马与胡锦涛在墨西哥洛斯卡沃斯的 G20 峰会上见面，双方均表达了改善关系的愿望。奥巴马称两国能够"真正创造一种实际、有建设性和全面的新关系模式"。实际上在 5 月的 S&ED 上，胡锦涛就提出新型大国关系的想法，称两国应"努力发展一种新型大国关系，确保两国人民处于和平"。其实质是"互信，平等与相互理解，积极行动和深刻友谊"。奥巴马称赞两国建立起"实际、正面的合作机制，就全球经济、双边贸易及地区问题进行了有效合作"，呼吁中国加强应对伊核国际合作、加强在朝鲜与叙利亚上合作。胡锦涛提出大国关系四点建议：继续对话，特别是高水平战略对话以增强互信；深化双赢合作，既包括商业、投资、法律、教育及技术等传统领域，也包括能源、环境、基础设施建设等新领

---

① "Administration reversing course on fighter sales to Taiwan", The American Enterprise Institute，Apr. 30，2012.

域；正确处理分歧、避免干涉内政，防止国内政治消极影响双边关系，以实际行动支持两岸和平发展；共同承担国际责任以应对全球变化。[1]

7月在美国举办的中美人权对话在美国助理国务卿波斯纳与中国外交部国际司陈旭司长之间展开，讨论了法治、宗教、言论、网络自由与劳工权利等问题。美国批评中国人权状况"持续恶劣"，要求中国政府释放监禁律师、博客作者、NGO活动家、记者、宗教领袖等。中方介绍了基层选举、社会安全网等进展，呼吁美国尊重中国主权与领土完整，以及现行政治与法律制度、发展道路等。7月底美国国务院发布年度《宗教自由报告》，称2011年中国在西藏、新疆及家庭教会方面的自由度下降。

9月4—5日，希拉里访华。此次访问正值南海、钓鱼岛问题不断升温之际，加上其亚太系列访问旨在继续深化"再平衡"战略，使中国媒体普遍持批评态度。一是批评美国在南海及钓鱼岛问题上的作为，包括美国插手南海的真实意图、美国缘何钓鱼岛问题上偏袒日本等；二是否定希拉里在中美关系中的作用，称希拉里为"深度强化中美互疑的人"，美国对华战略"思想毫无创新"，美国已丧失了中国的信任。尽管如此，胡锦涛在会见时仍肯定"中美关系总体发展，积极建设相互尊重、互利共赢的合作伙伴关系……应妥善处理双边经贸关系中存在的摩擦和分歧，避免经贸问题政治化"。希拉里表示："世界正在发生重大变化，建立什么样的美中关系具有特别重要的意义。美方致力于同中方超越差异，加强合作，携手应对全球性问题和挑战，以史无前例的方式证明，一个守成大国和一个新兴大国能够继续为各自人民创造美好未来，为世界和平与稳定作出贡献。"[2] 希拉里访华后到访东帝汶时又强调，美国中间有大量问题需要磋商，比如伊朗和朝鲜问题，以及叙利亚和南海问题。在坚持美国的战略利益以及在美中分歧中明确表达美方意见方面，她本人及美国政府均不会回避；奥巴马政府将尽可能与中国接触和合作，但在无法求同之时，会坚持

---

[1]　"Hu Sets out Vision for US Ties", *China Daily*, June 21, 2012.

[2]　"No Movement on Major Disputes as Cliton Meets With Chinese", *New York Times*, Sep. 5, 2012.

自己的立场。"作为一个世界强国，中国的和平崛起正处于十字路口。中国的未来道路将取决于如何掌控新的经济挑战、与邻国的分歧及其政治和经济体制所承受的压力……对于一个强国和一个崛起中的强国之间的老问题，我们将试图给出新的答案。任何一个人都不会幻想中美关系将是一帆风顺或是相处甚欢。不过，我们仍有理由希望，在今后我们可以走一条中美双方避免冲突和扩大共同利益的道路。"①

11月，温家宝与奥巴马在东亚峰会期间会面，此次是中共十八大及美国大选后，中美两国领导人首次正式会晤。温家宝表示，坚持两国推进相互尊重、互利共赢的合作伙伴关系，坚持共同探索构建新型大国关系，坚持巩固和加强中美战略与经济对话、人文交流高层磋商、战略安全对话等合作机制，坚持加强中美经贸合作，以大规模经济和金融合作应对困难，解决分歧，坚持加强在国际和地区问题上的交流与磋商，特别是在亚太地区的合作。奥巴马称美中关系是"是合作和建设性的"，两国在贸易和投资问题上确立"明确规则"很重要。同月，多尼隆称，奥巴马在第二任期将继续把美中关系作为工作重点，希望中国能在解决全球问题方面发挥更大作用，并期望与中国新一届领导人建立"建设性"关系，呼吁中国在国际事务中发挥与其不断增长的经济规模相匹配的作用，并称北京的领导作用对于解决朝鲜、伊朗、气候变化和全球经济等问题至关重要。②

人权方面，在11月底西藏发生藏人自焚后，波斯纳会晤了有关家属，"表达了最深切的慰问和最严重的关切"。美国国务院称，美国政府将通过一切手段，在各个层面敦促中国政府调整处理有关西藏地区的政策。这些政策不仅引发了地区局势的紧张，还"威胁到了藏人的宗教、文化和语言的认同"③。12月，130位诺贝尔奖得主联名致函中共总书记习近平，呼吁释放刘晓波。为此白宫回应称，奥巴马的名字虽未出现在联署信上，但

---

① Hillary Clinton, "Remarks With Timor-Leste Prime Minister Xanana Gusmao", US Department of State, June 9, 2012.

② Thomas Donilon, "President Obama's Asia Policy and Upcoming Trip to the Region", Speech on CSIS Conference, Nov 15, 2012.

③ "Top US official meets families of Tibetan self-immolators", *Reuters*, Dec. 1, 2012.

美国一再敦促中国当局立刻释放刘晓波，而中国的人权状况持续恶化，包括"继续以逮捕、判刑、强迫失踪、法外拘留等方式对付人权活动人士"，令美国不得不保持关切。①

（二）以"亚太再平衡"延续"转向亚太"，重返亚太更加实质化。

自 2011 年 11 月奥巴马访问亚洲展开"转向亚太"之旅后，美国继续从政策与战略上落实这一目标。1 月 5 日，奥巴马历史性访问国防部，推出新的"战略防务指针"，以从长远调整美国防务战略，即"在继续有助于全球安全的同时，有必要实现亚太再平衡"。在其列出的 10 项使命当中，其中明确针对"中国的反介入与区域拒止"能力，并指责中国和伊朗使用"非对称手段"应对美国的力量投射。对此中国外交部反应较为温和，称对中国的指责"没有根据"，中国国防现代化有利于地区和平。但媒体评论认为该战略主要针对中国，《人民日报》称"是美国称霸的又一个例证"。杨毅批评美国不应把军事存在与中国军力相联系。② 6 月初，帕内塔参加香格里拉对话时进一步阐述了"亚太再平衡"战略。称美国计划把目前太平洋对大西洋的军力部署由 50∶50 调整为 60∶40，将部署 6 艘航母及多数巡洋舰、驱逐舰、滨海战斗舰和潜艇。帕内塔重申其目标不是为了挑战中国，相反，"美国的日益参与会受惠于中国，因为后者也追求安全与繁荣"③。不过，中国对此表示怀疑。7 月，崔天凯在《中国国际战略评估》上发文，称美国在回到亚太的过程中，不断加强盟国体系，提出"空海一体战"和并积极介入南海，使其政策声明与真实意图出现鸿沟。④而从美方看，在 5—8 月之间几乎所有与中国的双边会议中，均积极寻求

---

①　"Nobel laureates urges China to release jailed Peace Prize winner Liu Xiaobo", *Reuters*, Dec. 4, 2012.

②　Bonnie Glazer, "Xi Visit Steadies Ties; Dissident Creates New Tensions", *Comparative Connections*, May 2012.

③　"Shangri-la Security Dialogue, As Delivered by Secretary of Defense", Leon E. Panetta, US Dept. of Defense, June 2. 2012.

④　崔天凯、庞含兆：《新时期中国外交全局中的中美关系——兼论中美共建新型大国关系》，《中国国际战略评论 2012》，世界知识出版社 2012 年版。

解释美国亚太政策的复杂性，申明不是针对中国，包括 5 月帕内塔与梁光烈的见面、6 月太平洋总部司令洛克利尔访华、7 月希拉里与杨洁篪在东盟会议上的讨论、同月多尼隆访华时解释美国战略的源起和动机、8 月中国副总参谋长蔡英挺访美时，美国防部再次解释其不针对中国。中国的反应是"听其言、观其行"，舆论则普遍质疑美国的意图，同时怀疑美国是否有资源在亚太部署更多军力。美方还注意到中国开始试验一种新的多弹头、地面运动型导弹及 JL－2 潜射型导弹，认为表明"解放军开始增强其核威慑生存率，以应对美国在亚洲的导弹防御"。[1]

9 月，美国又掀起新一轮亚太动作。希拉里作为首次参加太平洋岛国论坛的美国国务卿高调出访库克群岛，强调美国作为地区平衡力量的重要性，称"太平洋容得下美中两国"；访问印尼时，敦促中国与东盟加快"南海行为准则"磋商，"地区国家应在不受胁迫、恫吓、威胁以及不动用武力的情况下，致力于合作解决争端"。对此中新社评论认为"是为遏制中国在南太平洋日益扩大的影响力"[2]。而美国学者科萨（Ralph Cossa）称："如果我们试图遏制中国，通过向中国提供大量投资使其成为工业化世界一部分的这种方式来达到这一目的肯定是错误的方式。"[3] 在之后的 APEC 峰会上，美国卖力地"推销"TPP，刻意举行了 9 个参与国的部长级会议；而中国则支持以"10＋6"为核心的《区域全面经济伙伴关系协议》（RCEP）。[4] 美国舆论认为，与高门槛的 TPP 相比，RCEP 的门槛很

① Bonnie Glazer, "Xi Visit Steadies Ties; Dissident Creates New Tensions", *Comparative Connections*, May 2012.

② 《中国警惕希拉里搅局南太》，新华网，2012 年 9 月 3 日。

③ As quoted from Ralph Cossa, "Clinton Begins Asia Tour Amid Chinese Protests", *VOA News*, August 30, 2012.

④ 8 月，在柬埔寨举行的东盟经济部长系列会议上，东盟和日中韩等 6 国一致同意年内启动 RCEP 谈判，将是参加东盟峰会论坛 18 国中除美俄以外的 16 国所进行的全面经济合作协议，是一个区域内较高水准的自贸协议，涵盖商品贸易、服务贸易、金融投资等广泛领域。一旦最终形成，将成为全球最大的自由贸易区，覆盖 30 亿人口，16 个国家的 GDP（国内生产总值）总额将达到 17 万亿美元。据美国贸易代表办公室估计，亚太地区 GDP 总和占到全球的 60%，涉及的国际贸易量占到全球的 50%。

低，各国根据国情"实现超过目前水平的贸易自由化"，美中关于地区经济合作机制主导权的争夺趋于表面化。[①] 10月，美军证实半永久性驻扎菲律宾苏比克湾；美军航母高调穿越黄岩湾水域后与菲方举行军演；11月初，美日在冲绳县入砂岛举行"夺岛"演练。中国舆论指出："从日本、韩国到菲律宾、新加坡，再到印度、澳大利亚，随着美军战略调整重新聚焦亚太，一条封锁东亚大陆的岛屿锁链正一步步织密、补强。"[②] 同月奥巴马还展开其上任以来第五次亚洲行，其中缅甸、柬埔寨为美国总统首访。访问泰国旨在邀请其加入TPP，并重签联合防务声明；正式放松对缅甸贸易限制，并计划与缅甸在军事医疗、教育训练、防灾减灾等领域展开合作；东亚峰会上继续强调通过多边论坛解决南海冲突及航行自由等原则。

与此同时，美国继续打消中国疑虑。奥巴马访问之前多尼隆表示，为实现奥巴马政府亚洲优先的外交战略，美国将在五大方面进行努力：（1）加强与日本、韩国等同盟国之间的关系；（2）构建与印度等新兴大国间的紧密关系；（3）加强在东盟（ASEAN）等国际机构的参与度；（4）与中国构建稳定的建设性关系；（5）发展亚太经合组织（APEC）等经济架构。[③] 希拉里参加澳美部长级会议时称："我们支持澳大利亚与亚太地区的每一个国家，以及与包括中国在内的全世界所有国家发展强健的、多方面的关系。"中方官方回应称："乐见美国亚太战略的调整；中方奉行开放、包容、共赢的亚太观，希望美方在亚太地区发挥建设性作用。"[④]

另一方面，南海、东海再起波澜。4月，中菲爆发黄岩岛冲突。菲律宾派出最大的战舰在黄岩岛周围拦截中国渔船，菲律宾海军陆战队登船。

---

① "Asia will Continue on its Upward Economic Path Without the US-America isn't invited to this parts", *Wall Street Journal*, Nov. 28, 2012.

② 《美军在中国周边频繁动作强化东亚岛屿锁链》，凤凰网，2012年11月7日。

③ Thomas Donilon, "President Obama's Asia Policy and Upcoming Trip to the Region", Speech on CSIS Conference, Nov 15, 2012.

④ 《2012年11月19日外交部发言人华春莹主持例行记者会》，外交部网站，2012年11月19日。

中国派两艘海监船阻止菲律宾海军逮捕中国渔民。此后中菲律宾舰船对峙1个多月。6月初紧张局势有所缓解。此间美国采取表面中立、暗自偏袒的立场。一方面，强调《美菲防御条约》"规定双方必须参与对方的防卫工作"[1]，举办美菲肩并肩军演，召开美菲"2+2"会议重申美国在条约中的责任，承诺帮助菲律宾提高"防御能力"；另一方面强调以对话解决问题，反对任何一方使用或威胁使用武力，同时发挥东盟协调作用。同期美中S&ED、军事高层互访也在积极展开。6月帕内塔参加香格里拉会议时呼吁"克制和外交解决，反对挑衅、强制和使用武力"[2]。在7月金边ARF召开前，美中频繁就黄岩岛问题接触，但难以弥合分歧。[3] 会议最终未能达成一项联合声明，使美国认为中国主导下的东盟国家柬埔寨、老挝等与菲律宾、越南等国立场发生分裂，东盟的"中心性问题"堪忧。8月3日，经过跨部门协调，美国国务院发表南海声明，重申美国"在维护南海地区的和平稳定，尊重国际法律、航行自由和合法贸易的通畅上有其国家利益"，表示美国对南海局势紧张升级，包括中国提高三沙市行政级别、在争议区建立新的军事部署、采取经济强制（限制进口菲律宾水果和赴菲旅游）、使用障碍物阻止进入黄岩岛周边等升级事态表示关切。[4] 对此中国表示强烈不满，驳斥美国严重忽略事实，故意混淆对错，发出错误信号，不利于南海和平稳定。外交部部长助理张昆生紧急召见美国驻华使馆代办王晓岷提出严正交涉。在11月的东盟峰会上再起分歧。主席国柬埔寨宣布："东盟领导人决定，从现在起将不把南海问题国际化，而是完全在现有的东盟—中国机制下专注于这个问题。"这一观点遭到菲律宾总统阿基诺的当场反对，否认东盟内部曾达成共识：即要一致与中国尽快展开关于《南海行为准则》的谈判，排除域外国家的干扰。在此后的东亚峰

---

① "US Commander reaffirms Phillippines defense treaty", *ABS-CBN News*, April 22, 2012.

② "US ships headed for Asia", *Associated Press*, June 3, 2012.

③ 自2010年7月美中因南海问题发生高层纠纷后，两国试图在ARF会议前协调立场。

④ Patrick Ventrell, "South China Sea", Press Statement, The State Deptment, Aug. 3, 2012, http:www.state.gov/v/pa/prs/ps/2012/08/196022.htm.

会上，温家宝称"黄岩岛是中国固有领土，不存在主权争议……中国高度重视南海的和平稳定和航行自由与安全，希望南海的国际航道随着世界经济恢复发展得到更加充分的利用"。对此美国舆论评论道，金边峰会上菲律宾的图谋之所以没有得逞，很可能是因为东道主柬埔寨"收了北京的好处"，建议菲律宾与2013年主席国文莱多加沟通。①

此外还发生了日本购买"钓鱼岛"风波。4月，日东京都知事石原慎太郎称，东京政府决定从私人手中购买钓鱼岛（日方称"尖阁列岛"）"，此计划已获得钓鱼岛"土地拥有者"同意，准备年内完成购买签约。此后风波愈演愈烈。7月，野田政府宣布，为使钓鱼岛"作为国家固有领土实施稳定管理"，应"收归国有"，"如周边国家在尖阁诸岛等日本领土和领海有不法行为，政府将做出回应，包括在必要时动用自卫队"。日本《防卫白皮书》重点突出中国，称"中国海军舰艇部队进出太平洋出现常态化，发生了中国船只侵入'尖阁诸岛'周边日本领海的事态……已成为地区的担忧事项"。这些事态引发中国强烈反弹。外交部称："坚决反对日方损害中方主权的行为，维护钓鱼岛主权的决心和意志坚定不移……主张通过谈判解决这一问题"；加强海监、渔政巡航执法，举办东海实弹演习，《人民日报》等开始将钓鱼岛称为"核心利益"。② 同时，中国民间"保钓行动"、日本议员"登岛"活动等进一步激化两国对立情绪，中国内反日游行、抵制日货风潮涌动，外交关系陷入冰点。而随着中日矛盾上升，美国对钓鱼岛问题愈加关注。早在2010年希拉里就曾表示"这些岛屿很明确适用于美日安全条约"；购岛风波后，美国国务院也几次表态钓鱼岛是

---

① 为此，美国塔弗茨大学弗莱彻法律与外交学院博士普拉森·帕拉梅瓦朗11月27日在日本《外交家》杂志网站撰文，建议菲律宾等国多与文莱沟通。文章称，文莱此前倾向于"低调处理"南海问题，但担任主席国后将被迫采取立场，东盟"更有经验的成员国"届时应当为其提供建议与指导。Prasharth Parameswaran, "ASEAN at a Crossroads", *The Diplomat*, Nov. 27, 2012.

② 《中国维护领土主权的意志不容试探》，《人民日报》，2012年1月17日。该文称，"企图对钓鱼岛附属岛屿命名，是明目张胆地损害中国核心利益之举"。这是中国首次在钓鱼岛问题上使用"核心利益"这一提法。

《美日安保条约》第五条的适用对象。对此中国外交部表示，"美日拿中国领土钓鱼岛私相授受完全是非法和无效的"。而中国舆论亦有主张提出应在钓鱼岛附近设立靶场[①]，以及将琉球群岛归还中国等。随着中日对立情绪高涨、作为第二大与第三大经济体的经贸关系遭遇困难，以及军事对立情绪存在失控可能，美国遂掀起新一轮外交行动。希拉里敦促日、中"采取严肃认真的外交行动，通过和平方式处理争端"，"美国将不会参与中日主权纷争，也无意在亚洲的任何领土争议中扮演调停角色"[②]；坎贝尔强调，"我们相信中日两国有能力做出判断，即双方维持良好关系至关重要。中日应明智地将领土争端暂时搁置，要解决此争端极其困难……包括美国在内的各国应该谨慎发言，通过低调、有效的外交途径解决争端"。[③] 10月，由前副国务卿斯坦伯格、阿米蒂奇（Richard Armitage）及前国安顾问哈德利（Stephen John Hadley）、助理国防部长约瑟夫·奈组成的代表团分别对日、中进行访问，试图"化解两国因东海岛屿主权争议而不断加剧的紧张关系"。斯坦伯格称，由于日中均努力强调自己的立场，因此存在紧张局势无意间升级甚至发生对抗的风险；应使局势恢复当初相对稳定的状态，即这些岛屿虽存在争议，但各方并不试图改变现状。该访问得到希拉里的支持，因而具有半官方性质。[④] 在11月的东亚峰会上，奥巴马与日本首相野田见面时敦促其"应避免采取加剧紧张、加深误解的行动"。

与此同时，美国继续深化美日安保的军事内涵。美国国务院前日本部部长凯宾·梅尔（Kevin Maher）称，"鱼鹰"运输机有助于协助日本"防御"钓鱼岛；美日还就动用"全球鹰"达成一致。日本政府认为，有"全球鹰"侦察机的协作，日美将在因应中国船舰进入钓鱼岛列屿海域，以及监控中国海军舰队通过冲绳附近海域方面，建立全面监控系统；第七舰队首次出动两个航母战斗群在西太平洋执行警戒监视任务，以及在冲绳

---

① 罗援：《应把钓鱼岛划为靶场，打响海上人民战争》，环球网，2012年8月21日。

② "US call for cool heads in China Japan island dispute", *Reuters*, Sep. 28, 2012.

③ 同上。

④ "In Asia Trip, US Group Will Tackle Islands Feud", *New York Times*, Oct 19, 2012.

举办"夺岛"军演等等。由此美国在钓鱼岛问题上的立场也日益明晰，即刻意确保模糊、矛盾的表态：适时强调美日同盟的覆盖，以加强对中国威慑，适时强调在领土上的中立与和平解决，以管控危机不至失控，从而有选择性地塑造形势。11 月，美国参院同意在 2013 财年"国防授权法案"中增加一附加条款，称："尽管美国对尖阁诸岛最终的主权归属不持特定立场，但承认日本对尖阁诸岛的行政权……第三方的单方面行动不会影响美国承认日本对有关岛屿的行政权……对于在日本管辖下的领土上向任一方发动的武装袭击，都将根据条约条款来处理。"[①] 据此日本舆论认为这意味着一旦中日在钓鱼岛发生冲突，美国将采取干预措施乃至直接武力介入。卡内基基金会副总裁包道格（Douglas H. Paal）称："希望它向中国传达一个有用的信息，就是美国不承认中国海监船在当地海域的巡逻代表对尖阁群岛行政权的执行。这是一种试图改变现状的做法，美国不会接受这种做法。"[②] 对此中国外交部表示："严重关切和坚决反对……《美日安保条约》不应损害包括中国在内的第三方利益，更不应介入他国间领土争议。"[③] 2013 年 1 月 2 日，该法案经奥巴马签署生效。

（三）因大选因素再炒中国议题，但两党对华实质立场相差不大。

下半年以来，随着美国大选临近，两党候选人均借中国议题特别是经济议题造势。罗姆尼批评奥巴马在许多方面都"让中国占了便宜"，将对"侵犯知识产权、操纵货币以及阻挠外国公司在中国公平竞争"采取强硬措施；主张对台湾出售 F—16C/D 战机。奥巴马则更加频繁对华动用贸易限制措施，以赢得工业州的选票。但从两党通过的新党纲来看，对华政策实质差别并不大。共和党新党纲欢迎中国和平崛起，但谴责中国"压制人权"及对南海的领土主张，批评中国未能按照国际标准，执行对知识产权的保护，而且还对货币进行操控。民主党党纲则强调将致力于建立合作性的美中关系，称中国在许

---

① National Defense Authorization Act（NDAA），http://www.gpo.gov/fdsys/pkg/bills—112hr1540enr/pdf.

② Douglas H. Paal，"Frenemies? US-China Relations"，Nov 23，2012，http://carnegiendowment.org/2012/11/09/frenemies—us—china—relations/58r.

③ 《美法案涉钓鱼岛和对台军售粗暴干涉中国主权内政》，中新网，2012 年 12 月 25 日。

多方面能够成为美国伙伴，包括降低朝鲜半岛紧张局势、反制伊朗核扩散、对抗气候变化、增加经贸往来以及解决其他全球性挑战问题，但中国必须遵守国际规范，包括货币、出口融资、知识产权、自主创新和劳工权益等问题上的相关国际经济规范。在台湾问题上，共和党强调美台关系必须持续以《与台湾关系法》为依据，反对两岸任何一方采取措施片面改变现状。民主党称美国将继续执行一个中国政策和《与台湾关系法》，而两岸争端必须在符合台湾人民意愿与最佳利益的基础上和平解决。

二、朝鲜、伊朗之外再添叙利亚问题

（一）朝鲜。2月29日，美朝达成协议，朝鲜暂停核试验与远程导弹试验，停止生产武器级核材料，允许IAEA返回朝鲜评估宁边设施以确认其终止铀浓缩活动，同时美国同意提供24万吨粮食援助。对此协议中方表示赞成。但二周后朝鲜即宣布为"纪念金日成诞辰100周年"而发射卫星。美国立即中止如上协议，要求中国更多施压以阻止其进行事实上的导弹试验。中方称"注意到朝鲜的发射计划"，呼吁各方发挥建设性作用。张志军副外长面见朝鲜大使表示担忧，同时呼吁各方克制。在汉城核峰会上，奥巴马批评中国"对故意挑衅视而不见等于奖励坏行为"，强烈要求中国使用影响力停止朝鲜的挑衅。对此胡锦涛表示，"将继续努力确保无核化"，并鼓励美朝接触。[①] 随后美国公布其亚洲导弹防御计划。中国称"应谨慎处理导弹防御问题，以确保全球战略稳定"。[②] 朝鲜发射失败后，安理会发表主席声明，指责其违反安理会决议。美国报道称以下字句是美中合作达成的结果：一是要求朝鲜遵守决议，停止所有导弹计划，延期导弹发射；二是由安理会制裁委员会确定更多的资金冻结，并禁止更大范围

① "Obama to Press Hu on North Korea, Iran at Seoul Nuclear Summit", March 20, 2012, http://www. bloomberg. com/news/2012−03−20/obama−to−visit−dmr−during−south−korea−trip−white−house−says. html.

② Bonnie Glazer, "Xi Visit Steadies Ties; Dissident Creates New Tensions", *Comparative Connections*, May 2012.

的敏感技术扩散；三是表达决心，采取进一步行动防止朝鲜发射导弹和核试验。[①] 但与此同时，4 月朝鲜在大阅兵仪式中展示的一项导弹运输工具又被指称"其部件来自中国"，"反映出中国正在给美国制造更多危险的代理人威胁……除非美国能够构建联盟，一起制裁中国的核武及导弹扩散和代理人培植行为，否则美国向亚太地区转移战略重心的努力，仍将受到中国日益提升的牵制美军的能力限制"。[②] 对此《纽约时报》援引白宫官员的话指出，这款军用车辆技术的转让，说明中国在对朝鲜制裁方面表现不力，"并非故意扩散"。中国则否认朝鲜技术来自中国，称"中国政府一贯反对大规模杀伤性武器的扩散"。[③]

11 月底到 12 月，围绕朝鲜再次发射"卫星"问题引发新一轮美日韩谴责与制裁浪潮。美国舆论认为此次作为朝鲜盟友的中国也进行了低调批评：新华社第一时间表明官方态度，用"我行我素"形容朝鲜，称朝鲜和平进行外层空间开发是不可剥夺的权利，但"如果每个国家都随心所欲地行事，世界就会乱套"[④]。《纽约时报》更分析道："中国完全可以给朝鲜造成巨大损失，为此它只需冻结一下同朝鲜的经济贸易关系。但是这样做可能会危及北京外交政策的一个核心目标：即维护朝鲜半岛的现状。"该报还指出，华盛顿在寻求加大制裁的同时，还加上了对中国的警告：不能约束朝鲜，将导致美国在太平洋更大规模的军事存在。[⑤]

---

① "US is Seeing Positive Signs From Chinese", *New York Times*, Apr. 26, 2012.

② 美国国际评估和战略中心网站 11 月 25 日刊发高级研究员理查德·费舍尔报告称，美国媒体爆出朝鲜 KN-08 导弹由类似中国 WS2600 或 WS51200 大型特种车辆的 16 轮运输一起竖一发射一体车运输，这或许说明朝鲜 KN-08 导弹也属于中国一款新型中程弹道导弹的衍生型号。是中国航天科工集团公司旗下湖北三江航天万山特种车辆有限公司研制的 WS2600 或 WS51200 大型特种车辆的衍生型号。Richard Fisher, " Less is Not Enough: Reflections on China's Military Trajectory and the US Pivot", CSIS, Nov. 25, 2012.

③ "China's Strategic Assistance To North Korea's Nuclear Program", *World Defense Review*, April 2012.

④ 《新华社批评朝鲜射星：若随心所欲世界就会乱套》，新华网，2012 年 12 月 13 日。

⑤ Despite Risk, "China Stays at North Korea's Side to Keep the US at Bay", *New York Times*, Dec. 13, 2012.

（二）伊朗。美中均认为伊朗发展核武对地区不利，也为伊朗铀浓缩计划感到担忧。但对于如何处理该问题，究竟是采用外交还是制裁有分歧。自 IAEA 宣布伊朗寻求核武报告后，奥巴马于 2011 年底签署法案，把伊朗中央银行和金融机构纳入制裁范围，允许对与伊朗央行结算石油进口费用的外国金融机构实施制裁。法案同时准许对大幅度减少进口伊原油国家的金融机构免予制裁。1 月美国派盖特纳访华，询问是否参加美国对伊石油制裁。盖特纳称，中国是伊朗石油最大的进口国和最大贸易伙伴，其支持非常关键，但未能说服成功。[①] 此后美国单方面制裁了中国珠海振戎公司，该公司被认为是中国从伊朗长期进口石油的渠道。[②] 美国舆论认为制裁更多是象征性的，因为该公司并没有美国业务，但也对中国其他公司造成威慑。3 月，中国工商银行因为担心制裁而取消某对伊朗—巴基斯坦天然气投资项目。中国从伊朗石油进口也比 2011 年同期减少了 1/3，但美国舆论认为此乃价格纠纷造成，"进口从 4 月份开始回升，而且还在继续增加"[③]。为此，美国 6 月 12 日公布的免于制裁国家名单中并没有中国。[④]《人民日报》批评美国单边制裁，提出中国购买伊石油是正常贸易关系，不参与美国制裁并不代表支持伊核计划。6 月 28 日美国制裁正式生效当天，美国宣布，给予中国、新加坡免遭制裁的 6 个月豁免期，因为"这两个国家已大大减少了从伊朗的原油进口"[⑤]。此外，美国对中国在"P5＋1"框架下的合作表示满意。中国政府强调坚决反对伊朗制造和拥

---

① Bonnie Glazer, "Xi Visit Steadies Ties: Dissident Creates New Tensions", *Comparative Connections*, May 2012.

② 华府的制裁措施包括，有关公司不能获得美国的出口牌照，亦不向美国进出口银行融资，或向美国的银行借贷超过 1000 万美元。

③ "Financial the project: chinese bank "backs off" from Iran gas pipeline", *The Herald Tribune*, Mar. 14, 2012.

④ 这 7 个经济体包括印度、土耳其、韩国、南非、马来西亚、斯里兰卡和台湾。希拉里称，美国希望通过减少伊朗石油出口向其领导人发出明确信息：若不能采取切实步骤消除国际社会的忧虑，伊朗将被更加孤立并面临更大压力。"China Is Excluded From Waivers for Oil Trade With Iran", *New York Times*, June 12, 2012.

⑤ "US Exemptions From Iran Oil Sanctions Leave Out China", *Reuters*, June 28, 2012.

有核武器，敦促其不要在霍尔木兹海峡采取极端措施，并在"P5＋1"框架下参与与伊朗的 3 轮谈判与 1 次专家谈判。"中国态度积极，提出与俄罗斯不同的方案。"[1] 但美国内强硬势力认为，奥巴马政府愿意承担那种（给予中国豁免权的）风险，是因为"想要避免同中国在制裁上爆发外交争端"；美国还质疑中国是否私下进口伊朗石油。[2]

7 月，奥巴马在一项声明中宣布对与伊朗有金融交易的中国昆仑银行及一家伊拉克银行进行制裁，因为其"代表伊朗银行进行了数百万美元的交易，而这些伊朗银行则因其与违禁的伊朗核扩散活动有染遭到制裁"。根据制裁措施，美国禁止昆仑银行直接进入美国金融系统；在美国的金融机构不得在这两家银行开设异地代理银行或可支付账户。尽管白宫声称这项制裁只针对违反制裁禁令的机构，并不针对中国，但美国专家指出，奥巴马此举也是对中国的一个"警示"。因为在美欧建立的对伊朗石油禁运体系下，中国"减弱了美国对伊朗的石油禁运效果"。[3] 对此中国反应强烈，批评美国援引国内法对中国金融机构实施制裁，严重违反国际关系准则。中方指出，中国国有石油企业自 2009 年为在伊朗运作新的石油项目，美方"咄咄逼人"是不合适的。美国《基督教科学箴言报》分析认为，奥巴马选在此时宣布对伊朗制裁，显然是要在选举年彰显自己的强硬姿态。[4] 华尔街分析认为，美国对昆仑银行的经济制裁不会对整个中国银行业产生明显的不利影响。[5] 8 月，美国国会通过更为严厉的制裁法案，将制裁范围扩大至在矿业和石油行业成立合资公司的企业。对于任何向伊朗国家石油公司或油轮公司提供保险或再保险服务的公司，新法案将实施处

---

① Daryl G. Kimball, "P5＋1 and Iran Nuclear Talks Slowly Moving Toward a Deal?"June 19, 2012. http://armscontrolnow. org/2012. 06/19/251 － iran － talks － slowly － moving － toward－d－deal/.

② Mark Dubowitz, "Beijing's Oil Imports From Iran Record", *Wall Street Journal*, June 21, 2012.

③ "China Exempted from Sanctions on Iranian oil", *Washington Times*, June 28, 2012.

④ "New Iran Sanctions: Why President Obama Is Tightening the Screws", *Christian Science Monitor*, July 31, 2012.

⑤ "White House Orders New Iran Sanctions", *Wall Street Journal*, July 31, 2012.

罚；向伊朗提供石油或天然气运输船只的企业同样将受到制裁。不过，12月，美国再次宣布将中国、印度等豁免期再延长 6 个月。

（三）叙利亚。美国对叙利亚的基本立场是要求巴沙尔下台、实施制裁，但反对军事干涉。中国则强烈反对任何军事干涉和制裁，主张终止暴乱、实现各方无条件对话。叙利亚危机自 2011 年 3 月爆发后，中俄两次否决要求在叙实现政权更迭的安理会决议，认为对叙政府不断施压会进一步恶化局势。中俄及其他 12 国还否决 2 月 16 日要求巴沙尔离职、谴责人道主义冲突的联大决议。对此美国舆论认为中国有四重考虑：一是对在利比亚 1973 号决议中投弃权票感到后悔，认为正是北约的滥权导致卡扎菲倒台，因而担心该决议会导致联合武装干涉再次搞政权改变；二是寻求与俄罗斯在安理会合作，以确保未来在攸关自身的问题上得到俄支持；三是认为过去对利比亚的"保护责任行动"会带来更多伤亡，"就像实施成功的手术却杀了病人"；四是将叙利亚视为伊朗的最后支撑，担心巴沙尔倒台后，美国等西方国家可能进攻德黑兰，从而使中国面临能源危机。① 中俄的态度遭到美国严厉批评，美国驻联合国代表赖斯称"美国对否决感到恶心……俄中挟持安理会为人质，向叙利亚人民兜售以保护一个独裁者"。白宫发言人亦批评"这等于给阿萨德一个杀人的许可"。② 对于这些批评，中国官方表态较为冷静，表示反对任何指责，称"中国没有掩护任何人，也不想有意反对任何人"③ 但媒体反应较为强烈：《人民日报》社论批评美国以帮助叙利亚获得"自由民主"为由严厉敲打中俄。此后中国采取了积极、独立的立场。包括派出特使，支持安理会通过呼吁阿萨德允许联合国人道组织进入的无约束性声明，呼吁执行前秘书长安南的六点和平计划。4 月杨洁篪在与希拉里电话中称，中国愿意与各方合作使叙利亚危机早日解决，并支持安理会授权观察员监督停火的 2042 决议，部署了中国

---

① Bonnie Glazer, "Xi Visit Steadies Ties; Dissident Creates New Tensions", *Comparative Connections*, May 2012.

② "Russia, China veto UN draft backing Arab plan for Syria", *Reuters*, Feb. 5, 2012.

③ 同上。

监督员。对此罗伯特·卡根（Kobert Kagan）评论道，中国"将会用一种机会主义的方式来寻求发挥作用"；[①] 美国舆论仍认为中俄是解决叙问题的"障碍"。7月，中俄再次联手否决安理会对叙制裁决议。赖斯称批评道："这两个国家的前两次否决极具破坏性，此次否决则更加危险和可悲。"白宫批评道："他们站到了叙利亚人民的对立面，站到了该地区和平与稳定的对立面。"[②] 中方则主张继续在政治解决、不干涉内政原则下推动在叙利亚实现停火止暴，执行安理会2042和2043号决议、安南六点计划，批评"个别国家为如上努力设置障碍，破坏共识"。8月，中美举行首轮副部长级中东事务磋商，就中东形势、能源安全、叙利亚、伊朗、中东和平进程等问题交换了看法。尽管在叙利亚问题上差距巨大，但双方决定此后继续就此进行磋商。

三、大选背景下加大对华经贸施压

1月伊始，奥巴马就决心采取一切工具应对对华贸易问题。2月28日，奥巴马宣布在贸易代表办公室成立"跨部门贸易执行中心"（Interagency Trade Enforcement Center，ITEC），"旨在整合政府力量，更加有效地推动贸易政策，"目的是"通过监督和协调美国贸易权利，反对别国的不公平补贴"[③]。中国商务部表示希望该部门能透明运作，密切注视其是否符合国际法。3月初，180名国会议员呼吁奥巴马"正视中国非法行为所导致的对美国制造商与工作机会的损害"，敦促其"利用ITEC应对中国在美国汽车零件上的野蛮政策"。[④] 同月，参院通过一项法案，允许

---

① 《中国投否决票恰是对叙人民负责》，《人民日报》，2012年2月6日。

② "Russia, China Veto UN Syria Sanctions, US Calls Vote Regrettable", *Reuters*, July 19, 2012.

③ "Launch of the Interagency Trade Enforcement Center", Office of US Trade Representitive, Feb. 28, 2012.

④ Wayne M. Morrison, "China-US Trade Issues", http://www. fas. org/sgp/crs/row/RL33536. pdf.

美国商务部继续"对中越等非市场经济国家采取抵消关税或反补贴关税"①。该法案旨在反击 2011 年 12 月高等巡回法院判决司法部无权做出上述决定。此后众院以 370－39 通过，奥巴马于 3 月 13 日签署。此举对中国造成消极影响。商务部表示"中国将遵守 WTO，但没有必要遵守任何国家的国内法"，并决定就此提交 WTO 起诉。② 美国内舆论也批评该举造成不良后果，奥巴马政府旨在通过贸易战获得政治影响。

3 月，美日欧正式就中国的稀土出口政策提交 WTO 申诉。其理由是：由于中国国内可以低价获取稀土，这等于优待本国企业，同时迫使外国公司将业务转移到中国，这有悖于国际贸易规则。这是美日欧首次联手向 WTO 提出申诉。早在 2010 年底中国就首次宣布对稀土出口进行管制，以"保护环境和自然资源"。中国认为此与 WTO 规则相符，不仅针对稀土出口，也加强了生产与研究的管理。但该举引发西方不满。2011 年 11 月，美、欧盟、墨西哥起诉中国"对不同原材料的管制"。WTO 裁定中国违反相关规则，但中国并未因此解除限制，从而"使别国别无选择，只能再次挑战中国出口体制"③。奥巴马称，这些起诉旨在使美国工人和企业获得"更公正的地位"。

美国在人民币方面继续施压。实际上自 2010 年以来人民币已升值 14％，但美国坚称速度过慢，国会与共和党竞选人也不断炒作。在汉城核峰会上，胡锦涛提出"贸易摩擦应在美中合作框架下讨论"，美国贸易不平衡与高失业率非汇率问题所导致，敦促美国对华出口高科技以有助于经济发展与贸易平衡。奥巴马表示美国已经开始考虑进一步放开高技术出口和投资便利化。4 月，中美紧张的贸易关系开始趋缓，美国认为中国开始调整金融政策。其标志是：温家宝在访问福建时称应结束国有银行垄断资本流，这一观点首次由高层提出；中国宣布人民币将进一步自由浮动；放

---

① "US Congress approves China subsidy duties, *AFP*, March 6, 2012.

② 陈德铭：《美国国会新通过贸易法案不符合国际规则及其国内法》，新华网，2012 年 3 月 7 日。

③ "US, Eu, Mexico take on at WTO over rare earths", *Reuters*, Nov. 11, 2012.

松资本进出中国的限制，允许通过香港进行人民币直接投资[①]；授权在伦敦出售人民币债券。盖特纳称这些进展非常重要，显示出"中国官方更大的变化"。[②]

进入下半年，对华贸易措施更加密集。7月，奥巴马政府就中国对美国部分汽车征收反倾销和反补贴关税向WTO起诉。9月，奥巴马在汽车重镇俄亥俄州竞选时宣布，就中国向汽车和汽车配件提供所谓出口补贴问题向WTO提起申诉。中国则宣布就美国关税法修订案违反WTO规则一事，与美国在WTO机制下进行争端解决磋商。同月，美国商务部还宣布，已对从中国进口的总值约数十亿美元的光伏电池板和电池确定了从18.32%至249.96%不等的最终反倾销税税率，以此抵消中国"不公平的定价行为"；同时也为抵消中国政府的补贴而确定了14.78%至15.97%的最终反补贴税税率；商务部还宣布将对原产于中国的硬木和装饰胶合板产品进行反倾销和反补贴调查。同月的美中贸易全国委员会调查显示，尽管美国企业在华业务营收依然在增长，而且多数还计划增加投资，但是成本增加、竞争加剧、市场准入和监管障碍持续存在，影响了美国公司与中国做生意的乐观态度。12月，美国商务部宣布对从中国进口的硅砖产品发起反倾销调查。2012整年美国连续对中国产品发起"双反"和"337调查"，频率相当罕见。对此中国商务部表示，望美国恪守反对贸易保护主义承诺，共同维护自由、开放、公正的国际贸易环境，以更加理性的方法妥善处理贸易摩擦。

10月8日，美国众院情报委员会发表调查报告称，中国华为和中兴公司对美国国家安全构成威胁，建议阻止这两家企业在美国开展投资贸易活动。该调查于2011年11月发起，当时众院以其可能为中国情报机构向

---

①　2011年1月，央行发布境外直接投资试点管理办法，规定凡获准开展境外直接投资的境内企业，都可以人民币进行境外直接投资。同时，内地银行的香港分行或代理银行，可以从内地取得人民币资金，向进行投资的企业发放人民币贷款。舆论认为，境外人民币直投试点明显有利于香港发展人民币业务。

②　Bonnie Glazer, "Xi Visit Steadies Ties; Dissident Creates New Tensions", *Comparative Connections*, May 2012.

关键的通信零件与系统植入恶意硬件或软件为由发起调查。调查结果认为，华为和中兴可能为所谓中国网络间谍活动提供帮助，建议美国政府和政府项目承包商将其设备或部件排除在外。该举遭致中国新一轮反美浪潮。华为认为美国安全威胁不过是借口，其关键依然是背后的利益因素：华为在（LTE）终端处于领先地位①，在核心处理器上也取得重大突破，这引起了一些国家的极度不安。中兴提出，若真担心国家安全，其他西方公司也应接受调查，因为网络安全事关整个产品供应链。中国舆论多数认为美国国会的做法是没有正当理由的贸易保护，而美国经济没有完全恢复、中国商品对美国市场的冲击和总统选举是其妖魔化中国公司的原因。② 美国舆论亦指出，美国将经济问题政治化，目的是阻碍中国企业在美国乃至全球市场的拓展。③

人民币方面，美国的态度是认识到人民币有所升值，但仍需继续市场化。在 10 月的 APEC 会议上，希拉里表示美中贸易不平衡已有显著下降，美国看到中方继续增加国内消费的平衡经济增长；在货币问题上，美国看到人民币对美元升值 11％而有所进展，但美国希望看到更多推动人民币汇率市场化的努力。11 月底，美国财政部公布《国际经济和汇率政策报告》，称"包括中国在内的美国任何主要贸易伙伴均未操纵其货币与美元之间的汇率"，并称中国已大幅减少对汇率市场的干预。④ 这是自奥巴马上台后财政部公布的第 8 份"汇率报告"，均表示未发现有贸易伙伴操纵汇率以获取不公平贸易优势。对此美国内褒贬不一。一贯反对列中国为汇率操纵国的美中全国贸易委员表示"赞赏"，原因是贴上如此标签对

---

① LET 指"Long Term Evolution"，即长期演过，是 3G 与 4G 技术之间的一个过渡，是第 3 代合作伙伴计划主导的通用移动通信系统技术的长期演进。

② 《美国封杀华为三一的经济本质》，搜狐网（国际财经），2012 年 10 月 23 日。

③ "Chinese Telecom Giant Eyed as Security Threat", *CBS News*, Oct. 5, 2012.

④ 美国 1988 年《贸易和竞争力综合法案》要求财政部需每半年向国会提交一次有关美国主要贸易伙伴的"汇率报告"。法案第 3004 条规定，报告必须考虑各国是否为阻止有效调整国际收支平衡，或为在国际贸易中谋取不公平竞争优势而操纵本国货币兑美元的汇率。最新一期"汇率报告"所述时间为今年上半年至 11 月初。报告结论为，在这一时期，美国任何主要贸易伙伴都没有达到法案第 3004 条所罗列的标准。

推动人民币汇率市场化毫无裨益。但也有一些议员表示不满，长期指责中国贸易问题的民主党议员查尔斯·舒默（charles Schumer，D‑NY）称，"奥巴马政府是时候揭开'创可贴'，逼迫中国与其他国家遵守同样的游戏规则了"；波特曼（Rob Portman，R‑OH）则质问白宫："奥巴马怎能像傻子一样站在一旁看中国不守规矩？"不过主流媒体认为，财政悬崖才是当前世界经济面临的最大威胁，部分议员执意赖中国"操纵汇率"是"怪异的"。①

2012 年下半年以来，美国财政悬崖问题引发中国担忧。多数看法认为会拖累中国经济：美国公共开支减少会令美国经济陷入全面衰退，加上欧债危机，会使中国对欧美两大贸易伙伴的出口出现双重萎缩和大幅下滑，进而影响全球金融交易市场。而且，财政悬崖问题只是表象，它的根源是美国长期积累的高债务、高赤字问题，是美式"经济结构"问题，它的解决需要很长的过程。②也有少数观点认为财政悬崖是美国故意制造出来，旨在利用机制化霸权体系的主导权，对中国等新兴国家进行恐吓，以使其进入危机而掠夺好处；同时，只要美元国际结算货币的地位不倒，其拖欠的债务利息完全可以通过美元贬值稀释掉，从而将国内一堆烂账分摊到全世界，这应是中国真正要提防的大问题。③

12 月，第 23 届 JCTT 召开。这是两国领导层更替后举行的首次高层会谈，双方承诺继续寻找途径推动两国经贸合作。会议最终取得 50 余项成果。美国承诺放松对华高科技产品出口管制，包括放宽对部分军民两用物品的管控，支持中美在民用核能领域的高新技术合作；重申欢迎中国企业赴美国投资，继续与中方在知识产权领域加强合作，落实《中美知识产权合作框架协议》。对美方关切，中方表示将加强知识产权执法，推进国有企业和大型国有银行软件的正版化，并认真研究各方对《党政机关公务

———————————

① "US Declines to name China currency manipulator", *Reuters*, Nov. 27，2012.

② 参见《美财政悬崖或致中国出口负增长》，中国经济网，2012 年 12 月 6 日。

③ 类似观点有：江涌：《警惕美国用美元收购中国》，搜狐评论，2012 年 12 月 10 日；《美国财政悬崖是做戏》，中国经济网，2012 年 11 月 29 日。

用车选用车型目录管理细则》的意见；适时启动《信息安全等级保护管理
办法》修订程序，对符合条件、在中国设立并且具有法人资格的外资机构
给予与内资机构相同的待遇，并在发展战略新兴产业时，平等对待外资企
业。中美还同意继续通过联委会及下设的各行业工作组推进合作，并在战
略新兴产业、高技术贸易、农产品贸易、法律交流、贸易统计、交通运
输、药品医疗器械等领域开展对话合作。此外，中美还签署两份政府间合
作文件，一份是关于支持中美贸易合作的谅解备忘录，另一份是关于中美
货物贸易统计差异第二阶段报告。王岐山与奥巴马会晤时表示，中美构建
新型大国关系是一项伟大事业，中方愿与美国探讨新形势下如何延续和完
善经济领域对话机制，为推动中美关系持续、健康、稳定发展积累正能
量。奥巴马表示强有力、坦诚和富有成果的美中关系将在他第二任期继续
下去，并强调在当前全球经济低迷的背景下，推动发展强劲、有效的经济
关系仍是美中关系的核心。

四、军事交流步伐加快，美国继续寻求加大力度

2012 年 5 开始，美中军事交流步伐增快。SSD 后梁光烈访美，这是 9
年来第一次中国国防部长访美，也是 2011 年 9 月对台军售以来实现的第
一次军方高访。梁光烈参观了海军圣迭戈基地、南方司令部总部、陆军本
宁堡、空军第四战斗机联队、海军陆战队第二特遣部队和西点军校，其中
部分军事设施首次对中国开放。帕内塔称赞双方在维和、人道主义救援、
灾难减轻、反海盗等方面的合作；梁光烈主张在新型大国关系下建立基于
平等、互利与合作的新型军事关系。双方同意加强人道主义救援、减灾、
环保、医药、军事教育、文化、体育合作，延续举办因 2011 年军售所耽
搁的人道主义、减灾、反海盗演习。6 月召开 MMCA 会议讨论搜救问题，
就相关"命令与控制架构"交流了看法。6 月底，太平洋总部司令洛克利
尔访华，解释美国"再平衡战略"并呼吁中国发挥建设性作用。洛克利尔
称希望美中超越南海、军售等分歧而集中于共同利益。8 月，解放军副总
参谋长蔡英挺访美，呼吁美国降低紧张关系、维护亚太和平，为总体关系
注入良好动力。9 月，帕内塔首次以国防部长身份访华。此次正值中日钓

鱼岛升温之际，因而帕内塔的访问被认为是"调停之旅"。除受到中国领导人高规格接待，他还成为首位访问北海舰队总部的美国国防部长，"这被视为中美提升更紧密军事关系以及相互展示军事透明度的标志性时刻"①。此前中美海军在亚丁湾海域举行了首次联合反海盗演练。对于帕内塔希望在钓鱼岛问题上充当"调停者"角色，中方表示："希望美方切实恪守在钓鱼岛归属争议问题上不持立场的态度，坚决反对钓鱼岛纳入《美日安保条约》。"帕内塔则强调："美国加强地区存在必须考虑发展强有力的美中关系……美中之间将继续存在分歧，但如双方能建立起坦率表达观点的公开渠道，这将比任何其他方式都能更好地改善两国关系……我们的目标是让美中建立起世界上最重要的双边关系，而这其中的关键就是建立强有力的两军关系……为此美国邀请中国参加 2014 年'环太平洋演习。"②

11 月，美国海军部长马布斯（Ray Mabus）访华时再次邀请中国参加美国环太军演，并称此举旨在表达在美国推行"重返亚太"战略的同时，充分重视与中国的合作，"美国与中国在维护亚太地区的和平与稳定方面目标一致"。③ 同月，中国歼－15"飞鲨"舰载战斗机在"辽宁"号航母上成功降落再次引发美国关注。美国国务院表示"密切注视中方所有军事举动，要求中国在军事能力和意图方面保持透明，并鼓励中国在以有助于保持亚太地区和平、安全和稳定的方式利用其军事力量，包括新航母"④。太平洋司令洛克利尔则对中国建造航母表示理解，称"处在中国目前的经济地位，可能还会考虑建几艘航母"，并以 11 月底中美首次人道主义救灾联合演练为例，表示双方展开坦诚开放对话的能力不断提升。⑤

---

① 《专家分析帕内塔访华之旅》，《东方早报》2012 年 9 月 18。

② 《美国国防部长帕内塔首次访华》，人民网，2012 年 9 月 17 日。

③ 《美邀请中国参加环太平洋演习，专家称可减少发生误判》，凤凰网，2012 年 11 月 29 日。

④ "Daily Press Briefing", US Department of State, Nov. 26, 2012.

⑤ 《美国太平洋总部司令：理解中国建航母以中国地位可造几艘》，中新社华盛顿 2012 年 12 月 6 日电。

美国专家认为，尽管此体现出中国军事实力的提高，但中国航母要完全投入使用还需数年时间的训练；中国航母对美国不构成直接威胁，但却会对美国的地区利益带来不利影响。葛莱仪提出："它可能被用来对付南海危机，也可用来对付邻国，这会给美国地区利益带来负面影响。可是它不会给美国军事力量或者美国本土构成直接威胁。"①

12月，美中军方举行第13轮防务磋商。美国主管政策的国防部副部长詹姆斯·米勒（James Miller）强调，朝鲜发射火箭明显违反安理会决议，中国应和国际社会一道，坚决要求朝鲜遵守承诺，履行国际义务。五角大楼新闻稿称，美中讨论了两军关系出现的一些积极动向，建议双方展开更多合作。米勒和中方副总参谋长戚建国还强调了两军在网络、太空、核武器和导弹防御等领域避免误判的重要性。

2012年是奥巴马政府一任执政中的最后一年，是在美国大选与中国领导人政治过渡双重背景下展开的，因而过渡期的特征非常明显。对奥巴马政府而言，一是把握中国议题为竞选加分而不是减分，因而在对华经济施压、重返亚太等方面更加主动，以突显其强硬形象；二是为可能的连任预作准备，这需要其坚持对华的既有框架，既全方位谋求合作，同时通过一切可能手段防止"中国崛起"有损于美国眼中的"和平、繁荣与稳定"。因而奥巴马对华的强硬与美中关系起伏均是服从于这一大框架的；三是美中两国均对关系中的矛盾进行了化解和校正，以防止在过渡期关系不稳乃至失控。如对中国而言，2011年下半年的对台军售与见达赖并未动摇2012年的对美关系，军事关系实现了较快恢复；对美国而言，也在一些核心问题上作出策略调整，在利用矛盾的同时注意谨慎防止失控，使该阶段的对华政策既体现出过渡期的特点，也服从服务于奥巴马政府对华的整体目标：即从长远塑造中国崛起的方向，实现非零和的美中关系。

---

① "Is China's Aircrft Carrier a Threat to US Interest?" CSIS, Aug. 11, 2011.

第五节　奥巴马政府对华政策实质：非零和政策目标及其具体模式

以上四节按照时间顺序与问题领域分析了奥巴马政府四年对华政策演变的具体过程及其不同阶段的政策特点。在其对华政策具体执行情况与演变特点的背后，其对华政策的真实意图是什么？是阻碍和遏制中国的大国崛起？是制造危机令中国四分五裂分裂、经济崩溃？还是欢迎、接受中国的大国崛起，真心实意地与中国做朋友？通过对奥巴马政府对华政策的演变及美中关系的现实分析可知，绝非以上任何一种极端情况，而是寻求一种应对中国崛起的非零和关系模式。所谓"寻求"，既反映出一种主观愿望，也反映出一个"现在进行时"的过程，证明奥巴马政府不愿与中国形成零和对抗的关系，但至于如何与中国实现非零和的相处，则尚在摸索之中。而透过 2009—2012 年奥巴马政府的对华实践，亦可抽象总结出其应对中国崛起业已形成的一些具体手法和模式。所谓模式，正如本书在概念界定中所言，是指事物中的规律，而奥巴马政府对华政策为实现非零和的政策目标采用了哪些规律性的手法，则是本节论述的重点。通过分析这些具体手法，有助于理解其非零和关系的实质。

本书认为，奥巴马政府寻求一种与中国的非零和关系，是因为认识到与中国对抗的代价超过合作的代价，即合作的好处多于对抗。在核威慑与经济高度依赖、共同面临地区与全球问题的条件下，对抗必然是双输或失败的。为此只有寻求一种非零和关系。但正如本书开篇所言，非零和关系有各种情况，有可能合作大于制约，也可能制约大于合作。而本书认为奥巴马政府奉行的是全面合作加有限制约的非零和关系模式。其目标不是为了阻碍中国崛起，而是要管控中国的崛起，令中国崛起符合美国接受的速度和利益。在此过程中，美国要最大程度地要求中国合作，最大程度地促使中国承担"责任"、遵守"规则"，并通过软硬方式制约中国，限制中国崛起的范围与节奏，塑造中国崛起的方向。其中，强调"规则"是奥巴马政府对华政策中最为鲜明的一个特点。不论是合作、还是制约，其宣称的目的均是要中国遵守规则、承担责任，但与其进步现实主义的思想背景一脉相承，尽管镶有"规则"的理想外衣，但内核还是现实主义的，是国家利益之上的。因而奥巴马对华政策亦是一种强调规则但更崇尚利益的"进步现实主义"的缩影和写照。

一、全面合作

通过对奥巴马政府四年来对华政策演变的详细梳理可知，其对华政策应是以合作为主调的。这不仅反映在领导人表态、高层互访与见面、联合声明与合作成果、合作机制建设以及静悄悄的外交等方面，也反映在对冲突的应对方面，如通过沟通与谈判、外交施压、讨价还价、战略释疑、技术性妥协化解冲突。由是观之，谋求合作、构筑美中关系长远发展框架是奥巴马政府对华政策的主体思路，在这一框架下管控冲突、制约"不测"、规制中国崛起是重要的一个方面，但服从、服务于其谋求合作的长远考虑。换言之，奥巴马对华政策中合作是主流，而制约旨在为更长远的合作关系铺路，因而合作是全面的，而制约是在一定范围内的，因而是有限的。

（一）以合作求合作：培养合作的习惯。

从领导人表态看，不论是奥巴马本人，还是奥巴马政府各大阁员，在对华关系上的表态总体上是积极的，也是一贯的。即欢迎中国的和平崛起有利于世界的繁荣与稳定，美国不寻求遏制中国，但中国的崛起必须符合国际规则……在不符合规则的方面美国国会采取行动加以"塑造"。奥巴马政府在不同时期、不同情况下会在如上立场上有不同侧重：当其需要对华传递友好信息、或者当其试图打消中国的战略疑虑时，美国国会倾向于强调欢迎中国和平崛起、不寻求遏制中国；当其想要向中国传递强硬信息或者希望影响第三方观点、突显美国地区领导权或话语权时，它会更加强调中国的和平崛起必须符合国际规范。如强调南海"航行自由"、遵守WTO规则等就是希望通过"规则"对中国施加压力；而类似于希拉里在柬埔寨、蒙古以及奥巴马在澳大利亚等间接对中国表示批评的讲话均旨在通过谋求与第三方强化关系而对中国造成外交压力。① 不论如何，这些压力均属于规则、外交、言辞等"教化"或者"道德"范畴，其进攻性与威胁性均非实质性的，因而不影响对华合作的大局。

从高层互访见面与合作机制看，四年中胡锦涛同奥巴马 12 次会晤、7 次通话、34 次通信，吴邦国委员长、温家宝多次与美国领导人会面，拜登副总统、习近平副主席实现了互访。此外，中央军委副主席徐才厚、总参谋长陈炳德、国防部长梁光烈访美，中国几大军区司令轮番随访；盖茨、帕内塔访华，美国参联会主席、太平洋总部司令、陆海空军司令频繁访华，表明美中均高度重视军事交流。从合作机制看，双方建立起中美战略与经济对话、人文交流高层磋商、商贸联委会、科技联委会等 90 多个对话磋商机制，涵盖了两国关系的方方面面。此外还建有元首、外长热线以及财长的经常通话。军事方面，双方通过中美国防部防务磋商、工作会晤、海上军事安全磋商机制和国防部直接通话等就涉及两军互信的问题进行对话，还开展了海上搜救联合演练、合作寻找美军失踪人员遗骸和军事院校、退役将领等多种交流。

这里特别值得提出的是 S&ED 机制。S&ED 是一个复杂的、为时两天多的会议，包括全体会议、正式宴会、两个独立轨道的对话（战略的和经济的）、各项议题的分组会议和一对一高层会谈。除了人权对话这个有争议的话题外，其他所有会议的气氛是专业的、坦率的和务实的。对话旨在通过两国战略与经济两个渠道的最高级年度会晤扩大共同利益、了解和化解分歧。在 2009 年的 S&ED 上，建立了有关亚洲、中东、非洲、中

① 2010 年 11 月希拉里访问柬埔寨，当被问及有关中国在东南亚影响力渐增的问题时，希拉里称："你们要寻求平衡。你们肯定不想过分依赖任何国家……中国是一个伟大的国家……但柬埔寨必须对中国提出一些重要的问题，如湄公河上游的水坝就是挑战之一。"该举被认为是"离间"中柬关系。2012 年 7 月希拉里访问蒙古，赞扬蒙古在被俄罗斯和中国包围的土地上建立并维持民主制度的"勇气"，称"这与那些坚决抵制改革、抵制信息自由、不允许公民选举领导人、私吞人民财富的国家形成鲜明对照"，"压制言论只能造成民主假象，只有民主才能提供社会安全阀"，"谋求经济发展而不进行政治改革过于短视和不可持续"。舆论多认为此番言论是在影射中国。再如，2011 年 11 月奥巴马在堪培拉讲话中也称，"不民主的国家不会获得成功"。

亚、拉美、反恐问题的次一级对话，这在以前是从来没有过的。美国学者认为这些次对话机制（sub-dialogues）非常重要，应使其更加频繁、更加机制化并形成不断发展的工作小组，因为"作为世界上仅有的、具有全球存在的国家，中国将会逐渐影响美国在全世界不同地区的利益和资产，对这些不同地区进行深入对话是至关重要的"①。2011 年的 S&ED 上开创了一个独立的"次对话"（a separate sub-dialogue），即美中战略安全对话（SSD），将军方与外交人士集中起来讨论网络与海洋安全，并建立亚太事务磋商机制。美方非常看重这些机制的培养，特别是 SSD 中有中国军方高层的参加，更增加其对话的份量。美国官员反复强调对话的主要目的是培养"合作的习惯"，因为定期互动可以缩小分歧、减少误判。为此沈大伟（David Shambaugh）提出"两个 I"：相互依赖（interdependence）和制度化（institutionalization）是美中关系最好的保障。②

从联合声明及合作成果看，双方努力使合作由象征性进入实质性。2009 年奥巴马访华达成的"联合声明"试图为未来两国关系发展提供路线图，但 2010 年关系的起伏使这一共同愿景遭遇明显挫折。2011 年 1 月胡锦涛访美再次达成的联合声明相比之下更加务实，双方表示："中美致力于共同建设一个相互尊重和互利共赢的合作伙伴关系。""美国重申美方欢迎一个强盛、繁荣、成功、在国际事务中发挥更多作用的中国。"双方均在台湾和人权问题上降低了调门。联合声明宣布了在众多领域推动双边关系的一系列制度机制：恢复法律专家对话、人权对话、军事交流、执法合作联合联络小组、航天领域合作对话交流、关于中美人文交流的高层磋商、继续举行中美商贸联委会和建立省州长论坛。联合声明还提出了长长的、一系列的继续举行双边协商的地区、全球外交领域：朝鲜、伊朗、苏丹、不扩散、大规模杀伤性武器、核安全、传染病和饥饿、扶贫、反海盗、反恐、救灾、网络安全、跨国犯罪、贩卖人口等。而在此后的第三届 S&ED 中，所提及的许多事项已取得具体进展。会议达成的战略轨道 48

---

① 沈大伟：《2011 年的美中关系：从脆弱到实质性稳定》，《国际展望》2011 年第 6 期。
② 同上。

点声明及《中美关于促进经济强劲、可持续、平衡增长和经济合作的全面框架》、"经济对话联合成果清单"对在各领域实行切实的合作规定了更加制度化的机制。文件提及之前签署的各项协议执行状况，而此轮对话比过去几轮对话更加注重继续和彻底履行协议。文件还着手开始在一些新领域进行互动，诸如海岸警卫和海关打击贩运放射性材料和关于供应链安全等领域的合作。战略经济对话首次提出的新合作领域还包括清洁能源绿色合作伙伴关系和环境保护、海洋、大气、气象联合研究，海洋渔业合作等。这些务实与注重落实的精神在 2012 年第四届 S&ED 上继续发挥。战略轨道达成 50 项合作成果，而经济轨道则达成从宏观政策到贸易、投资、金融等领域的 67 项成果。

　　从静悄悄的外交看，随着双方会晤的机制化与沟通的频繁，很多实质性讨论成果可能以静悄悄外交的方式达成而不对外公布。例如，双方在 S&ED 用了大量时间讨论中东局势，而这些东西并没有在"战略轨道会谈成果"文件中出现。① 此外，胡锦涛访美时与奥巴马在宴会上私下会谈了数小时，拜登与习近平相聚共 9 小时，戴秉国同希拉里与多尼隆也进行了数小时私下谈话。这些都是非常重要的而没有对外公布的互动。② 再如，中美因军售、达赖等事件交恶后，以及美国急需在朝鲜、伊朗等问题上与中国合作时，美国均派遣高官赴华进行劝说工作，一方面修补关系，一方面劝说合作，而从事后看，静悄悄的外交似乎发挥了一定作用。

　　（二）以合作化危机：防止摊牌。

　　美国对华政策中的危机大体包括两类，一是双边性危机，二是多边性危机。双边性危机直接涉及双边关系，如军售、达赖、海上冲突、经贸、人权、重返亚太等等。多边性危机指超越双边关系，往往由第三方或多边因素引发，如南海、钓鱼岛、朝鲜、伊朗、叙利亚、气候变化等。纵观奥巴马对华政策演变，美国大体采取了合作立场化解冲突，防止危机失控乃

---

① 沈大伟：《2011 年的美中关系：从脆弱到实质性稳定》，《国际展望》2011 年第 6 期。

② Bonnie Glazer, "Xi Visit Steadies Ties; Dissident Creates New Tensions", *Comparative Connections*, May 2012.

至摊牌。

首先，通过沟通与谈判化解危机。就双边性危机而言，先以中美海上冲突为例。2009 年上半年美中先后发生"无暇号"和"胜利号"事件，双方考虑到维护关系大局而有意使事件降温，决定通过谈判、沟通的方式解决，"确保这些事件不再发生"。① 美方尤其担心此类"滋扰"演变为新的撞机事件，频繁要求与中国讨论海上行动安全问题。奥巴马在 G20 峰会上与胡锦涛讨论过该问题，美军方领导人也通过各种场合敦促讨论。尽管双方未就此达成任何具体协议，但均同意避免"不必要的碰撞"。而随着两方军事交流的恢复与展开，也有利于双方避免类似冲突。再以 2009 年上半年美中关系因军售、达赖、Google 等严重震荡后为例。美国急于修补关系，派出斯坦伯格与贝德访华，申明美国对台政策及西藏政策没有改变，一再表明美国寻求与中国发展积极正面关系的意愿；奥巴马亲自会见中国新任美国大使张业遂，再次重申"一中"与支持两岸合作；美国推迟决定中国是否为汇率操纵国，等等，使以胡锦涛决定参加核峰会为标志，美中裂痕得以较快修补。再以 2010 年 7 月希拉里在河内称美国在南海拥有"国家利益"而引发的美中交恶为例。希拉里的表态加上美国重返亚太动作频频，引发中国严重的战略不安，为此美国急于修补关系，同时也为 2011 年初胡锦涛出访预作铺垫。由此，8 月崔天凯访美参加中美副外长级政治磋商时，双边重申构筑"正面、合作与全面关系"的重要性；9 月奥巴马派多尼隆与萨默斯访华为胡锦涛出访做准备，旨在"面向长远"；此后在联大期间奥巴马与温家宝见面，表示美中关系"基于合作、共同利益与互相尊重，保护南海和平与稳定是个双赢而非零和问题"。10 月希拉里在海南与戴秉国见面，双方同意"通过更多非正式外交及更加机制化的磋商，为胡锦涛访美创造友好气氛"②。而 2011 年 1 月胡锦涛访美更将两国关系推上新的平衡点。可以说，在每次美中关系发生危机或情况微妙时，美国均采取了一种缓解与安抚的态度，做出积极表态并派员访

---

① 参见本书 82—84 页。

② 参见本书第三章第二节部分内容，第 92—94 页，以及第 100—102 页。

问，使两国关系尽快实现回调。

就多边性危机而言，美国力图通过谈判、沟通使中国合作和化解危机。一个明显的例证是哥本哈根会议。在会议前双方在工作层一直进行谈判，但由于各不让步而谈判濒临破裂。为了使美中开局良好的势头维持下去，也为了防止因美中破裂而受到会议失败的指责，奥巴马力促与包括中国在内的"基础四国"① 达成一项妥协协议。尽管协议的实质性不令任何一方感到满意，但至少通过维持美中的合作化解了一场多边危机。再以2012年的黄岩岛与钓鱼岛危机为例。毋庸置疑，对于此类冲突美国想坐收战略好处，但防止危机滑向失控从而使自身不得不面临是否履行盟友义务的抉择，也是美国所不乐见的。因而，当危机演变到冲突边缘，美国力求通过沟通、谈判调解冲突，强调和平与稳定的重要性。对于中菲黄岩岛危机，美国强调"克制和外交解决，反对挑衅、强制和使用武力"，并力图与中国在 ARF 等会议前就此协调立场。而随着中日钓鱼岛风波愈演愈烈，美国也由偏袒日本转向敦促双方克制，通过穿梭外交、领导人施压等方式说服双方"采取严肃认真的外交行动，通过和平方式处理争端"②。

其次是外交施压。外交施压往往通过沟通、谈判实现，但更强调通过压力促使对方改变政策，采取合作态度，其手法主要是外交双边或多边范畴，也包括借国内因素对外施压的情况。外交施压有两种目的。一种是为了促使合作，即所谓合作型施压。这是奥巴马政府对华政策非常典型的一种手法，包括单边、双边、多边等各种形式。所谓单边，即通过美国单边政策或借国内因素对外施压；双边则直接通过双方接触沟通施压；而多边则是通过第三方因素或多边场合施压。

对于奥巴马政府四年而言，希望通过施压促使中国合作的问题包括：经贸方面有人民币、知识产权、针对中国本土创新、国企制度造成的美国市场竞争力问题、出口补贴、稀土、中国对美国投资的"国家安全"问题

---

① "基础四国"，即"BASIC"，巴西、南北、印度、中国四国的英文编号，喻指中国、印度、巴西、南非为当今最重要的发展中国家。

② 参见本书第三章第四节部分内容，第 129—133 页。

等；外交方面当属朝鲜、伊朗、叙利亚、巴阿、苏丹等问题；军事方面包括中国阻止美国 EEZ 抵海侦察、因"三大障碍"不愿与美国搞军事交流、以及军事"透明度"等问题。为使中国在以上领域合作，美国往往是通盘使用单边、双边、多边手法在沟通、说服之外，加上施压。以人民币为例。单边渠道主要通过领导人表态、美国财政部汇率报告、国会议员批评、国内舆论等施压，双边渠道通过领导人沟通、高官访问、机制化平台沟通等施压，多边渠道通过 G—20、APEC 等多边场合，以及与其他西方国家协调立场等共同施压。总体上看，奥巴马政府在人民币问题上有意保持了某种低调，更倾向于通过国内压力与多边场合间接施压，或通过领导人见面等静悄悄方式施压，并几次推迟财政部汇率报告并最终未将中国列为操纵国，奥巴马还表示继任后也不会这样做，表明在这一问题上不愿与中国搞僵，也对中国渐进性升值人民币的步伐表示默认，尽管仍不满意。再以贸易失衡为例。单边渠道通过美国国会反倾销、反补贴议案、商务部双反调查、起诉 WTO 等方式施压，双边渠道通过领导人施压、高官访问、工作组谈判、机制化平台沟通等方式不断敦促中国开放金融市场、改革相关国企制度以给予美国企业公平待遇、打击盗版与制订知识产权立法等，多边渠道则在反对中国本土创新、开放金融市场、就中国"管制原材料"起诉 WTO 等方面谋求与欧、日及其他北美国家联合施压。

在朝鲜、伊朗、叙利亚等问题上美国亦是多管齐下对华施压。一是要求中国对朝鲜、伊朗施压，使其放弃研制核武；二是要求中国在联合国谴责其行为或者是通过制裁决议；三是在中国否决制裁的情况下发动单边制裁，迫使中国合作，这一点在伊朗问题上最为典型。这些施压行为既有单边方式，包括美国单边制裁、领导人或高官批评等方式，但更多的是双边、多边形式。如在朝鲜、伊朗问题上通过派高官说服、领导人见面或电话讨论、外交层级政策磋商等双边渠道，以及与别国采取共同立场以对华施压的多边渠道（如在朝鲜问题上与日本、韩国形成共同立场，在伊核问题上与欧盟形成共同立场）迫使中国合作，这其中当然也包括所谓静悄悄外交的方式，如 2010 年 3 月斯坦伯格——贝德访华后，西方普遍认为中国在对伊朗制裁上态度有所改变，这就是静悄悄外交的结果。[①] 再如"延坪岛"事件后，美国不断敦促中国采取行动促朝鲜"采取坚定步骤实现非核化"，批评中国"拥抱朝鲜"是一种纵容。为此奥巴马专门给胡锦涛打电话敦促"中国对朝鲜传递一个清晰信号，即挑衅是不能接受的"。此后还派斯坦伯格与贝德访华，"向北京传递了很坚定的信号，要其说服朝鲜"。美国认为如上做法均取得效果：12 月奥巴马称赞"朝鲜没有对韩军方的实战演习做出反应，这是北京做工作的结果"。[②]

外交施压还有另外一种目的，就是管控危机。如美国在南海问题上就采纳了多种施压方法。单边层面包括国会的各种听证会、希拉里、帕内塔等人推动《国际海洋法》等举动，以及国务院 2012 年 8 月出台的有关南海声明等，希望通过塑造国内外舆论实现对华施压；双边层面包括在高层互访、见面以及机制化讨论中，通过宣示所谓航行自由、和平解决与多方谈判对华施压；但更多的是表现在第三方或多边场合。如美国与菲律宾、越南协调立场、强化军事关系，以及借用 ARF、东亚峰会等场合讨论南海问题，主张东盟主导并形成一致立场应对中国，均旨在利用第三方和国际场合对华施压。

三是讨价还价。从字面意义而言，讨价还价是谈判的一种策略或方法。但就美国对华政策而言，讨价还价不仅存在于静悄悄的外交谈判与会面当中，也存在于更大的关系交换范畴。在这一范畴中，信号的捕捉非常关键。这种讨价还价并非直接的交易，而是通过相互释放信号完成的利益交换。不论是狭义的还是广义的讨价还价，均是一种理性的沟通行为，目的是通过利益交换达成妥协而非摊牌和对抗。这在美国对华政策及美中关系中均非常常见。如通过谈判中的讨价还价，美中促使哥本哈根大会达成协议，也较好地解决了陈光诚事件，并通过包括 S&ED 在内的各种层次谈判达成诸多联合声明与合作成果，使美国对华合作的深度、广度不断开拓；而美中关系中也不断通过更为广泛的信号行为完成一轮又一轮的讨价

---

① 参见本书第三章第二节部分内容，第 92—93 页。
② 参见本书第三章第二节，第 105—106 页。

还价,最终形成某种默契。以 2010 年的美中交恶为例。双方几经摩擦实现转圜实际上就是通过触碰地方底线后各自调整立场,找到了不违反各自核心利益底线基础上的舒适度,同时依然保证美中关系朝着合作的大框架迈进。在这个过程中,美方一方面积极修补关系,不断重申美中关系重要性,一方面在一些核心问题上依然坚持基本立场,从而较为清晰地向中方传递了信号,即其谋求对华合作关系,但在军售、会见达赖、重返亚太乃至一系列根本矛盾问题上不会改变立场,从而令中国在降低期望的同时谋求与之合作。而中国则通过部分冻结军事交流、外交抗议、取消人权、军控对话等方式作出反应,同时为美中关系转圜预留空间。再以美国对伊朗制裁为例。2012 年初美国派盖特纳访华说服中国参加美国对伊朗石油制裁失败后,遂制裁了珠海振戎公司,但该制裁被认为是象征性的,旨在释放一种强硬信号。此后美国认为中国并没有明显减少从伊进口石油,于是在 6 月公布的免于制裁名单中没有中国,以此继续进行惩戒。直至 6 月 28 日美国制裁正式生效当天,美国才宣布给中国的 6 个月豁免期,除了因为中国"大大减少石油进口外",亦是一种妥协信号。这个过程较好地说明了通过信号行为进行的讨价还价。不过,出于国家自尊和对主权的敏感性,惩罚性的讨价还价(coercion)往往需要通过意会与默契完成,同时也会因为挫伤了对方自尊而不利于双方关系。

四是策略性妥协。只要有合作就必须有妥协,否则合作就难以维持。由于美中实力对比的差距,双方合作中的妥协程度是不对称的。这种现象广泛存在于一个以美国为世界领导者的国际体系。任何国家在与美国的双边关系中所做出的妥协均大于美国所做出的让步。奥巴马政府对华妥协主要表现在:一是始终强调对华发展正面、积极的合作关系,不断澄清非遏制,并非常注重与中国建立合作性的工作机制与关系框架,被国内强硬派批评为"软弱"、"绥靖";二是在事关中国核心利益问题上做出一些策略性调整:如在对台军售和见达赖前的提前告知,在对台军售项目与额度上的删减与控制、推迟会见达赖以及见达赖方式的低调、技术性推迟黄海军演、在南海、东海问题上表示"不对主权归属设定立场"、推迟推出汇率报告、高规格接待中国到访领导人(与小布什政府形成鲜明对照)、低调处理人民币问题等。这样的妥协是美国所谓保持分歧的前提下尽量照顾到一些中方立场，通过合作态度、低调处理矛盾、做出某些策略妥协的方式放软身段，但并不意味着在战略或政策上有所改变。而为了维持合作关系，中国则在原有立场不变的前提下有意更加低调地处理军售与达赖问题，减少对美国重返亚太的官方批评，逐步推动对美军事交流，在朝鲜、伊朗、南亚、苏丹等问题上予以配合，并重申和平解决南海、东海问题的意愿。在经济上中国做出相对更大的让步，在开放国内市场、知识产权、国企制度等美国关心的领域做出相关承诺，而在中国所关心的美国放松出口管制、市场经济地位与对中国赴美国企业同等待遇等问题上美国虽有表态，但尚未有实质性让步。应看到，谋求大国合作关系是双方的最大公约数，为此尽管因利益分歧而关系起伏不定，但通过努力培养起的"合作习惯"在关键时确实起到了防滑垫的作用。

五是战略释疑。奥巴马政府从上台伊始就非常注意使用积极、正面的语气定位与描述美国对华政策，并利用 2009 年一年时间为这一合作框架确立基础。此间斯坦伯格提出的"战略再保证"更是旨在通过相互承诺的方式为美中关系制定战略关系框架。2010 年后随着两国碰撞增多，奥巴马政府总是急于修补关系，通过领导人宣示、高官访问、推迟争议问题、示好信号等求得转圜。特别是在美国"重返亚太"——"转向亚太"——"亚太再平衡"政策的演变过程中，奥巴马本人、希拉里、多尼隆乃至国防部和军方要人一再解释中国在这一战略中的角色与地位，重申"太平洋容得下中美两个大国"，将与中国发展合作关系纳入其亚太新战略中重要的一个支柱，试图打消中国的战略疑虑。对此中方也表示希望美国在亚太发挥建设性作用并"言行一致"。奥巴马政府积极谋求对华军事交流本身就是想搞清楚解放军的战略意图与行事规则，使两军建立合作习惯，从而防止误判。其邀请中国参加环太军演可视为提升合作的又一步。

（三）合作亦是一种制约。

就美国对华政策而言，合作有三种功能：一是建立合作习惯，培育正面、积极的关系气氛；二是化解危机，在危机与冲突时采用合作态度而非对抗态度；三是谋求制约。在中美不对称相互依赖关系中，美国多是提出合作倡议的主动方，通过说服、施压、讨价还价、策略性妥协等方式促使合作，而中方相对处于弱势，被动对美国合作倡议做出反应。这种模式本身就是强对弱的一种制约，因为议题塑造、话语能力本身就是一种权力，通过说服等方式促使对方接受，从而使对方被纳入自身议程。外交上美国不断在朝鲜、伊朗、叙利亚等问题要求中国合作，经济上要求人民币升值、指责中国出口控制及补贴，军事上抱怨中国不透明并积极发展军事交流等等，均旨在塑造美中关系的主要议题并迫使中国服从，从而令中国按照美国的意愿发展，这本身当然是一种制约和控制。不过，应看到，随着中国国力的增长和外交技巧的娴熟，中国主动塑造议题的能力也在增强，从而也对美国产生一种反约束。例如中国提出美中军事交流三大障碍就旨在塑造美国在这方面的政策；再如经贸关系中要求美国解除高技术壁垒、公平对待中国企业、降低贸易保护主义措施等亦属此类。两国领导人出访签署"联合声明"前的推敲过程更反映出双方在政策立场上的相互塑造，如中方提出的"核心利益"，美方提出的"美国在亚太国家的存在有利于亚太和平与稳定"等字句，就是以一种双方妥协的形式呈现出的政策立场。

实际上，将合作与接触作为一种制约是有其深刻的理论基础的。美国内由来已久的接触派来源于两大思想流派，一是制度主义（institutionalism），认为与一国的合作与接触可增加其新的多项成本和收益（包括转移支付、威胁制裁、与其它问题领域相联系等），而采取合作则可支付这些成本，即便对那些喜欢投机、在囚徒困境中也力求不吃亏的国家也是一样。① 二是建构主义，认为合作与接触的过程即该国实现"社会化"（socialize）的过程，通过全方位接触可培育"国内选民"（domestic constitu-

---

① Lisa L. Martin, "The Rational Choice State of Multilateralism," in John Gerard Ruggie, ed., *Multilateralism Matters: The Theory and Praxis of an Institutional Form* (New York: Columbia University Press, 1993); Robert Axelrod and Robert Keohane, "Achieving Cooperation Under Anarchy: Strategies and Institutions", *World Politics*, 38(October 1985).

ency-building，即培养国内支持者），从而使国家将"学会"获取新的利益。[①] 具体而言，与中国的合作与接触可以：1）培育其国内支持者，从而进一步融入现体系；2）赋予其"桌边地位"，满足其声望要求，而不威胁到机制本身；3）得到更多关于中国的经济和安全信息；4）给美国及其他国家带来更多市场机会；5）利用国际规范对之进行约束（binding），使其不遵守的代价非常昂贵，从而限制其打破现存体系，特别是在加入前要尽可能明确规定其义务，防止事后违背。[②] 由此看来，奥巴马政府以合作与接触为主导的对华政策不仅出于合作目的本身，更是美国政府多年来对华接触政策的延续，希望在此过程中塑造和约束中国，使中国崛起朝着有利于美国利益的方向发展。如奥巴马政府不仅强调与中国的双边接触与合作，亦非常重视在 G20 机制、核峰会等多边场合和合作；并致力于打造中美日、中美印等"中美＋X"三边框架，借三边乃至多边平台实现融合中国的目的。当然，多边也是其制约中国的一种手段，如在稀土问题上与欧日协调立场，在贸易争端方面诉诸起诉 WTO，以及利用 TPP 等合作机制与中国竞争。

二、有限制约

所谓有限制约，意指奥巴马政府在全面对华合作的同时，亦采取了一系列制约手法，但此制约并非全面制约，而是有限的，其制约的底线在于不破坏美中合作的大局，亦防止美中关系被拖入一场严重冲突。之所以称为"有限"的，也在于其在手法上多是隐形、间接而非直接对立型的；强调规则、法律等软性约束与制衡；借用第三方、盟友伙伴集体协作或多边

---

① See Martha Finnemore, *National Interests in International Society* (New York: Cornell U-niversity Press, 1996); Thomas Princen, Matthias Finger and Jack Manno, "Nongovernmental Organization in World Environmental Politics", *International Environmental Affairs* 7:1 (winter 1995), pp. 42—58.

② Alastair Iain Johnston and Paul Evans, "China's Engagement With Multilateral Security Institutions", in Alastair Iain Johnston and Robert S. Ross ed., *Engaging China, the Management of an Emerging Power* (London: Routledge, 1999), p. 235.

机制以增强"合法性"；克制性地利用危机，谨慎防止危机失控。该有限制约的功能有三：一是塑造中国崛起的态势，这一态势应是和平的而非武力的，应是美国利益大体可以接受的。二是控制中国崛起的节奏，防止其崛起改写或颠覆现体系，而是有益于增强现体系，包括遵守所谓国际规范。三是对中国崛起可能带来的"不测"进行威慑与预防，通过在原则问题上的不妥协显示决心，通过展示武力、加强盟友实施威慑、预防，以不战而屈人之兵。由此可见，与合作类似，制约既是一种手段，也是一种目的，有时服务于合作的目标，有时亦服务于制约本身的目的，但它并非全部服务于制约的目的，因而是有限制约而非全面制约。

具体而言，奥巴马政府对华制约可分为软制约与硬制约两类。软制约指通过舆论、规则、外交、援助等软性手法实施的制约，相对而言更体现为一种软实力；硬制约则指通过军事威慑、边缘政策、威胁与强制等硬性手法实施的制约，其所彰显的是一种硬实力（软实力与硬实力的区别见图三）。从奥巴马政府的实践来看，基本上是软硬两手并重的。

图表三　软实力与硬实力对比

	来源	行为方式	作用机制
硬实力	武力、干预、秘密行动、外援、制裁	强制、威胁	命令：胁迫、诱导→迫使他国让步→实现预期
软实力	文化（普世性文化）、政治价值观（意识形态、社会制度等）、有合法性的政策、制度（制定国际规范、设定国际日程等能力）	规劝、说服、议程设置、制度塑造	同化：吸引→塑造他国偏好与认同→实现预期

（一）软制约。

1. 舆论制约。指通过设定议题、影响舆论、缔造话语的方式占取主动，从而对对方形成制约。利用舆论制约中国是美国政府的一贯手法，这主要源于美国在软实力方面占据的优势，使其在诸多事项中享有舆论主导权。受小布什政府时期美国软实力因单边主义而严重受挫的影响，奥巴马政府非常重视修复美国的国际形象，通过提出多伙伴世界、大国合作、规则主导、多边主义、重视气候变化与核不扩散等全球问题而突显合作形象，使其软实力得以较快恢复。特别是在世界面临金融危机而中国崛起发生阶段性进展的背景下，美国重振世界领导地位的要求更显一呼百应，为其塑造舆论奠定了有利条件。具体分析，奥巴马对华的舆论制约体现在三方面：

一是批评中国的制度与行为以贬低中国形象，形成对华不利的舆论氛围。主要表现在对中国人权、宗教、网络审查的指责，以及对中国制度本身的批评上。美国国务院每年发布的中国人权、宗教报告；奥巴马会见达赖及中国人权分子，公开支持刘晓波获诺贝尔奖、敦促美中人权对话并借机批评中国人权，以及奥巴马、希拉里等在第三国场合间接批评中国的社会制度等做法，均旨在突显美国的道义高地，赢得国内外舆论。

二是塑造中国崛起可能带来不确定性的话语，为其重返亚太、制约中国等提供合法性。如国防部每年提交的《中国军力报告》都渲染中国缺乏军事透明度，声称中国投资于"毁坏性军事技术、反介入与区域阻挠、核太空与网络战"改变了地区军力平衡，使其"可更易获取资源和争夺争议领土"。美国重返亚太一个重要的理由就是"地区国家的邀请"，即地区国家对中国崛起带来的不确定性感到担心，特别是在南海、东海上的"进取性"行为以及军力快速发展导致的地区失衡，由此纷纷要求美国加强在地区存在以"防止中国以非武力形式崛起"。[①] 在对中国崛起担心这一问题上，美国与地区国家找到了最大的契合点，而不可否认的是，美国不仅主动地利用了这些担心，也有意的培育了这种担心。如其在第三国对中国的批评，由以希拉里在柬埔寨与蒙古对中国制度的指责为例，"离间"之心溢于言表。再如其在南海、东海危机中对美菲、美日条约义务的强调，以及鼓励在多边场合讨论南海问题等立场，也意在强化这些国家在领土问题上对付中国的筹码。更不要说其重返亚太整体一盘棋正是借着地区国家对中国的担心而遥相呼应达成的默契。通过渲染中国的意图不透明、通过支

---

① Jeffrey A. Bader, *Obama and China's Rise: An Insider's Account of America's Asia Strategy*, Brookings Institution Press, 2012, pp. 104—109.

持与中国有争议的国家、结合对中国制度与行为的批评，美国为自身在亚太的存在及充当世界领袖确立了"合法性"。

三是用责任捆绑中国，迫使中国合作的同时受到约束。奥巴马政府继承了佐利克对中国"利益攸关方"的定位，始终将"责任"贯穿在其对华政策宣示与政策中。奥巴马多次表示，欢迎中国"在世界舞台上发挥更大作用"，但"这意味着更多责任"；希拉里更批评中国不能做"有选择的利益攸关方"；对那些不接受责任但实力却不断增长的国家，美国将"全力与其他伙伴合作鼓励其改变方向……其中人权仍是美国外交与发展的重要任务"。多尼隆则呼吁中国在国际事务中发挥"与其不断增长的经济规模相匹配的作用"，特别是在朝鲜、伊朗、气候变化和全球经济等至关重要的问题上。具体看，经济方面的"责任"包括：中美共同应对危机对于全球经济平衡及可持续发展的重要性；中国执行经济刺激计划、减少对出口依赖；中国应"向更加市场化汇率转型"；改变"不公平的定价行为"及"对非中国商品及外国服务限制市场准入"；创新政策"应严格遵守非歧视、知识产权保护、市场竞争、政府不干涉技术转让等原则"；遵守WTO有关协议，使美国产品与服务"得到更公平对待"；大幅减排并接受国际核查，等等。外交方面主要是在全球及地区问题上承担责任：在朝鲜问题上不应"克制"，"必须在安理会明确表示朝鲜的好战行为是国际社会不能接受的"，中国应利用影响力阻止朝鲜的"挑衅"；伊朗问题上中国应更加坚定地执行安理会决议，"这意味着不要对其他国家负责任的行为倒行逆施……否则中国将会孤立于负责任的国际社会"；叙利亚问题上批评中俄的否决是"挟持安理会为人质"，是"站到了叙人民及地区和平与稳定的对立面"。军事方面则把维护两军稳定交流、中国军事透明度、遵守航行自由等列为"责任"。如强调两军关系应取决于"相互的利益与责任"；中方包括新航母在内的所有军事行动应在能力和意图方面保持透明，并应以"有助于保持亚太地区和平、安全和稳定的方式利用其军事力量"。要成为一个全球大国，必须负责任地行动，促进而非阻碍航行自由。美国还通过给予中国在国际机制中的某些荣誉促使中国更多承担责任。如默许中国在上合组织、"金砖四国"中担当领导角色，强化美中在G20合作并制订行事规则，等等。①

　　总之，"责任"是一种非常典型的软制约。它可以充分发挥美国软实力优势，占领道德高地、增强国际合法性、赢得国际舆论，从而使别国如不配合即陷入"不负责任"的"道德窘境"。它主要借用说理、教化的方式，辅之以批评、训诫，并在对方不合作时"有理有据"地采纳强制措施。

　　2. 规则制约。强调规则是奥巴马政府对华乃至整个外交政策中非常鲜明的特征之一。规则或者"规范"（norm）是美国意识到其衰落不可避免而延续其领导地位的一整套思想工具。其思想渊源于自由主义及其从属的制度主义，著名学者、普林斯顿大学教授约翰·伊肯伯里（John Ikenberry）于 2008 年初提出的一系列主张可为后来奥巴马政府相关政策提供最完整的注解：第一，美国要维持其领导地位，有赖于基于开放与规则的自由主义国际制度。这样一来，即使美国力量已相对下降，但西方所代表的国际体系依然能存在下去。第二，为此美国须努力改进规则和制度以巩固现有秩序——使其更易于加入，也更难以推翻。美国应倡导参与、融合和自制，激励中国融入而不是反对这一秩序。该秩序在制度上越是根深蒂固地与资本主义民主国家捆绑在一起，就越加开放和形成共识，也更以规则为基础。它的优越性传播得越广，崛起国家就越有可能通过一体化和协商的方式来确保其利益。第三，当其他国家看到美国使用权力来加强现有规则和制度时，这种权力就会变得更加合法，美国的权威也会更强。第四，美国应革新多边机构：在经济层面构筑 WTO 协议和架构，特别是拯救 WTO 的非歧视原则；重视气候变化与核不扩散方面多边合作。美国还需加倍努力把崛起国融入到全球机制。类似于 20 国集团这样不那么正式的机构可提供联合国之外有效的替代途径。第五，须防止国际机制被分解为一系列双边与小区域性安排，如中国的双边与"小区域性"协定。这样世界就被分解为美中竞争。安全关系与经济关系越是多边和包罗万象的，全球体系就越能保持其一致性和稳定性。第六，中国很可能超越美国，但

---

　　①　以上可参考本章第 1—4 节相关内容。

却不太可能超越西方秩序，特别是当所有西方国家作为一个整体来考虑时。当美国不那么强大时，可通过国际秩序延续领导地位。①

可以发现，伊肯伯里的思想基本被后来的奥巴马政府全盘吸纳，实际上规则与制度对具有进步主义思想的奥巴马及其最重要阁员、女权主义者希拉里有着天然的思想亲和性，而其外交团队前半期主要的辅佐者斯坦伯格、斯劳特等亦均秉持多边、制度理念，使强调规则成为奥巴马政府特色。结合如上分析，规则不仅可以促使中国合作，亦可以制约和改变中国，使其通过融入现体系而延续西方自由主义秩序，从这个意义上看，即便美国经济落后于中国，但在国际体系方面西方仍会占优，从而通过制度、规则、机制、秩序继续领导世界。可见强调规则既是一种接触与融合，也是一种演变与制约。鉴于其发挥的是软实力的特征，从而在国际合法性及舆论道义方面更易获取主动。

对于奥巴马政府而言，强调规则更多是出于一种制约。在奥巴马政府上台初期（2009 年），鉴于双方合作的良好气氛，美国仅在经贸问题及中美海上冲突问题中提到"规则"问题，但从 2010 年下半年开始，特别是 7 月希拉里就南海问题发表讲话后，美国开始将规则作为一个主要的制约手段。一是领导人讲话更多提到规则。如希拉里呼吁中国"承担解决共同问题的责任，遵守公路上的交通规则……从知识产权到基本自由"；奥巴马也称两国在贸易和投资问题上确立"明确规则"很重要。在堪培拉，奥巴马重申"欢迎和平崛起的中国"，但中国"应按交通规则行驶，崛起于全球规范秩序之中"。二是更多以规则与责任在各个领域挤压中国。经济上将美中贸易摩擦增多归结为"中国不遵守规则"。敦促中国改变"扭曲"贸易行为，加强知识产权透明度和可预见性，对美国公司开放市场，公布贸易法及贸易规则。奥巴马甚至警告，"要是规则被打破，美国除了公之于众……某些情况下将采取行动"，同时也保证美国对华贸易措施旨在保护美国商业，而不会寻求与中国冲突。军事上谋求两军海上行事规则，防

---

① John Ikenberry, "China's Rise and the future of the West", *Foreign Affairs*, Jan/Feb. 2008.

止"对撞"与误判。外交上以强调规则插手南海、东海问题，并凝聚亚太国家；在朝伊问题上以核不扩散与集体制裁为规则，在叙利亚问题上以叙人民"民主权利"及阿萨德下台为规则。三是着手于亚太地区规则制定。在 2012 年 4 月美日首脑会晤上，奥巴马与野田呼应塑造地区规则与秩序。经济上，强调 TPP 框架和 APEC 提倡的亚太自贸区，主张制定一揽子贸易与投资共同规则；安全上，强调海上航行自由，主张创建"行为规范"，试图在海洋、太空和网络空间等领域联手制定国际准则。①

总之，通过更多使用和落实规则，美国可实现如下目标：利用其具有优势的制度性工具塑造中国，促其按符合其利益的方向发展；与军事手段配套约束、限制，对中国形成软制衡；控制话语权、占领道德制高点，对中国形成舆论压力；在网络、太空等新领域制定规则、抢占先机。

3. 外交制约。外交作为一种对外政策手段既服务于合作，亦服务于制约。奥巴马政府对华外交制约主要体现在：第一，塑造外交议程与议题，使美国处于制造、诠释与解决问题的主导。从气候变化到核不扩散，从朝鲜、伊朗到叙利亚，从人民币到本土创新，从军事透明度到航行自由，美国惯于通过包括外交在内的一揽子措施敦促、迫使中国按照美国意愿的方式讨论和解决这些问题。第二，结成外交统一战线对华施压。在美国所关注的议题上往往会最大程度地集合盟友伙伴，利用价值观、共同利益、美国的软硬实力等结成外交统一战线，从而使中国不合作就面临"孤立于负责任的国际社会之外"。实际上美国全球盟友体系的存在和加强本身就对中国形成一种软制约。此外，与小布什政府不同，奥巴马非常重视联合国及多边主义的作用，因而在朝鲜、伊朗、叙等问题上寻求中国在安理会的合作成为一个重要任务。再如在南海问题上利用东盟多边场合和统一战线对华施压，在对台售武方面寻求澳大利亚、韩国"为台湾防务做出

---

① "Remarks by President Obama and Prime Minister Noda of Japan at Joint Press Conference", April 30, 2012, http://www. whitehouse. gov/the－press－office/2012/04/30/remarks－president－obama－and－prime－minister－noda－japan－joint－press－confer.

贡献"①，在稀土问题上与欧、日联合施压，在人民币问题上通过 G20 等多边场合施压。此外，美国高调重返亚太就是借着中国与相关国家的矛盾、以及周边对中国的担心而结成外交统一战线制约中国崛起。第三，通过说服、劝诱、表达不满、讨价还价、释放信号等进行直接的外交施压，以在自己感兴趣的议题上塑造形势，制约对方的选择，使对方按照美国的意愿行动。美国对华外交中有着非常频繁的施压行为，政治上人权、宗教，经济上开放贸易与经济制度，外交上伊朗、朝鲜与气候、不扩散等全球问题，军事上透明度与规则建立，战略上意图澄清与"和平崛起"，可以说，在某种意义上美国对华外交就是由一系列问题清单与外交施压组成。不过，正如上文所言，外交施压本身亦服务于合作的目的，仅仅将其视为制约是有失公允的。另一方面，属于软制约范畴的外交施压行动不包括制裁、威胁武力等强制措施，后者将在如下硬制约范畴中讨论。

4. 外援与公共外交。在美国看来，外援是以实现政治、战略为目标、"不含压力的干涉"（intervention without coercion）②。冷战后对手的消失使美国对外援助大幅减少。自 2001 年至今，美国对华援助总额达 2.75 亿美元。在 2012 财年美国对华援助锐减至 1285 万美元，主要用于法制建设及优化政府管理、帮助西藏发展、医疗健康及环境保护，但其审批亦受到国会严厉审查。这表明随着美国力与国际格局的变化，美国期望通过直接援助塑造中国的考虑下降，而借用 NGO 等促进中国人权与民主的相关援助可能上升。据美国国会研究局报告显示，过去 10 年，美国政府各机构向中国提供援助达 2.75 亿美元。其中，约有 2.29 亿美元用于人权、民主、法律、帮助西藏、环保以及医疗领域。开展的援助项目包括：旨在促

① 美国智库"2049 计划研究所"（Project 2049 Institute）名为"21 世纪的亚洲同盟"的报告认为，美国必须强化与日本、韩国、澳大利亚等亚洲盟友的合作关系，以应对区域日渐复杂的安全挑战，其中包含一个假设性的"台湾状况（Taiwan Scenario）"。Dan Blumenthal, Randall Schriver, "Asian Alliance in the 21st Century", http://www. project2049. net/documents/Asian—Alliance. 21st—century. pdf.

② Eugene R. Wittkopf, Charles W. Kegley, Jr. James M. Scott, *American Foreign Policy*: *Pattern and Process*, Peking University Press, 2003. p. 120.

进民主建设的人权与民主基金（DA）、旨在支持西藏发展的经济支援基金（ESF）、关注艾滋病防治的全球健康及儿童生存项目（GHCS）、旨在促进法律进步的国际麻醉药物控制及法律实施项目（INCLE）等。而包括福特基金会在内的 NGO 组织，亦积极与中国 NGO 接触，向一些关注弱势群体的项目提供资助。[①] 美国际开发署称，志愿组织能从私营部门调动附加的资源，补充美国外援拨款的不足，招募和派遣专家进行实地工作，向那些对美国政府援助有争议的地区提供援助，从而将美国影响力扩大到其政府难以达到的地区和领域。

公共外交指通过信息、思想进行的渗透，或称为政府宣传，以"寻求对方接受美国价值观，促进理解，降低冲突，消除对美国的消极认识"[②]。当然，在涉华方面目的不仅如此，也在于对一个"异类"国家进行的思想改造与演变。正如美国前任大使雷德（Clark T. Randt）在给美国政府的秘密电文中所言："尽管美国模式的民主并不是宽容和开放社会的唯一例证，美国应当继续推动中国扩展个人自由，尊重法治，建立繁荣的现代社会必不可少的、真正自由和独立的司法与媒体，因为这也符合中国自身的利益。总有一天，中国将实现政治改革。当那一天到来的时候，中国人将铭记是美国人帮助他们实现了这一点。"[③] 奥巴马上台后，因财政吃紧削减了某些传统项目，如美国之音的华语广播，却将重点转向利用"脸谱"、"推特"、Youtube 等平台进行的"E 外交"。2010 年，希拉里在会见各大网络公司负责人时，公开表示美国会利用网络推行"民主化进程"，"维护网络信息自由流动"。美国广播理事会还计划制作音频和视频内容，通过

---

① "Foreign Aid: An Introduction to US Programs and Policy", http://www.fas.org/sgp/crs/row.index.html.

② According to the executive director of the US advisory commission on public diplomacy, see *American Foreign Policy: Pattern and Process*, p.139.

③ 在 2008 年 2 月 23 日与 2009 年 1 月 6 日发自美国驻北京大使馆的两份电报中，时任美国驻华大使的克拉克·雷德系统地向美国国务院和国安会阐述了驻华使馆对中国未来内外政策走向的战略判断，以及美国政府应如何在此基础上制定对华政策，维护美国在亚太地区及全球的国家利益。http://wikileaks.org/wiki/Category:China。

互联网和手机平台发送给中国用户。尽管如此，共和党参议员卢格（Richard Lugar，R-IO）指责奥巴马政府在"突破别国网络防火墙"方面经费过少，且因"顾忌对华关系"，在"网络规避软件"开发方面缺乏支持；而中国则"充分利用美国的开放体系"，在对美"公共外交"上远超过美国对华"公共外交"，因而形成了"公共外交逆差"。①

在某种意义上，外援与公共外交均是通过援助、宣传等软制约手段影响中国政策，其针对的往往是人权、民主与自由、法治与健康等价值观与社会范畴。因财力所限，奥巴马政府在这些方面的特点是大力削减、突出重点，尤为重视对中国网络自由与公民社会的扶植，通过批评中国政府、对话沟通、接见人权等异己分子、国会施压等形式进行软制约。值得注意的是，考虑到美中合作大局，奥巴马政府也试图低调处理相关敏感议题，试图在国家利益与价值观之间求得平衡点。

（二）硬制约。

所谓硬制约指通过强制（coercion）手法迫使对方让步、服从或者限制对方发展范围的制约手法。其与硬实力概念相对，不论涉及军事、外交、经济等各个领域，只要属于威胁、强制、惩罚实现目的的做法，均属于硬制约。

1. 武力与威胁使用武力。"外交政策的军事化是美国重要的国家特征之一。"② 冷战结束后至今，尽管美国不断改革军事思想与布局，特别是奥巴马政府非常强调软硬配合的巧实力，但并没有降低军事在对外关系中的关键作用。美国军事手段包括三种使用形式：一是诉诸战争或干涉，即直接使用武力，目的是实现外交目标。按照美国《国家安全战略》的说法，凡涉及保护美国本土与盟国安全、经济繁荣与设施稳定的至关重要利益（vital interest）上，美国将毫不迟疑地动用武力；而在涉及包括盟友

---

① "Senator Lugar Urges More Action on Internet Freedom", Feb. 15, 201, http://www.state.gov/pdcommission/library/174951.htm.

② Eugene R. Wittkopf, Charles W. Kegley, Jr. James M. Scott, *American Foreign Policy: Pattern and Process*, Peking University Press, 2003. p. 74.

经济利益、全球环境、难民危机等重要利益（important interest）方面，则有选择性地使用武力。① 冷战后新干涉主义的盛行又增添了人道主义干涉与反恐战等新内容。二是威慑与预防。所谓威慑，是指通过向对手证明其使用武力的代价超过潜在收益而阻止其使用武力的行为（disourage an adversary from using force by convincing the adversary that the costs of such action outweigh the potential gains）。② 威慑与预防被认为是美军力最基本的目标，特别是在核武器相互确保摧毁与经济高度依存的大国之间。三是以实现政治目的为目标的非战争武力（force short of war），旨在通过强迫（compellence）或者制服（forceful persuasion）改变对手的行为，又称炮舰政策。包括在敏感海域的海军巡逻、派遣航母战斗群显示武力、联合军演、增加驻军、强化与对手周边国家军事关系等等行为，均不是为了保护本土与盟国安全，而旨在通过传递强硬信号塑造对方的行为，迫使其放弃强硬做法而采取合作态度。与如上三种形式相对应，美国军事手段则包括从思想到存在等一整套具体构成：军事与战略思想、武器与设备、军事人员与海外驻军、盟国体系与伙伴、军售政策等。在奥巴马政府对华政策方面围绕着构建非零和关系、塑造中国崛起之目标，如上三种军事形态均有所体现。

2010 年的《四年防务评估报告》（QDR）提出，美国"不懈地争取在不诉诸武力的情况下促进共同利益，这是美国领导和管理国际体系的特征之一。要预防出现对美国利益的威胁，就要协调使用外交、经济、国防，以及情报、法律和国家经济手段，协助盟国与伙伴提高维持和促进稳定的能力；准备战胜对手并成功应对广泛领域的突发事件；如果威慑失败，敌人对我们的利益以武力相威胁或者使用武力，美国必须做好应对的准备，以便维护美国的国家利益"③。这表明奥巴马政府在战略思想上主要将军

① Eugene R. Wittkopf, Charles W. Kegley, Jr. James M. Scott, *American Foreign Policy：Pattern and Process*, Peking University Press, 2003. pp. 84－85.

② 同上，p. 96.

③ "Quadrennial Defense Report", Feb. 2010, pp. 9－11, http://www. defense. gov/qdrlinkages/QDR－as－of－12feb10－1000. pdf.

事手段作为一种预防与威慑，即尽可能发挥军事手段威慑与塑造选择的非战争作用，而同时做好最坏打算，防御并击败敌人。反映到对华政策上，军事手段在多数意义上是威慑与塑造选择，即防止中国采取"非武力形式崛起"，并塑造其"以和平方式解决问题"，但也不否认其以威慑失败为由所做的"防御与击败"准备。另一方面，该报告还提出："只要可能，我们将寻求外交、经济发展和接触，以美国的理念和价值观来实现这些利益。必要时，美国及其盟国将诉诸武力，以显示我们捍卫共同利益的意志和能力。只要有可能，在国际社会认可的情况下，美国在诉诸武力时都会与盟国、国际和地区组织，以及支持这些共同原则的国家结成联盟。美国武装力量将保持在适当时候采取单方面决定性行动的能力，保持能够在各种应急行动中取得胜利的联合、全域军事能力。尽管有些人无视国际体系准则，但美国必须继续在战争行为方面充当旗手，维持并支持国际准则，拥护《日内瓦公约》，给予被拘留者和战犯国际法赋予他们的权利和保护。"[①] 这表明奥巴马政府将接触与合作置于首要，但在必要时绝不会放弃使用武力；在谋求大范围合作的同时，亦不放弃单边行动的自由；同时高举规则与道义旗帜并与武力相结合，以突显其军事手段合法性。这些思想深深脱胎于奥巴马"进步现实主义"的外交理念，亦与其对华政策目标一脉相承：既最大程度地接触与合作，同时对于中国的不合作、不守规则、冒险行为进行制约、塑造，必要时采取行动"推回去"。反映到对华军事制约方面，

一是以威慑与预防为主，同时做好"防御与击败"准备。QDR 中有专门一章分析在"反进入"作战环境中威慑并击败对手，可称为中国量身定做。报告称："反进入战略是推行该战略的国家拒绝本地区以外国家向该地区投送力量，从而使其能够在该地区实施侵略或其他破坏稳定的行动……具有一定手段来阻止美军实施兵力投送的国家，正大规模采购各种尖端武器，以提升自身实力，对反进入战略的实施提供支持。而反进入战

---

① "Quadrennial Defense Report", Feb. 2010, pp. 9—11, http://www.defense.gov/qdrlink-ages/QDR—as—of—12feb10—1000.pdf.

略的目标就是要阻止美军向战区部署，并延缓美军前沿力量的作战行动。""作为中国长期、全面军事现代化进程的一部分，中国正在发展和部署先进的中程弹道和巡航导弹、配备了先进武器的新型攻击潜艇、强大的远程防空武器系统、电子战和网络战装备、新型战斗机，以及太空战武器系统。但中国在军队现代化进程的步骤、力量发展以及最终目标等方面透露的信息十分有限。因此，有关其军事现代化的长远意图备受质疑。"① 针对中俄、朝伊等"反介入"能力，报告提出如下应对措施：1）制定"海空联合作战构想"，明确空军和海军如何在所有作战领域（天空、海洋、陆地、太空和网络空间）内进行能力整合，以在各种军事行动中击败对手，包括击败一个拥有强大的"反进入"和"区域拒止"能力的对手。2）发展远程打击能力，以确定联合持久监视、电子战和精确打击能力，以何种方式联合，才能为美军的力量投送提供最合适的支持。3）优化前沿部署，与盟国展开磋商，提高基地设施的自恢复能力。包括对关键设施进行加固，采取反情报活动、部署主动防御体系以及更加依靠远程情报、监视与侦察及打击平台等。4）确保进入太空和使用太空资源权利。5）提高关键 C4ISR 能力的抗毁性。列装更多、更坚固、性能更好的机载和陆基系统，拓展抗干扰卫星通信，击败敌人的探测和识别系统。6）加强海外军事存在并提高其反应能力。与盟国协商向面临新威胁的地区部署和维持特定部队的方案。如将驻国内母港的部分海军部队部署至前方，既增强了海上实力，也增加了与伙伴国海军人员合作的机会。

　　二是采取多项政策塑造中国崛起的方向，防止"非和平崛起"。奥巴马政府重返亚太中军事支柱是重要一环，但在其看来，其意义与其说是为了打赢一场战争，不如说是为了避免战争所做的准备。奥巴马政府多次申明其亚太再平衡并非遏制中国，而是将中国的和平纳入作为重要一环。为实现这一目标，美国认为合作与制约均是必要的，而通过加强地区军事存在可迫使中国放弃使用武力的选择。实际上，美国在中国与其他亚太国家

---

　　① "Quadrennial Defense Report", Feb. 2010, pp. 9—11, http://www.defense.gov/qdrlink-ages/QDR—as—of—12feb10—1000.pdf.

间小心地扮演着平衡者的角色，借用其他国家制衡中国，但也防止制衡过度导致局面失控或上演冲突。为此，美国一方面强化与盟友伙伴的安全关系，高调介入中邻领海争端，另一方面亦注意在此过程中安抚中国，并适时向两方施压以防止局面失控或被卷入冲突。

1) 单边、双边、三边、多边几管齐下，全方位深化盟友安全网络。单边看，出台新军事战略与亚太再平衡战略，延续新军事革命，打造空海一体战、网络、太空新理论。双边看，增加在澳大利亚军事部署、实现美日同盟再定义、推迟移交对韩作战指挥权，以深化与传统盟友关系；加强与包括菲律宾、越南在内的东南亚国家军事关系，在新加坡部署濒海战斗舰、向菲律宾提供军事支援、与越提升海军合作，并探讨与缅甸展开军事合作可能性；三边看，美日韩军事协调机制固定化，举办准三方（semi-trilateral）演习，共同推进亚太反导系统；美日澳联合军演多次举办，并在美国军力向关岛、夏威夷、澳大利亚的分散部署中加强军事协调；美日印三边对话机制启动，提升三方军事合作，共同介入南海问题；美澳印、美日越三边协调亦在智库层面酝酿。

2) 通过联合军演、航母游弋、海军巡逻、增加驻军、强化导弹防御、增加军售等方式强化存在，增加威慑。美国在亚太每年有几十场名目繁多的军演，尽管其试图以"例行公事"淡化处之，但其时机与内容的选择均旨在释放某种压力和信号。如 2011 年 6 月的"东南亚合作与训练"海上军演旨在维护"南海航行自由"、2012 年 11 月的美日"夺岛"军演更意在向"钓鱼岛"示威。正如美国舆论分析，与建造新舰船和战机不同，同亚洲其他国家进行联合训练的费用相对便宜，而且可以迅速进行。由此美国不仅增加了演习次数，也打开了向更多国家的通路：这对于中国来说是一条强硬的信息，即美国正致力于提高其战略后院国家的军事能力。① 向指定海域派遣航母战斗群等舰船的象征意义十分明显。如"天安号"事件后美国向黄海派遣航母就在于"敲山震虎"；而日本"购岛"风波后期，

---

① Elisabeth Bumiller, "US Military's New Focus on Asia Becomes Clearer", *New York Times*, Nov. 11, 2012.

美国第七舰队首次出动两个航母战斗群在西太执行警戒任务，震慑中国的目的显而易见。按照帕内塔的说法，到 2020 年美国将有 60％的舰船驻扎在太平洋地区，其中包括 6 艘航空母舰和海军多数巡洋舰、驱逐舰、潜艇和濒海战斗舰。其向中国传递的信号不言而喻。在中国 EEZ 等敏感区域进行海上巡逻亦可增加威慑效果。如美韩在朝鲜西海领域的联合巡逻、美国航母穿越南海（包括黄岩岛海域）进行巡逻，以及朝鲜射星后美国官员称中国人不合作会导致美国"增加在中国称之为专属经济区的水域巡逻以及与地区盟友的军演等"。[①] 兵力方面，尽管美国已承诺在阿富汗和世界其他地区缩减部队，但表示不会削减在亚太的 32 万兵力。根据美澳协议，到 2013 年 4 月，派往澳进行为期 6 个月轮岗的 250 名海军陆战队员将增加为一个营的 1000 名海军陆战队员。到 2016 年，预计将达到 2500 名；加强与菲律宾有关增加美国在菲律宾驻军的谈判，包括令美军舰更频繁访菲律宾，重启苏比克海空军事基地。美国以朝鲜、伊朗导弹威胁为由宣布在亚太部署反导系统对华更有核威慑之举。如与日本达成协议将在日领土部署第二部美国先进导弹防御雷达，向日本出售宙斯盾反导系统，并帮助升级现有宙斯盾导弹防御系统。目前，日本已建立起可用于实战的导弹防御系统，并与美国导弹防御系统形成一体；积极参与韩国导弹防御系统研发，促其购买美国反导技术。军售方面，美国不断将先进武器，甚至最先进的武器销往亚太。如其准备向亚太国家销售的"濒海战斗舰"是美国进入 21 世纪后最新研发的一种可遂行多种任务的水面舰艇，美国海军在 2008 年才开始装备。美国却要将列装时间如此短的先进武器向亚太销售，这种现象是之前没有出现过的。美国还加大对东北亚、东南亚、南亚的军火销售，印度、菲律宾等成为其军火出口的重点。帕内塔明确表示，美国已将向禁售 28 年的越南出售军火列入日程。而为中国所诟病的对台军售更意在为台湾在"两岸军力失衡"背景下提供与大陆打交道"信心"。

3）操弄与中国有关的地区敏感议题，如南海、东海与朝鲜问题，通过"边缘政策"与"可控式紧张"威慑中国、主控局势并制约中国的行

---

① "North Koreans Launch Rocket in Defiant Act"，*New York Times*，Dec 12，2012.

为。在南海问题上，加强对菲律宾军事支持和"同盟义务"，升级与越南军事关系，通过联合军演、海上巡逻等方式显示武力，强化与日、印、澳等的共同立场，利用东盟一体化平台推进"航行自由"与"多边解决"，同时适时表态"对主权不持立场"，在危机激化时出面调停施压；在钓鱼岛问题上，重申对日本的"防卫义务"，向日派驻"鱼鹰"运输机和F—22战斗机，高调举行"夺岛"和"勇敢之盾"海空演习，增派"斯坦尼斯"号航母赴关岛等，另一方面与南海争端相同，"对主权不持立场"与调停危机防止失控并用；在朝鲜问题上，加强美日、美韩、美日韩三边军事协调与威慑，通过军演、巡逻、反导系统等施压，同时谋求与中国合作，使美中不致因此而关系破裂。总之，美国有制造与利用危机的一面，意在最大程度利用危机实现制约中国之目的，同时居中协调、掌握主动，防止美中合作整体格局翻盘。

总之，美国在运用军事手段制约中国过程中始终坚持两手都要硬：一方面加大军事再平衡力度，另一方面防止中国过度反弹，通过战略释疑、策略性妥协、发展中美军事关系，推动中美印、中美日、中美澳三边合作等方式缓解关系，从而发挥亚太领导者、制衡者、仲裁者的作用。

2. 制裁与威胁使用制裁。

制裁是美国政府钟爱的"大棒"之一，在奥巴马对华政策中亦扮演着重要的制约与惩戒作用。在涉及朝鲜、伊朗、叙利亚等第三方问题上，美国往往通过外交施压迫使别国参与美国主导的制裁，而为了实现这一目的，美国会对违反制裁的第三方实施制裁。在对伊朗制裁中，中国相关公司与银行就因为未中断对伊业务而受到制裁。而美国国务院炮制的"免遭制裁豁免期"名单更是以阶段性施压的手法迫使各国遵守制裁。

奥巴马政府还延续了对华出口管制政策。根据美国国会1990年通过的《外交关系授权法案》，禁止美国政府向中国出售"任何美国军需品控制清单上的防务物品"，除非"总统向国会报告"要求解除禁令，自此中止了与中国政府间军售和商业性军售，包括80年代中期双方达成的《两国军事技术协议》。奥巴马上台初期在向众院议长佩洛西致函中称，将解除对中国临时"出口"C—130运输机的部分禁令，用于"清除遭原油污染海面的行动"。但正当外界普遍预测华盛顿是否在考虑取消对华武器出口禁令时，白宫态度发生变化，称"总统信函的意思仅仅是，允许美国制造的 C－130 运输机在中国着陆、加油或者补给清理油污的化学制剂，不存在任何向中国出售 C－130 运输机的计划"①。美国态度的转变证明在涉华武器禁运问题上解冻为时尚远。此外，1998 年中国首次用火箭发射西方卫星后，美国加强了有关出口管制的法律，禁止美国制造含有美国部件的卫星用中国火箭发射，理由是中国用商业发射业务改进导弹技术。奥巴马上台后美国国会呼吁放松对卫星和相关设备的出口管制，但建议将中国等国排除在外，仍禁止美国卫星由中国火箭发射，并保持或收紧对中国和伊朗、朝鲜及叙利亚等其他国家的卫星和零部件出口管制，称中国在航空领域取得的巨大进步"部分归功于成功的间谍活动"②。奥巴马政府还对所谓违反该条例的公司予以惩罚。如美国航空航天企业美国联合科技公司因向中国出售违反美国禁令的军用直升机引擎而向美国政府支付了 7500 万美元。

作为奥巴马出口倍增计划的一项重要措施，美国于 2010 年 8 月正式启动出口管制体系改革程序。2011 年 6 月，美国商务部正式修改《出口管理条例》，增加了"战略贸易许可例外"规定，部分符合特定条件的物项可不经许可出口到 44 个国家和地区。然而，名单中却没有作为美国第三大出口市场的中国。在第四轮 S&ED 上，美国就放宽对华出口管制问题作出了三项承诺：促进高技术对华民用出口；鼓励中国企业申请"经验证最终用户"；出口管制体系改革将会促进对华出口，但正如中国商务部长陈德铭的评价："只闻楼梯响，不见人下来。"③此后美国驻华大使骆家辉（Gary Faye Locke）表态称，美国可以很容易地将 46 项高技术产品出

---

① "Obama Waiver of China Sanction Draws Questions", *Reuters*, Oct. 13, 2010.

② 新华网 2012 年 4 月 20 日电，"中方坚决反对美国涉卫星出口管制报告的无端指责"，称美国国防部和国务院 18 日联合发布报告，建议国会对"数以千计"可用于制造通信卫星和遥感设备的产品放松出口管制，以增强美国航天工业的国际竞争力。报告同时建议强化管制对华出口卫星及其部件。

③ 陈德铭：《美国对华放松高科技出口言行不一》，凤凰网，2012 年 12 月 21 日。

口到中国，但中国舆论认为仅仅是"空头支票"，并不意味着美国将实质性放宽对华技术出口管制。而"在美国近几届政府中，奥巴马此任对华出口管制最严，是对华技术转让做得最差的"。[①] 2001 年，来自美国的高技术产品占中国进口的 16.67%，到 2010 年下降到 7.11%，2011 年下降到 6.26%。

部分中国企业在美国投资遭遇美国家安全审查等阻碍也是一种明显的歧视做法。中美商会主席狄安华（Ted Dean）称，中国国有企业才是美国的"最大威胁"，美国政府应将注意力从人民币问题移开，转向中国国内那些阻碍美国企业同中国国有企业平等竞争的市场准入壁垒。可见美国对国企的歧视不仅出于安全考虑，亦有经济战略考量。"双反"大棒是美国限制中国企业进入美国市场的"常规武器"。美国贸易法 301 条款授权美国总统可对不公平、不合理地限制美国出口的国家采取报复措施；美国《海关与关税法》第 337 条款规定美国可不经与输出国协商，单边采取措施阻止外国产品进入其国内（其中很多产品并未侵犯美国知识产权）。此外，美国在国际投资法、国际环境法领域都通过其经济强权，让自己的国内法"具有"域外法效力。奥巴马政府正式援引如上法律频频对华发起贸易救济措施，其频度之高、范围之广属历届罕见。仅 2012 年上半年对华发起的 337 调查高达 11 起，占美国 337 调查总数的比例（37.9%）。不过，奥巴马发起"双反"等贸易措施是其在国内贸易保护主义抬头下对外普遍使用的经济制约手段，中国仅是对象之一。事实上在上述 337 调查统计中，对台湾发起的调查排在大陆之前，居首位。

3. 情报与渗透。情报搜集与秘密行动是介于军事与外交之间的一种制约手段。奥巴马上台后延续了近年来美国加大对中国情报力度的趋势。2009 年 9 月，在由国家情报总监办公室所制定的《国家情报战略报告》中，中国与俄罗斯、朝鲜和伊朗被定义为对美国家安全利益构成重大威胁。为此美国 16 家情报机构均把中国作为重点盯防目标，搜集诸如中国潜艇部队、执行"区域拒止"的武器、反卫星武器、网络战能力等资料。

---

① 《美对华出口管制迄今口惠实不至》，《经济参考报》2012 年 4 月 27 日。

其中特别强调通过高科技装备进行的海上、航空、空间①、无线电四类侦察②。美国除自己全面加强对华情报侦察外，还利用冷战时期形成的各种情报合作与交换协议，锁定中国。像美国和英国、加拿大、澳大利亚、新西兰达成的"英美（UKUSA）协议"，就为协调5国间的间谍活动，而中国是其多数成员国的头号目标。据美国专家透露，美国间谍船"约翰•麦克唐纳"号和"小鲸鱼"号远洋勘测船已完成对包括中国东南海岸线在内的世界绝大多数海岸线的秘密勘测，收集到了这些海岸线附近10至600米浅海和600米以外深海部分区域的洋底和洋流资料。③其次是配合重返亚太而进行情报重组。2012年4月，帕内塔批准一项五角大楼情报机构重组计划，准备成立名为"国防秘密行动局"（Defense Clandestine Service）的新情报机构。新机构将从国防情报局抽调数百人，与中情局一道，加强搜集中国、朝鲜、伊朗等亚洲国家及非洲恐怖活动较为猖獗国家的情报。据称，在进行重组后，情报组织的核心职能将从现有的"应对战争"改为"收集情报"，并提升人力情报的作用。④三是通过支持藏独、疆独等反华势力插手中国内政。历史上中情局曾与达赖产生过勾连已成为不争的事实⑤，如今中情局与国会及NGO合力支持反华分子并进行渗透

---

①　美军侦察卫星主要包括照相侦察卫星、电子侦察、导弹预警和海洋监视四类专业侦察卫星和其他一些能够辅助侦察的全球定位卫星、气象观测卫星和测地卫星等。美国目前至少有50余颗各类卫星在空中担负直接或间接的侦察任务。据悉，在通常情况下，平均每6个小时就有1颗美国的侦察卫星从中国大陆及沿海的上空飞越。

②　其中包括台湾阳明山电子侦察站和设在澳大利亚墨尔本、名为"松峡联合空间防御研究所"的电子侦察基地。近年来，美国还打着反恐的幌子，利用与我国临近的中亚各国和蒙古等国举行联合军事演习的机会，设立直接针对我国的雷达测控和电子监控站点。此外，在美国本土科罗拉多州、太平洋夏威夷群岛、大西洋英属阿森松群岛、印度洋英属迪戈加西亚岛以及大洋洲汤加共和国附近的卡瓦加兰岛上，美国都设有电子测控站。

③　"South China Sea: From Bad to Worse", *Time*, July 15, 2012.

④　"Defense Department Plans New Intelligence Gathering Service", *New York Times*, April 23, 2012.

⑤　美国学者Stephan Talty称，上世纪50年代中期，中情局将四川藏区发生的叛乱看作"削弱中国的一个机会"，从此开始支持达赖喇嘛展开对华秘密战争，直到70年代终结。其支持包括提供武器和培训，出钱支持达赖喇嘛在纽约等地设立办事机构，出钱供达赖喇嘛的"官员"在美国大学学习，等等。参见"The Dalai Lama's Great Escape", *The Daily Beast*, Dec. 31, 2010.

的情况仍在持续。如中情局、国会支持下的"全国民主基金会"将中国作为重点关注地区，每年预算超过 2000 万美元，用于支持中国企业、学术机构、媒体以及其他非政府组织的活动，并频频资助"民运"、"藏独"、"东突"等势力，如向"世维会"提供资金及设备，容许"东突"在华盛顿组织"东突流亡政府"，在媒体上以流亡政府名义发表"新疆独立"言论等。另据美国学者威廉·恩达尔（F. William Engdahl）撰文披露，藏独的幕后策划人包括"民主基金会"、中情局门面机构"自由之家"及索罗斯出钱的"利众基金会"。目前，达赖仍收到数以百万美元计的资金，但付钱的不再是中情局，而是"民主基金会"。该基金会包办了格鲁吉亚和乌克兰的"颜色革命"，为美国所属意的反对派政客造势。正如其首任主席魏因施泰名（Allen Weistein）所言："很多我们做的事情，都是中情局 25 年前秘密从事的。"[1] 之所以如此，是因为美国利用新疆、西藏问题制约中国的战略考虑难以改变。如奥巴马政府拒绝向中国引渡维吾尔族犯人，乐见土耳其在联合国谴责中国"镇压"2009 年 7 月新疆骚乱及提交安理会讨论就是明证。

小　结

本章通过两大部分分析了奥巴马政府对华的行为模式：一是以时间顺序及事件的来龙去脉梳理了奥巴马政府对华政策的演变过程，旨在展示其寻求对华非零和关系的路径与过程。通过政治、经济、军事、外交主要领域的纵深拓展发现：尽管美中关系因结构性矛盾而时有起伏，但奥巴马稳定美中关系合作框架的意图显而易见，从而使其首推通过沟通、合作方式化解矛盾、奠定合作基础。但同时，囿于美中利益分歧、价值观差距及美

---

[1]　F. William Engdahl, "Risky Geopolitical Game: Washington Plays 'Tibet Roulette' with China", April 10, 2008, http://www. global/research. ca/index－php? context＝va&Taid＝9625.

国内因素掣肘，奥巴马始终难以实现对华关系的实质性转化，在所有核心问题上均仅作策略性调整求得妥协，而通过重返亚太等制约中国的一面仍在强化。由此，其对华政策是一种非零和关系考量基础上合作与制约的平衡。所谓非零和，就是避免零和，即防止对抗与全面竞争的冷战式关系，奥巴马对华政策就是以此为前提的合作与制约的平衡。

本章的第二部分（即第五节）主要是基于前四节对政策演变事实梳理的基础上，抽象出奥巴马政府对华非零和关系的具体模式与手法。通过分析引发了如下思考：

其一，合作与制约密不可分、相互补充、甚至转化。而其中任何单一手法都不是孤立而是彼此联系的，如合作中的沟通、讨价还价与策略性妥协均相互配合，而制约中的软制约与硬制约亦相互结合使用。以钓鱼岛为例，美国既寻求中国合作防止失控，为此通过高官访问、领导人表态、策略性妥协等手法控制局面，同时又通过舆论、规则、外交等软制约手法与深化美日同盟、重申条约第5条义务、国会立法等硬制约手法配合制约中国。可以说，美国在涉华议事日程上的任何事宜均是以上合作与制约的结合体。

其二，其实奥巴马对华政策的手法并非先入为主、有计划、有步骤的实施，很多情况下是问题驱动型与危机反应型，而这也更符合国际事务的本质。本书认为所谓非零和关系行为模式是全面合作与有限制约的结合。即在合作与制约中，合作的成分大于制约；在软制约与硬制约中，更强调发挥舆论、规则、外交等软制约手法的作用。可以相对而言，奥巴马政府对华以合作为主，限制为辅；软制约为主，硬制约为辅。尽管在第二阶段制约加强，但制约并非改变合作的主流，而制约本身亦更强调规则等软制约，包括军事威慑亦以"遵守国际规则"与"透明度"等软性规则为由头，显示各种制约难以改变其谋求合作的主流。

其三，鉴于美中关系的复杂性，并不是所有议题均可被纳入合作—制约的分析框架，否则易陷入简单化、不客观与阴谋论。以人权为例。它既是美中合作议题，亦是美中冲突之源，奥巴马政府寻求在人权问题上中国的配合，亦在某些情况下运用人权牌制约中国，但人权问题不仅是一种合作与制约手段，也是美中结构性分歧的客观反映，即使不被"利用"，也是客观存在的，是历史、文化、政策的综合产物；同时它在美国有深刻的国内渊源，历届美国政府在对华政策方面均面临国内人权压力。在美中分歧中，有些是文化、价值观冲突；有些是理念分歧，如对核不扩散的认识及相应的朝鲜、伊朗政策，再如美国对盟友所谓的信誉与义务等；有些是中国与其他国家的冲突，美国则利用了这些冲突；有些则是美国国内政治的产物。应历史、综合地看待具体问题，防止简单化与一刀切。

其四是制约与遏制的区别。遏制是以全方位限制对方发展为目标，是零和关系，而制约是非零和的，不以限制对方发展为主要目标，而是要迫使对方合作并塑造对方的发展。事实上，自尼克松以后的历届美国政府均寻求了一种非零和的关系模式，即"欢迎中国强大、繁荣"并融入国际体系。不同之处在于，奥巴马政府面临的是一个已崛起为世界第二并在可见将来可望赶超美国成为第一的不同的中国。而奥巴马政府四年的执政表明，在此历史攸关时刻，美国尤其重视强调对华关系的非零和性，防止各方误读误判美中关系；而中国对美国合作政策亦为美国奉行对华合作政策提供了理由。第二点不同是奥巴马政府对华关系模式中全面合作加有限制约，及有限制约中突出强调软制约的特点。冷战后普遍认为美国政府对华奉行了"接触＋制约"政策，在克林顿时期为"接触＋遏制"，小布什时期为"接触＋对冲"，而本书认为延续到奥巴马时代发展为"全面合作（接触）＋有限制约"，这一轨迹正在悄然发生一些变化。但其效果、影响及前景如何，正是本书第四章要探讨的。

第四章　美国国内评价与影响

　　上文从认知与行为两个层面分析了奥巴马政府对华政策，得出其以寻求应对中国崛起的非零和关系模式为目标的结论。那么，这一全面合作加有限制约的对华政策在美国国内评价与影响如何？是否代表了美国国内主流与共识？只有在此基础上才能对未来有所预测。

　　奥巴马政府执政期间正值美国深陷金融危机而中国崛起为世界老二而发生实质性变化的转折点。中国在美国舆论中已不再是个外交议题，而完全成为美国内政策各个方面均有所触及的重要议题。首先，评估奥巴马对华政策的国内影响有两个层面的问题：一是，非零和模式在战略上是否代表了美国内的共识；二是，非零和模式在政策上是否达到了效果。其次，在美国对华政策中，向来有接触派、遏制派与折衷派或曰合作派、强硬派与中间派三种分野。而美国政府的对华政策往往是吸收了各派意见，或者说各派角力后达成妥协的结果，因而往往趋于中间路线，奥巴马政府也不例外。综合分析美国内意见，可发现奥巴马对华政策基本符合主流看法，即美国内总体认可非零和的对华政策符合美国家利益，批评与建议多在策略与技术层面。当然，不可否认的是尽管其代表了战略主流，但在光谱一端的保守派仍否定全面合作政策，呼吁加强遏制；而光谱另一端的自由派则批评奥巴马政府过于强硬，合作程度远远不够。绝大多数观点则处于光谱中央，在肯定奥巴马政府对华政策基本框架的基础上予以诠释、解读或者批评、建议。

通过剖析美国国内对中国崛起、美中关系及美国对华政策的广泛分析与看法，在合作、折衷与遏制三种传统分野的基础上，本书归纳出更有奥巴马时代特色的三种对华看法：一为共荣派，即主张承认中国的大国地位，通过美中全面合作应对时代挑战和构建全球秩序。二为塑造派，即继续秉持"合作＋制约"双轨政策，通过软硬结合的巧实力手段将中国纳入美国主导的世界体系，其中美国继续发挥领导作用，而迫使中国承担更多责任。三为遏制派，即否定奥巴马政府对华合作及容纳政策，主张全面制约中国崛起。在三派思想中，共荣派与遏制派均属少数派，往往借其鲜明观点立足，但因思想激进而难以成为主流；塑造派则不仅占据了奥巴马政府对华政策主流，也代表了国内舆论的共识。其中，共荣派与塑造派均属合作派，尽管塑造派亦强调通过有效制约塑造中国。下文将从中国崛起及其性质、美国的应对、对奥巴马政策的评价与建议三个层面归纳出如上三派观点的看法。

第一节　共荣派

一、G2

所谓 G2 派泛指一切主张美中合作领导世界的想法。在小布什末期美国国内涌现出 G2 的说法主要从经济角度说明美中对世界经济的领导性质与不可分割性。2008 年 6 月，在第四次中美战略经济对话（SED）中美彼得森国际经济研究所所长弗雷德·伯格斯登（Fred Bergsten）在美国《外交》杂志上发文，提出 SED 应进一步升级为领导世界经济秩序的两国集团（G2）格局，认为中美应"共享经济领导权，并使中国部分取代欧洲地位"[1]。随后世界银行行长佐利克（Robert B. Zoellick）撰文支持建立

---

① C. Fred Bergsten, "parternership of Equals", *Foreign Affairs*, July/Aug, 2008.

经济上的"G2"，并以此引领二十国集团（G20）。[1] 此后布热津斯基（Brzezinski）、基辛格（Henry Kissinger）等战略家也提出类似观点。如布热津斯基称："在双边关系方面，美国应该加强与中国的关系，确立 G2 关系。"[2] 基辛格则主张美中建立起类似于跨大西洋关系的合作框架，以防止"世界战略格局的不对称及集体安全的困境"[3]。美国前助理国防部长傅立民（Chas W. Freeman）认为，西方国家普遍衰落，非西方国家群体崛起，由美国推动的全球机制已不适应全球政治、经济、军事和文化力量结构的现实和未来需要。美中应重建全球治理的机制与原则，包括国际航海自由、可靠的能源供应、美元支撑的国际经济体系、开放的贸易和投资体系、应对大规模杀伤性武器的全球防扩散体系等。[4] 美国国家情报委员会 2012 年底发表的《全球趋势 2030》报告，预测中国经济总量最快可能于 2020 年超美国，美国一国独霸的"单极时代"将会在 2030 年终结。报告认为未来世界最佳情况是美中携手合作引领世界，建议白宫在 2013年的战略中将深化与中国合作作为"最重要的单一因素"。[5]

从上可知，G2 观点认为全球战略失衡与全球治理缺失使美中合作领导世界非常必要。其中以傅立民等为代表的观点认为中国崛起、美国衰落乃为历史趋势，而唯美中合作可延续领导世界与全球体系；布热津斯基提出，"美国的衰落与中国的崛起都不可避免"，因为中国"具有鲜明的帝王血统及韬光养晦的战略传统，这两样是中国在过去几千年中极度辉煌的关键"。[6] 基辛格认为中国具备体系主导者资质：从规模上看，疆域辽阔、

---

①　Robert B. Zoellick and Justin Yifulin（林毅夫），"Recovery Rides on the G-2", *The Washington Post*, March 6, 2009.

②　"Brzezinski's G2 Grand Strategy", *Asia Times*, April 22, 2009.

③　Henry Kissinger, "Power Shifts and Security", Keynote Address, The 8th IISS Global Strategic Review, http://www.iiss.org/conferences/global—strategic—review/global—strategic—review—plenary—sessions—and—speeches—2010/keynote—address/henry—kissinger.

④　Chas W. Freeman, "Nobody's Century: The Ameican Prospect in Post-Imperial Times", Remarks to the 27th Class of MIT's Seminar. , Sep. 4, 2012.

⑤　"Global Trends 2030, Alternative Worlds", National Intelligence Council, Dec. 2012.

⑥　ZBigniew Brzezinski, "After America", *Foreign Policy*, Jan/Feb. 2012.

人口众多、GDP 居世界第二；从自然属性上看，地理环境较优越，兼具大陆与海洋性特征；从历史上看，"中华帝国"一直是亚洲朝贡秩序的核心国；从政治体制上看，中国是社会主义大国。用"民族国家"形容中国不够确切，它是具有大陆色彩的文化统一体，是"文明国家"。伴随举世瞩目的政经成就与不断提升的自信，中国具有设计普世性愿景的能力，在意识形态上对美国构成挑战。当这样两个"相同量级"的实体在世界舞台上相遇时，很可能出现严重紧张局势。①

在美国如何应对问题上，G2 提出如下药方：

（一）共同演进。基辛格认为奥巴马上台后美中关系"竞争"与"合作"并行发展，合作日益增强，但根植于政治、历史、地缘等方面的分歧已开始显现。经济上，出于对自身经济地位及美中实力对比的担忧，汇率、贸易等边缘议题逐渐被美国媒体炒成政治话题。核问题上，对小国的核扩散将打破大国使用核武的"风险平衡"状态，使威慑变得越来越轻率和难以预测，对国际秩序产生严重后果。朝鲜拥有核武器已危害中国的国家安全，若其被接纳为核国家，越南、印尼等国将效仿，亚洲战略格局将随之改变。美中应加强合作，通过六方会谈对潜在灾难性后果早做准备。未来美中应"共同演进"，走向"太平洋共同体"。两国应更注重国内发展，在可能的领域开展合作，调整关系、减少冲突。"任何一方都不完全赞同对方的目标，也不假定利益完全一致，但双方都应努力寻找和发展相互补充的利益。"为实现"共同演进"，美中需处理好三层关系：一是涉及大国正常交往中出现的问题，多年前形成的两国磋商机制可满足需要；二是尝试把熟悉的危机讨论提升为更全面的框架，消除紧张状态背后的原因，六方会谈便是范例；更重要的是把两国关系推向第三个层面，即建立"太平洋共同体"，避免大洋两岸出现相互竞争的两个大国集团。这将让日、印尼、越、印、澳等其他主要国家参与这一体系的建设，防止"中国集团"与"美国集团"极化现象的出现。②

---

① Henry Kissinger, *On China*, The Penguin Press, NY, 2011, pp. 301—340.

② 同上，pp. 341—355.

（二）战略妥协。傅立民认为美国需放弃永久维持军事霸权的奢望。美国维持军事霸权，使全球权力分配成为零和游戏，只会强化像中国这样"新富强国家"的疑虑和仇视，使其处心积虑思考如何挫败和阻止美国，而不是与美国合作。对中国而言，与美国合作需要更积极的行动、更丰富的想象力和更坚定的外交领导力，而不是像现在这样"消极被动、沉默寡言、谨小慎微"。如中国能像解决与中亚国家领土争端那样娴熟地处理领海争端，将大大减轻东亚邻国的疑虑。为建立更紧密的合作，无论是美国还是中国都必须更为谦卑，在言辞上更为克制，这将为坦诚的战略对话提供基础。[①] 前美国国家情报副总监戴维·哥佩特（David C. Gompert）在其撰写的《力量的悖论——脆弱时代的美中战略克制》一书中指出，美中强化核、网络、太空领域的力量建设使双方"相互脆弱性"不断增大，为此有必要构建美中"战略克制"机制，以管控双方威胁认知、增进互信。[②] 该书指出，"战略克制"不同于美苏"冷和平"。"威慑"有赖于相互恐惧，"克制"则增加了共担责任、相互信赖的涵义，有助于增进信任与合作。美中应在核力量与政策上相互透明，及时通告太空发射及来自第三方的网络威胁。美国应认可中国核报复能力的合法性，认同美中相互核威慑，并探索形成"不首先针对对方及其盟国使用核武"的双边共识。在美国让步基础上，中国应公开表明其核政策旨在确保东亚及全球"战略核稳定"，并力争成为美国防扩散努力的长期伙伴。在太空领域两国应达成不首先针对对方使用反卫星武器协议，在此基础上再达成停止试验反卫星武器协议。网络方面，美中应相互承诺不首先攻击对方"战略性网空"，即涉及国计民生、经济社会运转等民用网络设施。尽管用于军事行动、情报搜集的网络系统不在此范畴，但也应避免对军事、情报网络的攻击殃及"战略性网空"，从而全面升级为网络战。总之，有关美中战略克制的提法

---

① Chas W. Freeman，"Nobody's Century：The Ameican Prospect in Post-Imperial Times"，Remarks to the 27th Class of MIT's Seminar. ，Sep. 4，2012.

② David C. Gompert and Phillip C. Saunders，"The Paradox of Power：Sino-American Strategic Restraint in an Age of Vulnerability"，Center For the Study of Chinese Military Affairs. National Defense University，Dec. 12，2011.

与"战略再保证"思想如出一辙，均希望通过美中战略让步换取战略默契，从而实现全球战略稳定。

一些观点主张美中在东亚达成妥协。哈佛大学费正清东亚研究中心研究员罗伯特·罗斯（Robert S. Ross）提出，过去美国海权优势与中国的陆权优势使东亚地区保持了均势，但近年来中国海军力量的发展对美中合作构成"挑战"，"可能会促成美中之间代价巨大的关系紧张"。"为此美军与解放军海军应及早接触，制定行动层次上的增进海上信任措施"。^① 长远看，如中国足够强大，美国可考虑将东亚的"势力范围"让给中国。^②安纳托尔·列文（Anatol Lieven）认为，中国不谋求全球领导力，在东亚以外的地区推行非常谨慎的、以经济优势为核心的政策，不含有任何军事成分。在东亚则情况不同。历史上中国曾一直主导该地区，当变成世界上最大经济体时，已通过导弹和空中力量使美国海军无法进入其周边海域。为此美中在东亚应通过大国协调达成某种妥协。一方面美国应谨慎处理与中国周边国家的关系，尽管其与中国的矛盾有利于美国保持军事存在，但如果美国致力于反华同盟则面临被卷入的危险，美中交战可能性增大。如果冲突升级为核战争，现代文明就将被摧毁。即使和中国保持长期的军事和战略对抗，美的世界地位也会受到严重削弱。为此，东亚秩序应设立中美都同意不跨越的红线：保证不经对方同意，不使用武力。如果中国大陆宣布放弃对台动武，美国有必要公开支持两岸统一。中国必须认可美国在东亚存在的合法性，美国也必须认可中国现有的政治秩序，抛弃所谓民主化的言论。^③

更有一些观点在南海及台湾问题上提出妥协新主张。如中情局前副局长英曼（Bobby Ray Inman）提出由中国担当领导者角色，"带头开发南

---

① Robert Ross, "China's Naval Nationalism: Sources, Prospects and the US Response", *International Security*, Fall 2009, pp. 46—81.

② 此观点由罗斯于 2012 年 11 月 29 与中国现代国际关系研究院美国所人员座谈时提出，并称这一观点为美国少数派，且不便于公开承认。

③ Anatol Lieven, "Avoiding a U. S. -China War", *New York Times*, June 12, 2012.

海资源，创造共同开发南海资源的框架，让亚洲各国普遍受益"①。在台湾问题上亦出现重审对台政策特别是军售政策的新主张。乔治·华盛顿大学查尔斯·格拉泽（Charles Glaser）称，为避免美中在 21 世纪冲突的风险，美国"应考虑背弃其对台承诺"，消除美中关系中最大的引爆点，为今后更好的关系铺平道路。② 其理由是，中国崛起尽管会产生某些风险，但权力的转移并不必然导致美中重大利益不能相容。应防止类似于台湾的次一级冲突威胁两国关系。同时，售台武器也不符合美国最佳利益。台湾争议之化解不在于军事层面，而在经济、政治与文化层面。卡内基中心的史文（Michael Swaine）亦提出美国应重审对台关系，放弃口头的对台六条承诺和检讨对台军售方式等。史文还呼吁美国政府和中国政府展开新谈判，内容涵盖大陆军力部署与美国对台军售交换。③

综合而言，G2 派普遍对美国遏制中国及重返亚太持否定态度。如傅立民批评奥巴马对华战略存在矛盾：一方面承认未来经济繁荣依赖于美中关系，且寄望与中国合作确保全球治理；另一方面又在准备与中国"进行战斗"，这是美国对华政策中的矛盾之处。美国要在亚太维持稳定、应对"中国崛起"，必须调整心态，摆脱二战和冷战思维。应充分发挥日、韩、印、越、印尼等力量的平衡作用，让亚洲国家加强自己的防务，美国的角色是在符合自己利益的情况下给予支持，而不是替其承担安全责任。布热津斯基强调，美国参与亚洲事务的主要目标应是支撑一个均衡态势，阻挠任何一个大国对其邻国采取过度咄咄逼人的态度。其目的是在所谓的"世界岛"维持虽然脆弱但相对稳定的均衡。美国所谓"转向亚太"在中国人看来是打造一个反华联盟，在现阶段建立这样一种联盟为时过早。与印度建立强劲关系显然也是针对中国，而美国不与亚洲大陆相互竞争的大国建

①　"Inman also suggested in the South China Sea issue", Oct. 20, 2012, http：www. mecanicaedia. com. br/jonerh2456/blog/54853.

②　Charles Glaser, "Will China's Rise Lead to War? Why Realism Does not Mean Pessimism", *Foreign Affairs*, March/April, 2011, p. 87.

③　Michael Swaine, *America's Challenge*, *Engaging a Rising China in the 21ˢᵗ Century*, Carneign Endowment for International Peace, 2011, pp. 147－182.

立具有约束力的关系将会更符合美国利益，对东亚的稳定也更加有利。[①]

二、共存共荣派

该派认为中国崛起并未给世界带来威胁，东西方应共存共荣，做好自己。高大伟（David Gosset）提出，金融危机间接加速了中国崛起。北京的全球战略并无挑衅冲突的意图，中国的社会、经济发展也没有产生威胁，相反中国的发展带来了稳定与繁荣。中国的再度崛起也不会削弱美国亚太伙伴的实力，反而有助于互惠互利。如中日韩的 GDP 占亚洲经济总量的 70％，已开始筹建自由贸易区。东盟 10 国＋中日韩 3 国还一致同意增强地区金融安全，将清迈倡议的区域应急基金规模增至 2400 亿美元。全球经济的不明朗与欧元区的持续动荡对东北亚地区格局产生了影响，但东北亚诸国并非有意重构世界秩序，而是西方经济衰退的自然结果。

高大伟还论述道，在这史无前例的世界格局背景下，美国"重返亚洲"战略必将受到质疑，一方面美国把北京当作遏制对象，另一方面 21 世纪的中国已超越了东西方二元对立的地区角色。西方国家的思维是"要么你和我们一样，否则你就是在反对我们"，而中国则没有这种二元对立的思维定式。在中国的语境中，管理、统治以及国际观都深受"中道"思想浸染。"中道"不会追求东方压倒西方，而是双方共同繁荣。全球化时代任何一国都不可能占据绝对优势，紧张关系会破坏必要的互相依存现状。从这个角度来看，"中道"思想与现实颇为契合。美国把外部因素当作国家安全的主要挑战有可能导致"新美式军国主义"，与西方世界的长期利益相冲突。这偏离了真正的重心，即国家内政。因此，美国不应把重心放在"重返亚洲"，而应先把本国经济搞好，并与欧洲领导人共同反思美欧关系，这才是美国家安全真正的长期威胁。[②]

---

① "Zachary Keck：The Interview：Zbigniew Brzezinsk"，*The Diplomacy*，Sep. 10, 2012.

② David Gosset, "While America Reuturns to Asia, China Regains Centrality"，*Huffington Post*，June 16, 2012, http://opinion. dwnews. com/news/2012－06－25/58768123－2. html.

三、平等伙伴派：以"美国中心"＋"中国中心"重构美中关系

美中合作基金会主席约翰·米勒·怀特（John Milligan-Whyte）和美中伙伴研究中心总裁戴敏所代表的"美中关系新学派"呼吁美国政府以互利互惠、协作平衡的总体战略重构美中关系。[①] 该学派指出美中两国只有互利互惠、协作平衡，才能确保这两个最大经济体的经济成功及国家安全，构建平衡的全球经济。在保证美国经济和国家安全方面，中国是美国最需要、最有力的伙伴。美应认同经济进步就是人权的增加，比所谓政治、宗教、法律权利更重要。

该派主张美国实施更积极的接触。扩大双边公共外交与战略交流，可增加领馆数量，改进签证方式，扩大在中国的"美国中心"和在美国"孔子学院"，防止被政治化。二是加强多边议题中的双边合作。除应对索马里海盗、朝核问题外，还可共同打击中国西部毒品走私和集团犯罪。鼓励维和部队在阿富汗开展联合反毒品计划，支持北约在阿富汗边境与中国合作。利用上合组织共同应对中亚安全。三是共同应对能源、不扩散及气候问题。包括有效利用能源和水资源，制定管理全球核燃料循环计划，合作推动可替代能源及生物燃料技术的研发应用，并就气候多边谈判展开合作。四是就北极事务进行机制化的积极对话。五是就金融与经济问题开展新对话。可在 S&ED 框架下设立金融与经济联合工作组，相互探讨美中小企业进入中国市场的渠道；评估、改进与协调两国的金融管理、风险分析及银行管理方式；支持中国在世界银行和 20 国集团发挥作用。[②]

---

①　美中合作基金会主席约翰·米勒·怀特（John Milligan-Whyte）和美中伙伴研究中心总裁戴敏自 2009 年 1 月以来，相继出版了《中美两国对人类未来承担共同责任》、《中美两国领导和平共处国际新秩序》、《奥巴马执政后的中美关系》等 7 部专著，合称《美中伙伴关系丛书》，并以此标榜自己是"美中关系新学派"。

②　［美］约翰·米勒－怀特、戴敏著：《奥巴马执政后的中美关系：应对共同挑战》，中共中央党校出版社 2009 年版，第 315－365 页。

第二节　塑造派

在中国崛起方面，塑造派多数对美国实力较有信心，认为中国的实力被夸大。因而塑造派往往站在美国相对优越的前提下延续美国对华塑造战略。塑造派批评"美国衰落论"大行其道，历数中国国内种种问题，主张通过混合使用接触与制约两手塑造中国崛起的方向。如约瑟夫·奈（Joseph Nye）认为，国家不像人体那样有可预见的生命期限，不应根据周期性事件去推断长期趋势。美国拥有高素质的劳动力和先进的高等教育，加之政治稳定，知识创新及在生物和纳米等高新技术领域的领先地位，特别是软实力远远超过中国，加上中美经济相互依存的不对称性（美国更占主动），使中美实力仍有很大差距。[①] 兰普顿认为美国虽存在严重问题，但自我恢复能力强。美国仍是全球经济最强国，但民众缺乏自信，美国衰落被人为夸大，这也是造成美中战略互疑的原因之一。[②] 少数塑造派认为尽管美国相对实力下降，但需将中国在内的新兴大国纳入其领导下的国际秩序。布鲁金斯学会"管理全球秩序项目"主任布鲁斯·琼斯（Bruce D. Jones）认为，美国虽不再拥有"独步天下"的实力和"自由世界领导者"的地位，其影响如"企业中最大的小股东"，没有决定权，但有决定性影响力。美国需通过在不同条件下与不同国家"结盟"的方式去解决问题，以维护国际秩序稳定。[③]

在中国崛起的性质方面，塑造派基本同意中国是现体系的"稳定者"而非"破坏者"，但美国需加强塑造防止其走向"破坏"方向。事实上，

[①]　Joseph Nye, "American and Chinese Power after the Financial Crisis", *Washington Quarterly*, Volume 33, Issue 4, 2010.

[②]　David Lampton, "Power Constrained: Sources of Mutual Strategic Suspicion and US China Relations", The National Bureau of Asian Research, June 2010.

[③]　Bruce D. Jones, "Largest Minority Shareholder in Global Order LLC: The Changing Balance of Influence and US Strategy", The Brookings Institution. March 2011.

这一观点代表了美国官方政策及国内主流。据维基解密透露，美国前驻华大使雷德（Clark T. Randt）于 2008 年 2 月与 2009 年 1 月提交的两份有关中国未来内外政策走向的报告，基本上判定中国仍是维持现状的大国，虽与美国在外交上的冲突会增加，但美国仍有机会塑造中国的发展方向，规范中国的行为，促使中国承担更大的国际责任。雷德指出，尽管存在摩擦，中美两国间重要的政治和经济利益不但在日渐增长，而且会长期将两国联系在一起。在中期中国的核心外交政策目标是确保能源供应安全和为实现国内经济发展而维护稳定的国际环境，这将使中国持续成为一个维持现状的大国。中国增长的实力将导致其外交政策更愿意与美国冲撞，同时也更有能力作为全球性的利益攸关方承担责任。为此美国应继续通过双边政策手段，包括高层接触（例如高级对话和战略经济对话）、中国的多边承诺，以及中国构建其国际形象的期望等维护美国利益，增加中国在国际机制中的权责（stake），确保其遵守国际准则。这些观点事后证明均被奥巴马政府吸收，成为奥巴马对华政策最核心的框架。[①] 兰普顿提出，美国难以在限制中国崛起的同时又成功地与其合作以应对全球挑战。美国应与中国和其他伙伴共同维护亚洲稳定，与中国合作应对食物、能源、气候、不扩散、资源和可持续发展等挑战。[②] 爱德华·卡尔（Edward Carr）认为，作为世界上最大的发达国家与最大的发展中国家，冠军国家和潜在冠军国家之间客观上形成了一种卫冕和夺冠之间的挑战和迎战的对手关系。但 21 世纪的中美两国博弈，"由于存在许许多多的利益共同点"，不可能是"决斗式"的，只能是"田径式"的。中美在众多全球和地区问题上存

---

① 在 2008 年 2 月 23 日与 2009 年 1 月 6 日发自美国驻北京大使馆的两份电报中，时任美国驻华大使的克拉克·雷德系统地向美国国务院和国安会阐述了驻华使馆对中国未来内外政策走向的战略判断，以及美国政府应如何在此基础上制定对华政策。电报分别撰写于中国举办奥运会之前和奥巴马政府就职前，展现雷德在多年驻华大使任上对中美关系的战略思考，以及试图影响奥巴马总统对华政策的政治意愿。参见：http://wikileaks.org/wiki/category:china。

② David Lampton, "Power Constrained: Sources of Mutual Strategic Suspicion and US China Relations", The National Bureau of Asian Research, June 2010.

在越来越多的共同利益，是一种竞争与合作并存的"竞合关系"。①

一、塑造中国的崛起

关于如何引导和塑造中国崛起，大体有积极塑造与消极塑造两种手法。所谓积极塑造，指从加强接触入手予以塑造，而所谓消极塑造，则强调从制约角度加以塑造。实际上，积极塑造与消极塑造是一体两面，即以软硬两手相结合塑造中国崛起。

（一）塑造"负责任的大国"。曾任布什时期美国助理国务卿帮办的柯庆生（Thomas J. Christensen）指出，中国的"强硬"是"外交自信增强"与"国内不安全感上升"共同作用的结果。对此美国首先应引导中国转变观念，使其认识到把"参与解决国际问题"与"核心利益"挂钩是有害的，对地区、全球问题"不作为"将使其逐渐被"边缘化"，有损中国利益。其次应避免"遏制中国"。尽管美没有"遏制中国"的意图，但炫耀武力易激发中国的民族主义情绪，破坏两国战略互信。第三，应在国际社会中肯定、宣传中国发挥的积极和建设性作用，淡化分歧、强调共同利益，鼓励其重回"负责任大国"的轨道。② 布鲁斯·琼斯提出，在全球金融、跨国威胁和发展问题上应与新兴大国合作并建立责任共担机制。如增加中、印等在 G20 峰会的投票权；谋求建立共同打击核走私，通过安理会在伊核、朝核问题上合作等安全合作关系。在经济、能源和气候等领域重新谈判合作方式，避免竞争大于合作。通过灵活地与他国组成联盟（如与越南在南海问题上协调）、利用中等强国（如促日、俄插手南海争端）、加强安理会的作用（如常任理事国和其他新兴大国的国家安全顾问和外长确立应对共同挑战的非正式会晤机制、在 G20 机制下召开外长筹备会议等）、加强人权对话等降低或管控危机。美国进步中心研究员尼娜·哈廷格恩（Nina Hachigian）建议，奥巴马政府可通过两种战术手段规范中国

---

① "The Dangers of a Kising China", *The Economist*, Dec. 2, 2010.

② Thomas J. Christensen, "Shaping the Choices of a Rising China: Recent Lessons for the Obama Administration", *Washington Quarterly*, July 2009.

的行为。第一，对一些重要国际问题，美国必要时可联合其他国家"孤立"中国。美国在伊核问题上已成功用过此法。但在气候变化问题上，中国仍能得到一些发展中国家支持，但它们与中国并无太多共同利益，甚至会因中、印与发达国家达成协议而遭受损失。第二，充分利用中国对国际威望的渴求心理，将其"荣誉"与更大国际"责任"联系起来，强化其对现有国际机制的支持。通过使中国承担更大国际责任并在上合组织、"金砖四国"等机制中担当领导角色来"奖励"中国。还可考虑把世界卫生组织等总部迁至中国，以激发中国以"主人"身份更积极参与国际事务。①

（二）引导中国国内舆论。沈大伟认为中国的精英阶层对其国际定位"尚未达成共识"，对此美应高度重视并加以引导。一是不应以美国的"现实主义"应对中国的"现实主义"。中国的"仇外情绪"是国内政治生态的产物。美国不应高估其地位，也无力减弱其影响。如美加强在西太地区军事存在、采取更苛刻的贸易措施，则只会导致中美矛盾不断升级。二是扶植"大国关系派"。大多数中国官员都属这一派，虽然其中一部分人不信任或不喜欢美国，但也深知美国对中国众多核心议题有关键作用。另外，美国应重新认识"选择性多边主义派"。中国对全球治理持怀疑态度，"只会在有利于本国利益时"参与国际行动。第三，警惕"南方阵营派"。中国在南方国家行动非常得力，在非洲的势力已超越美国，在中东和拉美地区的影响力也与日俱增。美国应加大对巴西、印度等发展中大国的外交投入，尤需警惕中国利用 G20 及金砖国家合作机制重构国际体系。但美中应加强战略沟通与合作，清晰阐明彼此在地区问题上的意图和政策。加强二轨对话有助于推动战略合作。②

（三）不要遏制中国，而要塑造中国崛起的选择。约瑟夫·奈指出，美国对华政策不同于冷战时期对苏联集团的遏制。那时美苏贸易和社会交

---

① Nina Hachigian："A Progressive Strategy Toward China"，http://www.americanprogress.org/wp—content/uploads/events/2012/08/ar/chinatranscipt.pdf.

② David Shambaugh，"Coping with a Conflicted China"，*Washington Quarterly*，Winter 2011.

往很有限，而现在美国是中国最大的海外市场，曾经欢迎并推动中国加入WTO，每年都向12.5万名中国大学生敞开大门。1995年以来引导美国政策的五角大楼战略评估均提出通过贸易和交流项目，让中国融入国际体系。尽管美国同时加强了与日本的联盟，但这不构成遏制。做两手准备表明谨慎，而非侵略。美国军队不想用冷战方式"遏制"中国，而在于营造未来中国领导人作出自己选择的环境。不管双方如何充满竞争，中美在贸易、金融稳定、能源安全、气候变化和流行性疾病等问题上的合作都将惠及两国。奥巴马政府转向亚洲，表明承认该地区的巨大潜力，而不是吹响遏制（中国）的号角。① 柯庆生分析了布什时期的对华政策，认为奥巴马政府应继承这一政策：美国可通过维持布什时期的对华战略来很好地影响中国的选择，它包含两个方面：一方面是在亚洲的安全和政治事务中发挥积极作用，阻止中国利用胁迫手段解决争执；另一方面是通过积极的外交接触，鼓励中国通过建设性的经济和外交政策寻求扩大影响力。美国并没有试图遏制中国实力的增长，而是把美国强大的地区存在与一系列创造性的外交主动行动相结合，鼓励北京通过外交和经济交往而不是恫吓胁迫来扩大影响力，并鼓励它利用日益增强的影响力促进亚洲乃至全世界的安全和经济繁荣。这种努力取得了成功，因为美国政府巧妙地处理了美中双边关系中的许多传统问题，比如经济摩擦、台湾与中国大陆之间的紧张关系等。然而，布什政府对华政策中真正创新的则是同中国政府进行密集、持续的接触，探讨如何更好地协调两国对从朝鲜核武器计划、亚丁湾海盗到苏丹人道主义危机等全球政策问题的反应。其结果使中国长期坚持的不干涉内政原则发生了潜移默化的演变，包括六方会谈、达尔富尔作出的努力、鼓励缅甸政权与国内反对派及少数民族达成和解、甚至是阻止伊朗的核计划等。布什政府也没有把中美在亚洲、拉美、非洲寻求影响力视为零和游戏，美国应鼓励中国向这些地区提供更多而不是更少援助，并对这些地区进行更多投资。在诸如能源和全球变暖、食品和产品安全以及对外援助项目之类重要问题上，采取合作、透明的做法将使美国得以与中国政府

---

① Joseph S. Nye，"Obama's Pacific Pivot"，*The Straits Times*，Dec. 07，2011.

进行接触。奥巴马还需显示决心，防止贸易保护主义在太平洋两岸引发新一轮限制市场措施。[①]

（四）加强美中战略互信。即希望通过澄清两国的战略意图及其背后原因使"两国领导层能更好地揣度对方想法，并据此制定更有效的方式来建立战略互信"[②]。《李侃如——王缉思报告》认为美中对彼此的错误认知是导致战略互疑的根本原因。在美国看来，中国眼中的中美关系是长期的零和博弈，这导致美国准备捍卫利益，防备中国崛起后可能做出削弱美国的举动。美国还担心中国的重商主义有损美国经济复苏。中国的网络活动窃取美国商业秘密和技术，进一步加剧了这些关切。此外，美国还认为集权制度本质上不太稳定，也不透明，很难判断其是否有诚意以及真实意图。中国侵犯人权（尤其是公民权利）的行为，使美国更难采取行动设法建立更深层互信。尽管美国欢迎一个更加富裕、更多参与全球事务的中国，但是它不认为中国是一个在全球规则方面应给予特殊待遇的发展中国家，希望其能够担负提供国际公共产品的责任，而当中国不这样做时，美国会感到担心。不同价值观、对彼此决策过程了解不够、以及中美实力对比日益缩小的认识是导致美中互疑更深一层的原因。其中价值观分歧乃结构性因素，不大可能出现重大变化，应针对第二和第三种因素，通过改善彼此对对方国家国内形势的认识，更有效地开展双边及与其他国家的国际合作。应开展长期的深层次对话，讨论如何进行军事部署和正常活动，才能既允许中国捍卫其核心安全利益，又允许美国充分履行其对该地区盟友的义务。

兰普顿提出，中美增加战略互信和减少战略猜疑可从以下方面着手：重振美国在经济和知识领域的优势地位。当美国自身出现问题时，它很难对他国友好；推动欧盟和日本经济复苏并稳固与它们的关系；培养彼此间

---

① Thomas J. Christensen, "Shaping the Choices of a Rising China: Recent Lessons for the Obama Administration", *Washington Quarterly*, July 2009.

② Kenneth Lieberthal and Wang Jisi, "Addressing U. S. -China Strategic Distrust", John L. Thornton China Center Monograph Series, Number 4, March 2012.

正确认知。中国不应认为美国已衰落，美国也不应过分夸大中国影响力；加强空间技术合作；改善两军关系，这对关系不应因双边摩擦第一个受冲击、最后一个被修复；深化两国战略与经济对话；中国若能减少对台导弹数量，将可为两岸关系转寰和台湾减少对美购武创造条件；加深两国经济相互依赖程度，这是降低中美战略猜疑的最有效工具。包括互相增加投资，尤其是中国增加对美国投资并创造更多岗位将能有效改善两国关系；美国应放松对华技术出口管制，这有助于两国经济增长和相互依赖关系的增强。

哥伦比亚大学教授黎安友（Andrew J. Nathan）从多个角度分析了中国对美国产生战略焦虑的原因。从中国角度看，其安全观相对保守，看世界通常按照以本土为中心、由近及远的顺序。[①] 美国增加在西太军力部署、强化与亚太盟友关系等"正常"战略调整均被中国"过度解读"。其次，中国现有战略分析框架限制了美中良性互动。第一种是依据中西方文化差异进行分析，认为中国是农耕文明，本质上"内敛、理性、和平"，而美国是海洋文明，崇尚军事扩张主义。第二种是依据马克思主义的政治经典理论分析，认为"中国一直被美国利用，处在弱势地位，在不平等的国际政治经济体系下发展受到限制"。第三种是以西方流行的进攻性现实主义理论分析美国对华战略意图，"美国无法容忍一个强大的中国，必然动用一切手段削弱中国实力，并使之更加亲美"。第三，过度渲染美国遏制中国的能力。如，美国在亚太具备"压倒性军事优势"，"事实上已对中国形成战略包围"；美国有能力制约中国经济发展，"能利用经贸手段实现政治目的"；美国善用意识形态武器，有能力输出颜色革命；美国有能力操纵中国国内人权、民主、宗教等议题削弱中国政府的合法性。

黎安友接着分析道，从美国角度看，一是鹰派掌握舆论主导权。在美国相关团体推动下，对华报道集中在民主、人权、环保、知识产权等领

---

① 其中最核心层是国家自身的政治稳定与主权安全，第二层是周边 14 邻国，第三层是 6 个地缘政治区：东北亚、大洋洲、东南亚陆地国家、东南亚岛国、南亚、中亚，最外层是广阔的世界。

域，使中国负面形象占据舆论主流。虽美国国会、智库、学术圈中有不少亲华力量，但多为幕后运作，中国更易听到鹰派声音。二是对华政策宣示经常自相矛盾，释放善意模糊不清。美国政府首脑演讲、官方文件等权威文本中常同时出现两种声音：认为中国崛起对美国有利，却又承诺会预防中国崛起对美国构成的威胁。"融合＋遏制"的模糊说法使中国决策者认为美国对华"假意融合，实为遏制"。三是美国对华战略"现实主义"色彩过浓，导致两大风险：一是双方发展关系必须不断寻找共同的战略基础；二是现实主义思维会把当前的美中关系拖入对抗的深渊。由此黎安友提出对策：首先，双方降低合作预期，保持适度的战略紧张感反而有利于两国增进交流与合作。其次，美国应鼓励中国明确战略利益的边界，美中应互划"政策红线"，减少冲突和战略误判的发生。第三，双方应超越现实主义误区，共同推动国际体系转型。最后，中国应主动改变战略观念，承担国际责任，美国需有步骤地与之分享体系权利。美国不寻求遏制中国，但将积极参与美中竞争。未来美国力振兴将有赖于提升自身实力，才能重新赢得世界尊重。①

二、总体肯定奥巴马对华政策，提出技术性修改建议

（一）塑造派总体肯定奥巴马政府对华政策，并认为取得明显成效。

如沈大伟高度评价美中联合声明及 S&D 等机制，认为中美关系正在进行一种"实质性转变"，从小布什的"战略性的两面下注"转变为"接纳中国为处理全球事务的全面伙伴"。② 哈廷格恩认为，稳步接触、持续施压、尊重磋商和尽可能扩大合作领域是奥巴马政府处理中美关系的四个基本手法，体现了奥巴马政府内外政策所奉行的进步主义原则。包括：通过国际体系行事并应对国际挑战，使中国不能再以美国不作为或破坏国际共识为借口批评美国；通过全面医改、加大清洁能源投入、提高科学教育

---

① Andrew J. Nathan, Andrew Scobell, "How China Sees America", *Foreign Affairs*, Sep/Oct. 2012.

② 沈大伟：《2011 年的美中关系：从脆弱到实质性稳定》，《国际展望》2011 年第 6 期。

水平、维持创新优势等固本措施增强与中国等新兴经济体的竞争力；调整核不扩散政策，与俄签署削减核武条约，促使中国对朝鲜实施制裁，谴责伊朗秘密铀浓缩活动，并降低进口伊石油；台海两岸关系进入相对稳定期，中美台三边关系处于稳定状态；通过各种途径告知中国美国促进人权的决心，成功处理了陈光诚事件。① 李侃如则认为奥巴马在对华立场上属于主流派，即美中通过建设性合作缓和紧张关系，能够有更大收益。

（二）总体肯定美国重返亚太政策的必要性，但对其不足提出对策。

塑造派总体支持奥巴马的重返政策，并予以积极诠释。如李侃如提出奥巴马政府的目标在于完全与中国接触的同时全面加入亚洲地区。二者不是相互矛盾而是互补的。一方面对中国全面接触，一方面加强与地区关系，警告地区要团结起来"防止中国做坏事"②。哈廷格恩认为，美国"重返亚太"包含两个层面：一是在政治、军事领域画出若干"政策底线"警示中国。从总体看，美国对盟国增加安全保障、调整亚太军事部署是应对中国行动的"反应性"行为，也兼顾伊拉克、阿富汗战事结束的需要。二是在经济上开拓包括中国在内的亚太市场。中国经济崛起及区域稳定是亚太市场蓬勃发展的两大关键因素，缺一不可。因此，在经济层面上，一个繁荣、和平及遵守国际准则的中国对美国更有利，一个陷入危机的中国对美国则是灾难。③

另一方面在技术层面也提出一些改进建议。

1. 避免过度刺激中国。哈廷格恩提出，无论美国对华采取何种措施或中国是否出现内部动荡，均无法改变中国地处亚太地区中心的事实。美中在亚太的竞争将极为漫长，没有一方会成为绝对赢家。美国"重返亚太"旨在解决国内政经困境，完成这一任务不仅需要开拓亚太市场，也需

---

① Nina Hachigian："A Progressive Strategy Toward China"，http://www.american-progress.org/wp—content/uploads/events/2012/08/ar/chinatranscipt.pdf.

② 李侃如：《美国"向东转"易说难为》，《未来五年的中国——机遇与调整》，清华—布鲁金斯公共政策研究中心，2012年3月。

③ Nina Hachigian，"Managing Insecurities Across the Pacific"，Center for American Progress，Feb. 9，2012.

要包括中国在内的外部资金的支持。在"重返亚太"的同时，美国应避免在政权交接期刺激中国，防止"民族主义"情绪绑架美中关系。首先，应不断通过二轨、多边等渠道影响中国的精英层和决策层，将"美国欢迎一个繁荣的中国"置于对华要求之前。推进网络安全合作缓解信任危机，在打击网络犯罪和恶意攻击等分歧不大且易于推行的领域取得进展，从而找到合作突破口。其次，在经贸领域建立"战术互信"。一方面直接惩罚中国"不合规矩"的贸易行为，鼓励中国向以拉动内需为主的经济增长方式转变；另一方面，降低清洁能源、核能等高技术出口门槛，进一步放宽中国在美投资以扩大合作。第三，避免亚太出现"安全困境"。美国应鼓励亚太盟国提升军事实力，以减轻美国的安全压力。同时，美国更应注意其军事动作是否会引起中国的过激反应，并通过各种渠道控制盟国军力增长步伐。美中还应与亚太各国一起在反恐、预防传染病、防范气候灾害等民生领域扩大合作，以减少误解、增进情感交流。

2. 实现对华政策的再平衡。大赦国际负责人詹努齐（Frank Jannuzi）认为，在经济危机条件下，美国将太多时间和精力耗费在对华贸易纠纷上。他建议奥巴马在第二任内"再平衡对华政策，以使其不那么专注于贸易纠纷，而更专注于中国实行政治改革及与美国合作应对全球挑战方面的需要"。[①]

3. 呼吁美政府客观解读中国在南海的"维权举动"，防止过激行为。美国国务院 2012 年 8 月发表声明，批评中国设立三沙市等举措引发中美口水仗后，葛来仪、卜睿哲、包道格等学者相继撰文，称南海不是 21 世纪的"苏台德"，并不需要各国联合起来反抗中国"入侵"。这是因为：中国外交政策尚未军事化，邻国在必要时可以共同反对中国的"过分行为"；中国和邻国在贸易、投资和其他关系上日益具有建设性；与欧洲不同，亚洲国家对争议问题悬而未决的状态已习以为常，"即使几百年不解决可能也没什么大问题"。在中国采取行动前，越南、菲律宾在争议海域的活动

---

① Frank Jannuzi, "It's China, Stupid", *Huffington Post*, Sep. 10, 2012. 弗兰克·詹努齐为奥巴马第一任竞选班子重要成员。

并未遭到美方批评，而美国单独对中国提出批评，自然会使其判断"美国已站在对立面"。这种偏袒损害了美国一贯坚持的诉诸国际法的原则性主张。"南海问题"相关国家在可预见的未来解决领土争议的可能性"几乎为零"，美国所能做的最积极贡献就是努力营造一个环境，促使各争端方展开合作而非竞争。①

4. 将"空海战"改为"空海行动"。布鲁金斯学会的奥汉隆（Michael O'Hanlon）认为空海战"主要反映的是中国崛起"，是对奥巴马政府"再平衡"战略的军事补充。中国正在发展先进的潜艇、精确制导导弹和其他能力，以使美国不能像过去那样把西太平洋看作内湖，为此美国有必要做出回应，提高导弹防御、反潜战、通信系统应变能力，以及其他促进美国空军和海军整合的能力。但空海战的概念也应从几方面加以完善。首先，这一概念过于具有挑衅性。与萨达姆统治下的伊拉克和塔利班治下的阿富汗不同，中国不是一个敌人。美国在亚洲的军事政策与其说是为战争做准备，不如说是为了防止战争爆发，包含和平时期的行动、做出威慑姿态、与盟友进行演习、做好危机应对准备，甚至在某些活动中与中国合作等内容。而空海战的说法过分强调了战争的可能性，不如改为空海行动。尽管空海行动在很大程度上是为了应对中国崛起，但其目的更多是为了强化地区稳定，而不是为冲突做准备。其次，空海行动需避免在未做好自身防御的情况下采取危险行动，而是要以非直接或非对称性方式对中国的侵犯做出回应。一方面旨在降低冲突升级的危险，另一方面仍尽可能保护美国核心利益。第三，除空军和海军外，其他军种也可做出重要贡献。如海军陆战队可在亚太地区保护海空军的资产和设施，帮助建立和保护在

---

① Bonnie Glaser, "Beijing As An Emerging Power in the South China Sea", Statement before the House Foreign Affairs Committee, Sep. 12, 2012. http://csis. org/files/ts120912 − glaser. pdf; Richard Bush, "Japan-China Should Ease With Island Deal", The Brookings Institution, Sep. 5, 2012; Douglas Paal, "Asia Maritime Disputes: How to Over the Heat", Carneign Endowment for International Peace, Sept. 6, 2012.

印尼、菲律宾及冲绳和关岛的现有基地等。①

5. 加大接触力度。（1）加强国内官僚机制的协调使接触更有效。如帕特里克·史密斯（Patrick Smith）批评奥巴马政府没有协调一致的对华政策，国务院、五角大楼及参议院各行其是，阻碍了美国与最大贸易伙伴（也是债主）跨太平洋关系的健康发展。② 美国新安全研究中心研究员林赛·福特（Lindsey Ford）认为，在未来几年中，对美国决策者来说最大的问题不是是否使中国融入进来，而是如何实施一项接触政策。美中双边关系继续受到两国官僚机构之间的不匹配以及相关政策行为主体范围日益扩大的挑战。美国必须设计把各个参与的官僚机构融合到安全关系、并使之相互协调的一项全面的高层对话。③

（2）学会与中国民众打交道。麻省理工学院教授黄亚生指出，在人权问题上，美国总是强烈批评中国在西藏和对待异见分子上的做法。而这些批评往往引发中国人不满，认为是挑战中国的文化观和政治规范。在货币问题上，最无力的论点是中国有责任为中美贸易实现平衡而努力。事实上两个国家都有责任，美国要在宏观经济方面多做事，而中国则要在货币政策方面多做事。奥巴马政府选择了令中国人感到反感的方式去设计谈判框架，却没有采用更容易让中国人产生共鸣的论点。例如，可以说人民币币值重估可以帮助中国实现成为制造业大国的理想——不仅仅是制造廉价的劳动密集型产品，中国还能成为创新和科技的中心。这个论点能在中国收到良好效果，因为它强调服务中国，契合很多人的科技梦想。美国也一直未能对中国经济中的一支重要力量——中国的民营企业家进行足够接触。美国领导人要学会如何更有效地同中国人民进行沟通，不要让阴谋论者来

---

① Michael O' Hanlon, "The case for a Politically Correct Pentagon: Why We Need to Move from Air-Sea Battle to Air-Sea Operations", *Foreign Policy*, Sep. 18, 2012.

② Patrick Smith, "US China Policy: Incoherent and Dangerous", *The Fiscal Times*, Sep. 24, 2012.

③ Lindsey Ford, "US-China Bureaucracies in Decision-Making", *China's Arrival: A strategic Framework for a Global Relationship*, Center for a New American Security, Sep. 2009.

代替他们进行沟通。[①]

（3）加强海军交流。美国海军少校奥黛丽·奥克斯利（Andry Oxley）呼吁两国海军加强交流与合作，并期待中方参与美方组织的"巴拿马极限"联合军演。[②]奥克斯利称，之前美国曾邀中国海军参与"环太军演"、"金眼镜蛇联合军演"等项目，未得到积极回应，美方认识到，中方主要障碍有四：一是期待美国在三大障碍（对台军售、抵近侦查、高科技出口转让）上让步，而美国无法做出相应承诺；二是亚太联合军演中，多国与中国存在边界主权争议，中方的参与会被视为"在主权问题上妥协退让"；三是演习由美方组织，中方认为参与其中"等于变相承认了美国在亚太的主导权"；四是中方认为美国意在"刺探"中国海军军力发展状况，了解相关军事机密。而如邀请中国参与"巴拿马极限"军演，一是有助于增强安全互信，宣示美国战略调整"并非针对中国"，缓解两国在东海、南海等热点问题上的矛盾，防止陷入"安全困境"。二是平衡中国在拉美日益增强的影响力。中国在拉美"扩张"已引发美国战略焦虑，中国加大经济、军事投入，包括对拉美出售或援助武器、与秘鲁进行联合军演，帮助地区多国培训军官等，对拉美控制力增强。最后，一个以委内瑞拉、古巴、厄瓜多尔、玻利维亚、尼加拉瓜等为主的反美新左阵营正在形成，或"被中国利用"。若美国将中国纳入西半球安全合作框架内，不仅能减轻自身战略压力，还能借助中国化解与"新左阵营"的对立，提升地区政治、安全影响力。

6. 更多利用规则塑造中国崛起。（1）支持中国融入地区机制。普林

---

① Yasheng Huang, "Talking to Main Street China", *Foreign Policy*, Nov. 8, 2010, http://www.foreignpolicy.com/articles/2011/11/08/talking-to-main-street-china.

② Andry Oxley, "Exploring the Possibilites for Collaboration Between the US and Chinese Navies in the Western Hemisphere", the Brookings Institution, July 10, 2012. 该文称，"巴拿马极限"联合军演（PANAMAX）由美国海军南方司令部于 2003 年发起，每年 8 月举办，美国负责策划、协调和指挥，内容是与拉美地区国家加强协同作战能力，共同保护巴拿马运河，防止恐怖分子或贩毒集团对该航道发动攻击。最初只有美国、巴拿马、智利 3 国参加，随后军演影响力不断扩大，2011 年演习参与者达 17 国，襄括了美洲地区的主要国家。

斯顿大学教授伊肯伯里（G. John Ikenberry）认为中国融入区域组织可帮助影响、并在必要时缓和中国行为。美国不应阻止中国融入到地区秩序中，而要努力利用地区机构来"影响"这种融入的条件。为此应创建一个为现有美国安全联盟提供补充并约束中国加入更大范围地区秩序的地区安全机构，使竞争行为减少到最低限度，从而为美国决策者们提供了根本性的洞察。[①]

（2）在南海问题上，敦促美国尽快帮助制定"南海行为准则"（COC）方案，一可通过建立行为准则限制或塑造中国在南海的行为，并确保美国极为重视、但中美存在不同认知的航行自由问题；二可帮助东盟内部化解争端，通过构建信任措施实现各国海军、海上执法机构间的合作；三可为美国未来进一步构建东南亚及东亚安全秩序、海上安全机制的初步设计。COC 应在《联合国海洋法公约》的基础上"平等、相互尊重基础上开展负责任的互动"。不能损害对各国领海、专属经济区及相关权利的规定，也不能损害各国应承担的责任；尤其应重申和平利用南海、不以武力解决争端、确保航行自由等。[②]

（三）部分观点强调通过加大制约塑造中国崛起。1. 强化美日同盟。约瑟夫·奈、阿米蒂奇等人主张强化美日同盟以应对中国崛起。能源方面，包括支持日本核能发展、建立美日天然气供需同盟、鼓励日本"接手"中东。经济方面，继续推动日本加入 TPP、鼓励日本加入《经济、能源与安全综合协定》。[③]军事方面，一是加强协同作战能力：从战略高度考虑普天间机场搬迁问题，确保美国常规军事存在对潜在威胁"形成延

---

① G. John Ikenberry, "International Security Mechanism and Asian Regionalism", *China's Arrival : A Strategic Framework for a Global Relationship*, Center for a New American Security, Sep. 2009.

② Mark J. Valencia, "A Code of Conduct for the South China Sea: Politics, Principles and Possible Provisions", http://globalasia.com/UTN3_Fall_2012/Mark_J－Valencia.html.

③ 该协定将包含美、日、加拿大、墨西哥，旨在确保日能源进口，带动日对美投资，为日加入 TPP 创造条件。协定有三个核心部分：其一，日、墨已有双边自贸协定，可通过与美、加进行自贸区谈判，加入"北美自贸区"制度框架；其二，双方确立能源战略同盟关系，美国将确保对日液化天然气出口；其三，日确保投资 1000 亿至 2000 亿美元，拉动北美能源产业发展。

伸威慑"；将日"动态防御"理念与美国"海空一体战"、"联合介入作战理念"有机结合，加强海空军情报共享、协同配合、快速反应能力；充分利用关岛、北马里亚纳群岛、达尔文等基地进行联合训练，增强日陆上自卫队两栖作战能力；鼓励日、韩增强军事关系，制约中、朝，在东北亚形成美、日、韩主导的安全体系。二是加强在军工科技、网络安全、地区维和等领域合作。二人指出，美日同盟强化的目的是"联合地区力量约束中国"。中国崛起改变地区安全格局，其所谓的核心利益也"从台湾、西藏、新疆延伸至南海和东海"，不仅对美国区域领导力形成挑战，在主权争议问题上也对周边国家构成威胁。日应抓住机遇，积极参与地区事务，通过政府开发援助加强与菲、越、印、缅、台湾、东盟关系，美日应联合这些力量共同对华施压，维护自身国家利益和地区稳定。①

2. 通过重组美军亚太配置塑造中国。CSIS《亚太美军配置战略报告》指出，美国对华战略不应在遏制或共治之间做选择，而应在扩大双边合作的同时，制止中国产生一些"非分想法"。但美国并不是要与中国为敌，而是想与其建立"不太可能发生实际冲突，且相互合作具有吸引力"的双边关系。这要求美国将软、硬实力结合，在强调军力的同时，扩大贸易、外交及推进美国价值观。一是加强对和平时期地区环境的塑造。包括：确保对盟友伙伴的安全承诺，展示与其牢固关系，防止中国施行高压外交；支持弱小国家的安全和自保能力，防止被地区大国强迫或沦为暴力极端分子的天堂；减少中国对美中双边、多边安全合作及在应对反恐、防扩散等共同挑战上的疑虑。二是形成更有效的威慑。包括：修正盟国和伙伴国家的要求、原则、战术、技术和程序，使联盟在应对潜在危机时更为有效；必要情况下，将盟国和伙伴国家连接起来，以组成更有效的联盟（如美日澳、美日韩）；增进美国与印度洋、太平洋各国的海域感知能力共享，以确保发生冲突时第一、第二岛链的完整性；通过签署港口进入、提前部署、领空飞越等协定，分散可能遭到打击的各类目标，增大潜在对手制定

---

① "The Armitage-Nye Report：US-Japan Alliance：Anchoring Stability in Asia", Aug. 15, 2012，CSIS. http://csis.org/event/us－japan－alliance－anchoring－stability－asia.

军事规划的难度；通过定期军事交流规避危机、防止危机升级。①

3. 掌控美中空海互动。美国国防大学马克·雷登（Mark Redden）和菲利普·桑德斯（Phillip Saunders）概述了美国可用于控制中国"咄咄逼人倾向"的若干方法。"中国在其 EEZ 骚扰美国海军船只和飞机，目的是通过提高这些行动的成本和风险促使美国行为发生变化。"要改变中国的政策考量进而影响其行为，美国可采取三种方法。首先是情报和反情报。可将中国自身搜集情报的能力与中国对其他国家搜集情报的容忍度联系起来，包括对美国在中国 EEZ 内的行动与中国在日本 EEZ 内的行动进行比较。其次是海事合作与强制。涉及美中在中国 EEZ 内的碰撞与两国在遥远海域合作的不同。合作性手段包括，强调协商一致的行动准则以及扩大美中海上合作的价值，比如为支持反海盗行动所进行的监视方面合作。强制性手段包括，对中国 EEZ 外的中国海军船只或商船采取"以牙还牙"的行动，以此回应中国的"骚扰"。第三种方法涉及地缘战略和双边关系考量。鉴于中国在维持地区稳定及经济和社会发展方面拥有地缘战略利益，可就海空国际准则与之进行战略沟通；将军队在 EEZ 内自由航行的权利与全球公共产品的商业使用权相联系；对中国认为在 EEZ 内发生的军事事件不可能激化为严重威胁的想法提出质疑。该观点主张开始时选择较温和、较具合作性的政策，一旦合作失败或中国的骚扰活动增加，将更具强制性的选择留以后用。②

（四）少数观点认为应超越接触加制约两手模式。帕特尔（Nirav Patel）认为，中国的强大、繁荣和负责任最有利于美国。美国对华战略框架必须超越"保持接触"和"两边下注"这一过分简单的模式，实现"保持接触、实现融合与建立平衡"，为此应采取以下措施：要中国参与海上演习，最初以观察员的身份参与，在短期内以参加国的身份参与。久而

---

① "US Force Posture Strategy in the Asia-Pacific Region：An Independent Assessment"，CSIS，Aug. 15，2012.

② Mark Redden，Phillip Saunders，"Managing Sino-U. S. Air and Naval Interactions：Cold War Lessons and New Avenues of Approach"，Center for the Study of Chinese Military Affairs，National Defense Univerisity，Sep. 2012.

久之，两国官员间就会建立互信和个人关系。在针对领土纠纷问题展开谈判，特别是涉及美国对纠纷双方中的一方有着相互防御承诺的国家时，采取成熟的外交措施。增加美国海岸警卫队与东南亚国家之间的联合训练与演习。这将强化东南亚国家反毒品贸易、维护航道安全的能力。淡化"再平衡"的说法，强调亚太再平衡战略中的所有方面，特别是经济方面。其主要原则包括：强化双边安全联盟、深化与包括中国在内的新兴国家之间的合作关系，参与地区多边组织，扩大贸易和投资，构建广泛的军事存在。①

第三节　遏制派

遏制派在中国崛起问题上往往以中国势必崛起、以及其崛起必然挑战美国霸权为前提，主张对华全面制约或者以制约为主，即便是接触也强调消极接触。这一派观点否定奥巴马对华政策中的合作面，批评其为对华"绥靖"，另一方面却对奥巴马重返亚太等强硬政策大唱赞歌。总之，遏制派就是强硬派或者鹰派，主张采取强硬姿态面对中国崛起，包括塑造中国的发展方向。

一、中国崛起必然引发美中冲突

在中国崛起及美中实力对比方面，遏制派是以中国还将继续保持高速增长为前提的。在中国崛起的性质方面，则认定中国崛起必然导致与美国冲突。

（一）中国崛起将改变东半球地缘政治态势。美国新国家安全中心高级研究员罗伯特·卡普兰（Robert D. Kaplan）认为，中国为支持其庞大的人口不断提升生活水平，需要确保能源、金属和战略矿产安全，因而在那些富有资源的地方建立了对己有利的权力关系。包括严密控制新疆和西藏、利用经济手段间接控制蒙古和远东、在东南亚积极扩展大中华区、通

---

① Nirav Patel, "The Strategic Environment of US-Sino Relations", *China's Arrival*, Sep. 2009, Center for a New American Security.

过代理人控制朝鲜半岛等（借向半岛派遣大量逃北者，最终建立一个亲华政治基础）。若美国轻易放弃台湾，日、韩、菲、澳以及太平洋地区其他盟友可能会向中国靠拢；未来几十年，南海可能会成为"亚洲的地中海"和政治地理中心。但中国的海上军事努力存在核心矛盾：一方面，中国努力拒绝美国船只随意进入其沿海海域；另一方面，它仍不能保护自己的海上航路，美国海军可通过在太平洋和印度洋上阻截中国船只切断其能源供给；美国通过加强在大洋洲的空海实力，可确保中国大陆对台采取军事行动时付出惨重代价，但美国对第一岛链的控制正开始被迫放松。在中亚、印度洋、东南亚和西太，一个政治、经济或军事上的大中华区正逐渐形成。这会加剧中美间的紧张局势，作为西半球霸主的美国会竭力阻止中国成为东半球的霸主，甚至可能会与俄建立战略联盟抗衡中国。①

（二）中国海洋扩张论。1. "珍珠链战略"说。美军方人士克里斯托弗·J. 皮尔逊（Christopher J. Pehrson）认为，港口、机场、外交纽带和军事现代化构成了中国"珍珠链战略"的基本成分，其范围包括"从南海经马六甲海峡、横穿印度洋直到阿拉伯湾的广大地区"，甚至有观点认为其范围还包括东非海岸。② 卡普兰也有关于"珍珠链战略"的大幅论述，

---

① Robert D. Kaplan, "The Geography of Chinese Power", *Foreign Affairs*, May/June, 2010.

② Christopher J. Pehrson, "String of Pearls: Meeting the challenge of China's Rising Power across the Asian Littoral", July 2006, http: //oai. dtic. mil/oai/oai? verb=get Record & meta-da Prefix=html=ADA451318. "珍珠链战略"一词最早出现在 2004 年美国国防承包商布兹—艾伦—汉密尔顿公司撰写的内部报告《亚洲能源的未来》中，该报告指出中国正在建设一支远洋海军以保护海上通道，并"正在从中东到南海的海上通道沿线建立战略关系，从而显示出保卫其能源利益和实现广泛安全目标的一种防御和进攻态势"，而中国对巴基斯坦瓜达尔港、孟加拉国的吉大港、缅甸海军基地的关注，对柬埔寨提供援助、在南海的军力强化行为，以及对投资泰国克拉地峡运河的可行性论证，都表明中国正在构建一条战略"珍珠链"。从 2006 年起，美国开始高度关注所谓的"珍珠链战略"。2006 年美军方数名军官撰写了多篇论文和研究报告，对"珍珠链战略"进行系统的研究。2006 年美国联合司令部在一份报告中全面概述了"珍珠链战略"。在该司令部发布的《2008 联合作战环境评估报告》中，绘制了"珍珠链战略"地图，称这是"中国横跨石油通道的政治影响或军事存在"。与此同时，美国《时代》周刊、美联社、《纽约时报》、《华盛顿时报》以及英国《卫报》对"珍珠链战略"进行了连篇累牍的报道和炒作。印度也对"珍珠链战略"保持高度关注，屡屡谴责"中国势力"在印度洋的"扩张"。

称美国已走向"优雅的衰落"，中、印将在印度洋展开激烈竞争。"印度和中国之间的竞争表明，21 世纪的全球性争夺将在印度洋展开。""在这些水域，印度和中国将进入大国之间强烈的敌对状态。"① 2009 年 9 月，卡普兰又发表题为《中国的"两个海洋"战略》研究报告，称中国已形成太平洋和印度洋的"两个海洋"战略。在太平洋，中国虽受到岛链阻遏而面临诸多困难，但中国正在通过多种方式尤其是"经济方式"，"以改变美国主导的第一岛链的对抗性态势"。在印度洋，中国的"长期任务是寻求在印度洋地区立足，以便向该地区投送兵力，并保护中国的过往商船和油轮"。他认为"中国的海洋政策与美国一个多世纪以前的海洋政策有着隐约的相似性"。中国海上势力进入印度洋，"势必将引起与印度的潜在冲突"；而中国的太平洋战略，将"带来与美国的潜在冲突"。②

2. 中国海洋外交扩张论。这类观点形形色色，尤以对中国海军巡航索马里海域，中国海外利益不断扩展以及中国纪念郑和下西洋等为问题关注焦点，认为海洋外交已经成为中国外交战略乃至国家软实力的主要组成部分。美国陆军军事学院战略研究所的戴维·赖（David Lai）指出，中国海军借索马里海盗问题出师海外，虽与国际社会要求中国履行国际责任的要求相契合，但在本质上反映了中国国家利益观的变化，"中国认识到它的国家利益不断延伸，已经超出地理疆界"。为完成这一使命，中国必然会发展远程兵力投送能力以及强大的海军，这势必导致与美国发生冲突。③ 企业研究所的迈克尔·马扎（Michael Mazza）针对中国军舰护航亚丁湾指出："中国正设法改变亚洲的势力均衡，努力减弱美国在该地区的存在……美国长久以来的海上主导权正面临挑战……不能指望北京表现得像一个全球大国那么负责任"，一旦"中国的航母战斗群在海上游弋，世界将变得更不稳定、更不安全"。对此美国必须及早应对，"美国军事计划

① Robert D. Kaplan, "Center Stage for the Twenty-first Century: Power Plays in the Indian Ocean", *Foreign Affairs*, Sep. 2009.

② Robert Kaplan, "China's Two-Ocean Strategy", *China's Arrival*。

③ David Lai, Peter Dutton, Richard Weitz, "The PLA Navy Sets Sail", *China Security*, Vol 5 NO1, Winter 2009.

者必须采取举措来应对中国航母威胁"。①

3. 美中可能因为南海爆发军事对抗。霍普金斯大学教授马文·奥特（Marvin C. Ott）认为，中国崛起是中国重新主导该区域的先兆，根本原因在于西方整体衰落，中国强势崛起。首先，该区域属儒家文明圈，历史上长期是中华帝国的附庸，被视为中国天然的、理所应当的势力范围；其次，各国目前都有相当数量的华侨、华人，且经济实力雄厚、对中国有归属感；第三，中国是东盟最大的贸易伙伴，同时对该区域基础设施进行了大量投资，事实上主导了区域经济；第四，中国在湄公河上游修建了多个大坝，已具备控制湄公河流域水量的能力，对下游国家产生重要影响。在实力增长与国内压力双重作用下，中国外交趋向强硬，南海是中国领土的定位愈发清晰；在处理中越、中菲海上纠纷上咄咄逼人，触发各国对中国崛起意图的普遍担心。东盟借美制华，却不愿与中国硬碰硬。由此美国是地区唯一能对抗中国的力量，一旦爆发冲突，除越南可能会提供有限支持外，美军得不到东盟任何实质性帮助，老挝、柬埔寨、缅甸等一贯亲中的国家也不会因美国开罪中国。但美国必须孤军作战：美国不应支持中国对南海的主权要求，坚定捍卫南海作为国际航道的地位；支持相关国家以多边手段解决南海问题，不支持中国的双边解决策略；盟友利益受到威胁时，美国将提供威慑甚至武力予以保护，以维护地区秩序的稳定。美国太平洋舰队应放弃和平幻想，为即将到来的南海冲突做好战争准备②。

4. 美中"脱钩"可能导致新冷战。欧亚集团总裁伊恩·布雷默（Ian Bremmer）认为，过去30年中国崛起与美国力量形成了互补关系，使两国关系形成了"太重要以至于不能失败"的局面。金融危机后中国的信心增强，认识到过于依赖西方市场会给国内带来高风险，于是决定转变发展模式，更多依赖国内消费。这些因素共同推动了中美"脱钩"。其结果是

---

① Michael Mazza, "China's Naval Gambit, A Challenge to America's Dominance of the Seas", *the Weekly Standard*, April 8, 2009.

② Marvin C. Ott, "Deep Danger: Competing Claims in the South China Sea", *Current History*, Sep. 2011.

中国减少购买美元债券，并采取优待本土创新政策，造成西方高科技公司不满。政治上的"脱钩"则表现在哥本哈根会议上，中国在发展中国家中带头抵制西方的要求。中国捍卫领土完整、扩展在亚洲影响力都会推动其更加走向军事现代化。中美还可能在发展中国家展开地缘经济、政治竞争。中国会增加与其他专制政权之间的贸易往来，降低对西方依赖。中美"新冷战"可能比美苏冷战更加危险。冷战时东西方阵营彼此隔离，苏联的经济决策对西方影响很小。而在当今全球化的时代，中美两国经济高度相互依存，一方的国内动荡对另一方的国力与生活水平都会产生冲击。为此，美国首先需采取经济上"相互确保摧毁战略"，迫使双方不得不进行一定程度的合作。美国仍需中国帮助解决债务问题，中国仍需美国的消费市场，美国应尽力持续这种状态，并确保美国对中国崛起必不可少。其次，西方在华公司应将发展模式转向维持竞争优势上，使侵犯知识产权的对手无法跟上。美国还应加强与日本、印度、欧盟等国的关系，以便在与中国发生争端时能够获得帮助。①

二、主张扩大制约甚至全面遏制

在奥巴马对华政策方面，尽管遏制派不完全否认接触的作用，但往往批评奥巴马对华接触过于"软弱"或者"无效"，主张通过遏制与接触更加有效配合、以及扩大制约面甚至全面遏制予以应对。

（一）否定奥巴马对华接触取得成效。以 2009 年奥巴马访华及达成美中联合声明为例，遏制派对其成果提出批评。企业研究所日本研究主任迈克尔·奥斯丁（Michael Auslin）否认美国对华合作政策取得任何成效，指出在经济、安全等议题上"美中未能达成任何共识"。奥巴马也没能深入中国社会，未能会见"异见人士"，这将使北京更加确信，它"能按自

---

① Ian Bremmer, "China VS. America: Fight of the Century", *Prospect Magazine*, April 2010.

己的喜好来处理与奥巴马政府的关系"。① 战略与国际问题研究中心研究员迈克尔·格林（Michael Green）批评中国"在几乎所有战略议题上都采取有礼貌的不妥协"态度。② 卜大年（Dan Blumenthal）指出，在此次联合声明中，奥巴马强调了中国更感兴趣的方面，"这极具危险性"，等于向"正式接受中国对台湾的主权"又迈进了一步。如果中美在南亚事务上进行合作，则中国很可能会被解读为"强国"，印度则沦为"亚洲的次等国家"。③

其次，认为美国对华高层对话陷入"空谈陷阱"。《华尔街日报》文章认为，为对话而对话并不能确保建立稳定关系。美中高层对话已举办了 6 年，但中国否决了联合国对巴沙尔政权制裁的决议，不断反对向伊朗核计划实施更加严厉制裁。两国军队十多年来的交往并未让中国的防御计划有任何缩减，也未让中国不去发展用于攻击美国军队的武器系统。其他的接触也同样不成功。中国加入 WTO 并没有更好地保护美国的知识产权。将美国的价值观展现在数十万中国学生面前也没有给中国的政治体制带来任何变革。漫无目的对话不会取得任何成果，只会让北京把华盛顿的注意力都集中在下一轮会谈上，而不是真正试图去解决问题。更好的做法是，双方只有在出现非谈不可的重要事情时才进行对话。减少 S&ED 及多数军事会有助于美国清晰地表达反对意见，也有助于更清楚地看出中国的利益所在。最重要的是，这将使美国采取更认真的行动，进而向中国表明，其不良行为的后果不只是下一次峰会。④

（二）支持奥巴马由"软弱"转向"强硬"。卜大年指出，奥巴马上任后确保不对中国崛起为强国提出异议，导致中国觉得美国"很软弱"，甚至公开宣称南海是中国的"核心利益"，将其"定义为领海"。尽管美国不

① Michael Auslin, "An Obama Freedom Agenda for Asia", *Wall Street Jounral Asia*, Mar. 10, 2010.

② Michael J. Green, "China the Aggressor?" *The National Interest*, Sep 2, 2010.

③ Dan Blumenthal, "Obama's Asia Trip: A series of Unfortunate Events", *Foreign Policy*, Nov. 8, 2009.

④ "It's Time to End Empty Talks with China", *Wall Street Jounal*, Aug 3, 2012.

应中止与中国接触，但可改变接触方式。除了对台军售和会见达赖，奥巴马也在执行贸易规则方面对中国采取了更为强硬的立场，在谷歌事件上表达了支持谷歌、反对审查的强硬立场。其目的是要让中国明白，美国不会再像去年那样对中国隐忍示好、怀柔退让了。这说明他已看到中国正在向美日益逼近，并有可能取代美国成为老大的危险前景。^① 保守派也对奥巴马出台新军事战略表示赞赏。如福布斯新闻认为奥巴马终于为制衡中国威胁行动了，"明眼人都清楚，未来美国面临的最大军事威胁来自中国……奥巴马本人正因意识到中国威胁，才亲自出面反对一些人提出的把美国航母战斗群数量从 11 个减少到 10 个"。《外交政策》文章认为，"现在到了美国勇敢面对中国的时刻。未来在西太平洋，美国队会利用转身向篮筐进攻，而中国必将采用区域防守来守护自己的战略地盘，绝不会让步。"^②

（三）制定更清晰的对华遏制加接触战略。卜大年批评奥巴马政府对华战略模糊不清，因而中国对美国感到困惑是可以理解的。他评论道，奥巴马政府似乎无法认定美国是衰弱还是强大，是应该接纳还是与之对抗，是要向太平洋地区部署更多美军还是削减将要部署的军力。必须把接触与遏制用战略统筹起来，通过接触鼓励中国成为负责任的大国，并敦促自由改革；通过遏制使其保持现状，维护几十年来自由与繁荣的亚洲。一方面两国需要在一些事务上保持对话，如在中国海岸附近采取的军事行动，长期矛盾爆发点（台湾、朝鲜、南中国海和印度洋）造成的风险，以及新的战争领域——包括网络空间。但最高领导人之间的接触还不够。美国接触必须扩大到中国社会所有层面，包括中共的党内党外。另一方面必须实施有效的威慑，防止因投入不足导致战略搁浅。因为它削弱了威慑——侵略者可以清楚看出美国何时不具备履行承诺所需的能力。更加严格地控制战略制定过程——谨慎地保持目标、方法和手段的平衡——将避免这种情况。战略选择应当条理清晰：要么减少对盟友的承诺，从而削弱遏制作用，要么确保在加深承诺前就准备好足够的资源来兑现承诺。一旦北京相

---

① Dan Blumenthal，"To Change US China Policy?"*Washington Post*，Feb. 3，2010.

② Patrick M. Cronin，"Power Play"，*Foreign Policy website*，Jan. 5，2012.

信恐吓其他国家不会实现其目标，它就会改善与华盛顿的接触。最终，美国政策必须设法让一个负责任的中国感受到其作为一个大国受到欢迎，同时成功威慑中国改变现状的意图。[①]

芝加哥全球事务委员会执行主任认为，奥巴马政府面临的主要问题是如何在中国崛起引发地缘变化的背景下确保美国领导的国际秩序。重返亚太是"正确的一步"，但仍缺乏一项"战略地图"。应继续接触中国等崛起国，但需要构筑新战略以防止像中国这样的国家削弱现有国际秩序。为此美国需要构筑新的地缘政治伙伴及同盟，印尼和印度是很好的选择。此外应寻求欧洲在开放、航行自由、网络方面给予支持。应更加重视那些愿意更多承担共同责任的国家如韩国，在某些问题有发言权的国家如越南、土耳其也应受到重视。[②]

（四）加大对华制约甚至遏制。

1. 加大对华民主演变。迈克尔·格林认为奥巴马政府错误地回避了与自由民主主义的亚洲友邦和盟国基于共同价值观而进行的接触。未来美国应更多注重"影响力的平衡"而不是"力量平衡"。通过在亚太地区发展"民主会议"，可迫使中国慢慢地实现政治体制的自由化，能够更好影响中国的行为。因此有必要为约束中国遵守国际秩序而制订一项"巧实力"议程，特别要强调通过强硬方式促使中国的价值观演变。[③]

2. 对华全面制约或遏制。美国经济战略研究所总裁普雷斯托维茨（Clyde Prestowize）声称，基辛格当年推动中国开放对美国而言"是场灾难"。促成长期冻结的美中关系正常化，并最终导致中国现代化和"惊人地崛起"，这违背了政治家的首要责任，即保持或提升其国家的相对实力和影响力。美国市场向中国的廉价商品开放，而中国的生产中心则向美国海外工厂、技术和就业开放，结果是中国经济稳步快速增长，美国经济停

① Dan Blumenthal，"Bull in the China Shop"，*Foreign Policy website*，Feb. 13, 2012.

② "America must find a new China strategy"，*Fianancial Times*，August 8, 2010, http://www.ft.com/cms/s/0/1c9ec504—a32e—11df—8cf4—00144feabdc0.html.

③ Michael Green，"Post-game analysis of the Obama Asia Trip"，*Foreign Policy*，Nov. 26, 2012.

滞不前。①《华盛顿时报》记者索尔·桑德斯（Sol Saunders）认为，"绥靖"中国的策略等于"冷战时期"美苏的"缓和战略"，但这被证明并不成功，里根采取的对抗性政策才是导致苏联最终走向崩溃的主因。今天的中国已对美国构成类似苏联的挑战。美国费力将中国带入"全球级别最高的俱乐部"，北京却以迎合无赖政权为回应；美国寻求与中国发展自由贸易和投资，北京却以不公正贸易、对国企和市场的保护及金融操纵为回应；美国寻求军事透明化，并为中国扩大贸易提供安全保障，北京却拒绝提升透明度。尽管美国政策加强了中国政权的力量和影响，但中国正面临经济上的不确定性和政治上不可预知的挑战。美国不能重蹈二战前的覆辙，当时过度发展与亚洲新兴大国日本的商业关系，却忽视了风暴即将来临。避免再次犯错误需要对中国的能力、目标及美国应对能力进行广泛、彻底的思考。②

普林斯顿大学教授、前副总统切尼的外交政策顾问阿伦·弗里德伯格（Aaron Friedberg）提出，美国从未制定出"像冷战期间应对苏联那样的大战略"来对付中国，现有"接触＋遏制"战略存在缺陷。"接触"旨在通过贸易和对话让中国改变自己、适应体系，并最终变成民主国家；"制衡"则意在维护对欧亚大陆的控制权，防止中国成为亚太霸主。"接触＋制衡"战略旨在综合运用软硬力量使中国逐渐改变政治体制，最终成为美国亚太区域战略伙伴。但该战略有重大缺陷：首先，美国助推中国现代化的做法和期待中国民主化的动机存在逻辑矛盾。中国追求现代化的重要目的是提升中共执政的合法性，捍卫自身政治体制。其结果导致"美中互信困境"，即无论美国对华政策如何调整，中国始终怀疑美国动机；无论中国如何"妥协退让"，美国一直"不接受非民主的中国崛起"，不会放弃制衡战略。其次，中国军事现代化使制衡效力大打折扣。中国不断开发不对

① Clyde Prestowize, "What if Kissinger was wrong to go to China?" *Foreign Policy*, June 7, 2011.

② Sol Saunders, "China may soon become the problem", *The Washington Times*, Dec. 4, 2011.

称作战武器，地区拒止能力大幅提升，在网络战、反卫星武器上取得突破，小型洲际核弹的部署也使地区国家感受到了威胁。美国虽提出"重返亚太"战略，但更多停留在口号层面，未对中国形成实质威慑，导致中国战略姿态趋于强硬，美国常规军力正逐渐失效，甚至可能会被逼到与中国展开核对抗的绝境。第三，"接触战略"本身与"制衡战略"相矛盾。由于战略定位模糊，"接触"与"制衡"之间的度很难把握。如美国提出"空海一体战"战略，但竭力避免承认针对中国，被外界视为不愿直面中国崛起，难以被民众及盟国理解和支持。美国对华"两面下注"，也易被他国误解和效仿，使其对美中两国也"两面下注"。为此，美国应放弃"接触"战略，明确"制衡"战略，向外界释放清晰信号。美国虽尚未从经济衰退、政治僵化的困境中走出，但中国面临更严峻的挑战，在战略竞争中的优势将逐渐消失，美国需要重新选择对华战略方向。其次，加强军事威慑，团结亚太国家一致对华。美国需增加军事投入和在亚太军备，使中国认识到发动军事冲突的严重后果，而对华更强硬将有助于把中国周边国家团结在一起。第三，加强与澳、印、日等国的海上安全合作，增加对东南亚国家军售。一旦发生冲突，美国联合其他国家，可迅速切断中国的海上运输通道，阻断其货物及能源进口。最后，改变债务状况，降低经济风险，在高科技出口问题上继续坚持对华出口控制战略，并利用欧亚国家对中国军力担忧，形成多边出口控制机制。密切监督高科技供应链流向，严格控制中国公司的投资流向。①

3. 整合"亚洲盟友体系"以遏制中国。卜大年提出，中国军力发展在客观上削弱了美国对亚洲的控制力，其研发的新型武器不仅对驻扎在亚洲的美军构成直接威胁，也使美国难以兑现对盟友的安全承诺。中国享受市场经济红利却未实现民主化，削弱了美式民主的号召力及美国在亚洲的地缘政治影响力。此外，中国对周边国家频频显示实力，使处于弱势地位的亚洲盟友促美回归之声不断高涨。美国有实力在亚洲遏制中国，但直接

---

① Aaron Friedberg, "Bucking Beijing: An Alternative US China Policy", *Foreign Affairs*, Sep/Oct, 2012.

对抗易两败俱伤。若构建区域联盟，美国作为幕后倡导者、协调者和终极威慑，则可事半功倍。应由单向的"中心—辐射"模式向"网状"模式转变。各"辐条"间应相互连接，形成集体网络。盟友应提升自我防御能力，并加强彼此协调以形成区域联合防御能力，这样没有美国也可迅速应对危机；盟友间（包括韩、日、澳、印、泰、新、越、菲、印尼、台湾等）应团结一致，阻止中国军力投射到太平洋或印度洋；盟友应联合确保国际航道安全，必要时可切断这些航道以制裁中国；美国应允许将更先进武器及科技转让给盟友，并助其提升军力；在核扩散方面，因亚洲几个"拥核国"已对结盟体系构成潜在威胁，盟友应积极探讨有效应对核威慑的反制手段。保护台湾安全对美国亚太盟友体系具有战略性和示范性作用，可防止美亚洲盟友体系被一分为二；避免美太平洋司令部受到威胁；防止中国掌控南海并进一步扩大海权范围；保护日本的战略纵深。美国可利用网络状亚太盟友体系确保台湾安全：动员澳、印及部分东南亚国家（如越、菲、印尼等）协助封锁海上通道，切断大陆海上贸易线；不仅应在日本本土部署更多常规导弹，也应在琉球群岛设置更多基地，以助美国投送军力，并构筑反潜屏障阻止中国海军进入太平洋。此外，利用日、印、越、菲等这些与中国有领土争端的国家加强横向联合，不仅可使中国处于弱势地位，且能在危机出现时集体施压，从而拘束中国。①

4. 在东海问题上与日本合作以共同应对中国。企业研究所的迈克尔·奥斯林认为美国外交过于关注"南海问题"，而对"东海问题"认识不足。东海周边都是大国，不会被中国左右，更易形成集体合力。若美国忽视东海海权，会给外界传递两大错误信号：一是美国已放弃"第一岛链"，中国可将力量投射到西太平洋乃至更远的地方；二是承认中国的全球制海权，美国全球领导地位将受到挑战。为此，美日应建立对华海上预警监测机制，强化情报合作；建立快速反应联合舰队，通过联合训练、巡航，加强对岛屿管控，保护"第一岛链"安全；促使中国签署《应对海上突发事件协议》，加强危机管控；通过协议约束双方的行为，最大限度避

---

① Dan Blumenthal, "Networked Asia", *the American Interest*, May/June, 2011.

免事态升级。如果中国拒绝签署该协议,美方应发表声明,对可能威胁到日海洋权益与海上安全的军事行为予以坚决反击。一旦中方出现进攻性举动,美日将限制或暂停对华外交关系,同时考虑实施经济制裁。长期而言,美国可同时利用南海和东海问题,加强对盟国和小国"保护",整合亚太盟友体系,维护海权和全球领导力。①

5. 美国必须赢得创新大战的胜利。美国著名评论家保罗·B. 法瑞尔(Paul B. Farrell)预测称,2012—2022 年中美间将爆发以创新为核心的"第三次世界大战",美国必须赢得这场战争的胜利。指出中国已在绿色能源、生物和纳米技术方面投入巨资,很可能在 21 世纪 20 年代转化成产品。如果美国政府实验室、大学和研发人员现在还没有站在下一代突破创新的最前沿,未来美国可能落后 10 或 20 年。美国并非与中国作战,而是为"新美国梦"而战。为此美国必须改变尚武思维,不再将一半税收用于国防,而将目光放在能源、医药等非军事创新方案上。美国应将与中国的较量由军事转向商业创新,这对人类生存至关重要。②

美国信息技术与创新基金会主席罗伯特·阿特金森(Robert Atkinson)认为中国自主创新战略实为"创新重商主义",本质是追求绝对优势、实现自给自足。不仅造成美国产出萎缩、就业流失,影响全球经济增长,且有消极示范效应,将动摇自由贸易体系和全球化进程。为此美国需强硬反击,遏制中国的"创新重商主义",促其继续融入全球贸易投资体系。具体措施包括:在贸易代表办公室下设全球化战略办公室,负责系统设计美国贸易政策。必要时对华提起坚决诉讼;增加海关拨款,加强对中国仿冒产品查处力度;政府不应出于人权等因素限制美企在华活动,美国已无法承受以经济利益换政治利益的代价。为调动企业维权积极性,可允许诉讼开支享受 40% 的税收抵扣。允许企业联合抵制他国强制技术转让

---

① Machael Auslin, "Don't Forget About the East China Sea", Center for a New America Security, May 3, 2012.

② Paul B. Farrell, "China VS. USA: WWII Great Innovation Wars", Market Watch, *The Wall Street Journal*, Jan 10, 2012.

与合资要求。与欧、加、澳、日等建立高标准的新自贸区，"跨太平洋战略经济伙伴协定"（TPP）"跨大西洋伙伴关系"（TAP）均可按此要求打造。最后，"赫尔辛基共识"应成为"华盛顿共识"与"北京共识"之外的"第三条道路"，即在自由贸易和全球化基础上，采取良性、非重商主义创新政策，促进本国企业更具国际竞争力。[①]

小　结

通过对奥巴马政府一任期间美国对华政策的各路思想进行梳理，大体可分为共荣、塑造、遏制三种取向，体现出乐观现实主义、自由主义及悲观现实主义三种思想流向（见图四）。其中塑造派代表着美国内共识，也是美国政策的主流。而尽管共荣派与遏制派均属少数派，但其思想的鲜明性使其具有一定冲击力，从而制约和掣肘着奥巴马对华政策的方向，使其不得不吸纳其中一些思想而采取不偏不倚的中间路线：一方面不断扩大对华合作与接触，积极回应所谓新型大国关系；另一方面也难以在战略互信上有所突破，在高科技出口、对台新思维等方面采取审慎态度。一方面通过亚太再平衡塑造中国崛起的选择，积极经营海空一体战等"威慑、击败"新理念；另一方面不断通过战略释疑、谋求强化美中军事关系等打消中国疑虑。换言之，奥巴马对华政策中提升合作与加强制约的因子均在发挥作用，就是如上两种思想流向角力的结果，最终使其在合作与制约方面均难以突破底线，呈现出塑造派所追求的一种中间路线，即通过全面合作加有限制约将中国塑造为有利于美国体系的重要一员。这即是奥巴马政府对华政策非零和关系模式的本质。

其次，通过深究可以发现，所谓遏制派并非完全否认接触与塑造的作用，在对华目标上它与塑造派是一致的，即塑造中国崛起的和平选择。只

① Robert Atkinson，"Enough is Enough: Confronting Chinese Innovation Mercantilism"，The Information Technology & Innovation Foundation，Feb. 2012.

不过它更强调通过制约实现这一目标。以"忠诚反对意见"为要事的卜大年、弗里德伯格等人均表示，美国除延续交往政策外，别无替代政策；且美国出手阻止或破坏中国崛起太过敌对。美国"避险"（hedging）的目标是"防止交往失败"，以确保美国发挥领导和平衡作用，而非搞垮中国。一个动荡、虚弱的中国绝非美国福音，只会使美国在国际事务中失却一个力能扛鼎的合作伙伴。因此，美国一方面应制止一切危机中国稳定的动作，一方面力促中国进行民主改革以稳定其国内根基。① 可见，即使是遏制派也不希望见到美中之间爆发所谓新冷战或陷入一场全方位的大国竞争。从这个意义上说，寻求一种应对中国崛起的非零和模式应该是美国内各派的共识。

图表四 美国国内应对中国崛起三派观点及其内容倾向

	政治倾向	中美实力对比	中国崛起的性质	美国的应对	对奥巴马政策评价	美中关系性质
共荣派	乐观现实主义	中国崛起、美国相对衰落	维持现状国	G2、共存共荣、平等伙伴	批评其合作不够，对中国重视不够	合作
塑造派	自由主义	尽管中国崛起，但美国仍将占据优势	可塑造为体系内现状国家	扩大接触、利用规则塑造和制约、战略互信、军事威慑重在防止战争	大体肯定其有效性，提出技术性改进建议	合作加竞争
遏制派	悲观现实主义	中国势必崛起，由此必将挑战美国地位	修正现状国	仅在必要时合作，加大制约甚至全面遏制	否定奥巴马接触成效，主张实施更有效的接触与制约，特别挖掘加大制约手段	竞争

———————

① Dan Blumenthal, Aaron Friedberg, "An American Strategy for Asia", The American Enterprise Institute, Jan. 2009.

第五章 非零和及其前景：美国对华政策演变趋势及启示

本书通过奥巴马政府对华认知、行为及影响三个层面的分析，认为寻求应对中国崛起的非零和关系模式是其围绕的中心目标，也是美国国内从左到右各派思潮的最大公约数。未来美国对华政策会如何演变？奥巴马政府全面合作加有限制约模式是否可持续？从中长期看美国对华政策又会如何调整？本章将对此做一番研究和分析，以期未雨绸缪、心中有数、完善认识、服务政策。

第一节 非零和的历史定位：美国对华政策定位之演变

欲知其趋势，必晓其来由。奥巴马政府对华非零和政策定位并非无源之水、无本之木，而是美国对华一贯政策定位演变的结果。

早从罗斯福时代起，美国就开始从全球战略的高度谋划美中关系，但这一进程被随后展开的近 40 年的东西方冷战所扭曲。冷战时期，美国对华战略更多被置于其全球战略和对苏战略之下，自新中国成立到 70 年代初中美关系实现缓和的前 20 多年时间里，美国一直把中国视为以苏联为首的社会主义阵营的重要力量和冷战时期的主要对手，甚至在一段时期内将中国视为比苏联更具威胁性的敌人。进入 70 年代，在中美苏战略三角关系的形成和发展中，由于在遏制苏联扩张方面与中国存在共同利益，而与中国维持一种"低水平的战略关系"。中美外交关系终于在尼克松访华 7 年之后正式建立。之后中美之间通过发展经济、文化、军事关系，建立起一定的战略合作基础，美国对华的政策定位也一度上升为"友好的非盟国"。①

1989 年以后形势的发展，尤其是苏联解体给世界战略格局带来巨大的冲击，使美国国内对中美之间战略关系的价值问题、继而对中美之间战略关系的性质问题的认识都发生了重大变化。美国内上层有相当一部分人士坚持孤立中国政府、等待中国内部发生质变。如一些美国政界人士表示，"美国从全球战略的角度制定对华政策的时期已经过去，现在的形势是在知道对华政策时，还有许多问题有待考虑，如武器扩散、技术转让和人权问题"，美国在一些有争议的问题上应不再采取克制立场而迁就中国。② 美国国内的人权组织、亲台势力、反对军售人士、反对计划生育势力以及"民运"分子等等在反华方面找到了共同点，并汇集成一股相当强大的力量，影响美国对华决策，阻碍了美中关系的进一步改善。

不过，这股势力尚不足以构成美国对华决策力量的主流。布什政府出于全球战略考虑，认为中国与美国之间以往共同的对苏战略利益虽已不复存在，但中国作为亚太地区大国，对亚太地区安全与稳定仍具有举足轻重的影响，中国对于亚太地区热点问题诸如柬埔寨、朝鲜半岛以及南亚问题等的解决也有重要作用，因而美中在亚太地区仍有共同战略利益。而且，美国还需要中国在联合国、控制武器和导弹销售、防扩及全球环境保护方面的合作。另外，更为重要的是，美国不希望孤立和排斥中国，使之成为对亚太乃至世界安全的威胁。美国也追求其对华人权目标和价值观念的实

---

①　里根时期放宽对华技术出口规定，将中国从美国出口管制分类的 P 组国家改为 V 组，即"友好的非盟国"。参见谢益显主编：《中国当代外交史（1949—2001）》，中国青年出版社 2004 年版，第 370 页。

②　Warren Cohen, *America's Responses to China：A History of Sino-American Relations*, Columbia University Press，2010.

现，即希望看到一个"民主的"、"多元化"的中国。美国还希望发展同中国的经贸关系，并密切关注中国大陆、台湾和香港构成"大中国"经济圈的潜在可能性。所以，布什政府在其《1991 年国家安全战略报告》中称："同中国进行磋商与接触以免加剧庇护镇压的孤立状态是我们政策的主要特征。在中国变革是不可避免的，我们同中国的联系一定要持续下去。"①

"必须与之保持接触但发展前景不确定的亚太地区大国"是老布什政府的对华政策定位，奠定了冷战结束后美国对华定位的总体基调，即确认中国亚太地区大国的地位并保持接触；同时有鉴于中国发展前景的不确定性，在接触过程中重在约束和改变中国的发展轨道，使之走向"民主化"和"人权"。这种对华定位的双重性使美国对华政策从一开始就体现出"软硬两手"并用的特点，并一直贯穿美国冷战后的对华政策。美国一方面积极开展对华经济、科学和文化联系，强化与华维护亚太稳定的共同愿望及解决一些世界性问题诸如军控、环境、能源、卫生等领域的共同利益，支持中国的经济改革，并希望以经济带动政治变化；另一方面，政治上力图把人权等价值观输入中国，经济上用保护知识产权和要求中国开放市场、有限度地向中国转让高技术等打压中国，希望借胡萝卜和大棒交替使用"以压促变"。

90 年代以来，美国国内展开几次对华政策大辩论，在对华关系定位问题上也出现了一系列不同观点，如"即将到来的美中冲突"模式、"非敌非友"模式、"贸易和平者"模式及"民主现代化"模式。② 经过辩论

---

① "National Security Strategy of the United States", The White House, August 1991. http://nssarchive. us/NSSR/1991. pdf.

② 当时大辩论主要包括四派观点：一是认为美中必然冲突因而主张遏制中国，参见 Richard Bernstein & Ross H. Munro, *The Coming Conflict With China* (NY: Alfred A. Knopf, 1997)；二是哈里·哈丁的"非敌非友模式"，参见 Harry Harding, *A Fragile Relationship: The US and China Since* 1972 (Brookings Inst Pr: Feb. 1992)；三是"贸易和平论"，认为随着中国融入国际社会会软化其行为，不挑战现制度，参见 Julia Chang Bloch, "*Commercail Diplomacy*": *Living With China*, Ed. Ezra. F. Vogel(NY, London: WW Norton & Company, 1997)；四是"民主现代化论"，认为中国经济发展后会实现民主化，而民主国家之间不会打仗。参见 William J. Clinton, "Remarks to the Asian Society and the US-China Educator Foundation Board", Scott Kenedy, ed, *China Crosstalk: The American Debate Over China Policy Since Normalization*(Lanham, Boulder, NY, Oxford: Rowman & Littlefield Publishers Inc: 2003).

到 1996 年美国大选期间，逐渐形成了两党在对华政策上的新共识。第一，冷战后的中国不仅不再是可以与之发展"低水平战略关系"的准盟国，而且正在成为意识形态上的主要对手以及在可预见将来对美国在全球尤其是亚太战略利益产生威胁的潜在敌手。第二，但总体上，由于相互间不同领域复杂的利益关系的牵制，美国还要努力与中国这个不同于冷战时期战略对手的国家保持一种非对抗性的关系。由此可见，克林顿时代基本上继承了老布什政府"必须与之接触的亚太地区大国"的对华定位，仍强调从全球战略利益角度定位对华关系，并以和平演变为主轴，确定了对华关系的新框架，即接触加遏制。另一方面，美国政府回避了以"敌"、"友"划线美中关系的做法，使美中关系呈现出一种"非敌非友"的多层次、多维度的复杂、模糊状态。"转型国家"即是美国政府这一期间对华定位的最好描述。

所谓转型国家，即想要加入现有国际体系但尚不完全具备"所需基本设施机制"的国家。美国把世界力量分为两大类：一是维护和促进稳定的维护现状者，它们是已与国际社会融合或准备融合的力量；二是力求打破现状、不参与融合的不稳定或破坏力量。而中俄加上第一类以外的发展中国家是转轨国家，即希望参加现体系但本国社会尚不完全具备所需基本设施机制的国家。如果成功融入，转轨国家可有助于维护现状，此外则是在现有国际体系之外且想加以破坏的"流氓国家"。[①] 美国没有肯定中俄必然是未来的主要对手，也排除了俄国重新崛起的可能性，对中国也有成为伙伴和对手的两种前景。可见所谓"转型国家"的定位仍属于"查其言、观其行"的观察阶段，这一提法巧妙地回避了美国对华政策定位的明晰化，与和平演变、对华接触等等战略手法一脉相承，即一方面并不定性中国究竟是敌人还是朋友，另一方面暗示中国是否可以被接纳为真正的体系内国家有待于中国自身的"表现"是否符合标准，是否完全建立起"所需的基本设施机制"。这一定位反映了美中关系的核心特质，即"非敌非友"，且美国是否能接纳中国为"友"，有赖于中国自身融入国际机制的

---

① "A National Security Strategy for a New Century", The White House, Oct. 1998.

"努力"。

为此，美国采取了与中国"全面接触"的战略。该战略构想大致形成于第一届克林顿政府的 1994 年期间，而正式付诸实施则是在 1997 年克林顿第二届任期开始之后。1997 年、1998 年的江泽民与克林顿会晤进一步促进了美国对华的全面接触战略。1998 年的《国家安全战略》中提到："一个稳定、开放、繁荣的中国且对建设一个更加和平的、对世界负责任的中国对我们的利益很重要。亚洲的和平与繁荣有利于中国扮演一个国际社会负责任的角色。中国融入国际规范会影响其政治与经济发展，以及其与世界的关系。我们与中国的关系将在很大程度上帮助决定是否美国人民在 21 世纪会安全、和平和繁荣。与中国成功的合作以便构建一个稳定的国际秩序需要确定建设性的关系。美国对华政策有原则，也是现实的：扩大合作领域，同时正视分歧。想要孤立中国很明显是行不通的，我们的盟友也不会支持我们，只能使我们陷入孤立。而且，选择孤立胜过接触不会使世界更加安全，而是更加危险，不利于亚洲稳定，也不利于组织 WMD 的扩散。更会使中国的民主和人权倒退，以及不利于环境保护，也中断了美国最重要的市场之一。使中国充分加入全球贸易体制对国家安全有利。中国是我们产品和服务的最快增长市场，也是在稳定亚洲金融危机中的一个有利伙伴。"[1]

1998 年的美国《东亚安全报告》也用较大篇幅提到对华全面接触的重要性：中国对美国的地区安全战略代表着大量的挑战和机会，作为一个核国家和地区的主要军事力量，以及安理会常任理事国的全球作用，中国在亚太举足轻重。美国"对中国成为一个稳定、安全、开放、繁荣和和平的国家十分期待，亚洲的和平与繁荣有赖于中国在国际社会发挥建设性的作用"。美国也认识到美中有共同的全球和地区利益，也有维护地区稳定、培育经济发展的共同利益。在维护朝核稳定和阻止大规模杀伤性武器（WMD）扩散、印巴核试验以及非传统安全合作方面也有共同利益。中国作为一个主要大国的崛起也带来一系列挑战。许多邻国在密切注意中国

---

① "A National Security Strategy for a New Century", The White House, Oct. 1998.

的军费增长和解放军的现代化，包括研制和获取高级战斗机、运动型导弹体系、陆基和反舰艇巡航导弹等。中国继续多边不扩散和军控机制、提高透明度等更为重要。美中对话对于确保两国了解彼此的地区安全利益至关重要。美中也应加强机制化框架的建立，包括首脑热线、军事海上磋商、国防磋商对话、军方港口互访、人道主义救援和灾难减轻交流等。①

　　克林顿政府对中国"需要全面接触的转型国家"的政策定位，明确了其一系列对华政策的目标和手段。其特点是：首先，美国对华政策目标是"促使中国成为一个安全、稳定、开放和繁荣的国家，一个接受国际核不扩散和贸易规则、在地区和全球安全倡议方面给予合作、越来越多地尊重自己公民基本权利的国家"。为达到这一政策目标，美国政策手段是与中国全方位接触和交流，尤其重视最高级正式会晤和部长级定期磋商。美国认识到，遏制中国是不可能的，孤立中国是不可取的，而与中国全面接触、交往，则既能使中国更加安定、繁荣，也能扩大美中之间的商业关系。其次，在美中双边关系之外，美国积极推动中国加入多边国际机制，鼓励中国遵守和参与制订国际规则，包括核不扩散、全球贸易、地区经济与安全合作等方面。美国认识到，"中国充分参与国际社会对我们解决下个世纪的重大全球和地区问题的能力至关重要"。第三，在双方有分歧的领域，美国将分别采取谈判、施压乃至经济制裁等不同手段给予区别对待。如知识产权保护乃是美国选择的一个施以强硬手段的领域，而在向中国提供最惠国待遇以及核不扩散等问题上则与中国达成谅解。这样可以避免二者因多方面、多领域的冲突而走向失控。换言之，美国在处理中美分歧问题时，依然强调谈判与合作，而只是"有选择的强硬"。第四，在美国全面接触与交往政策的背后，作为交替使用的威慑手段，美国对华政策还有限制与约束中国的另一面。美国积极强调"加强同日本、韩国、澳大利亚、泰国等的联盟关系"，并结成一个"预防性的防御体系"，就是出于遏制的需要。

---

　　① "The United States Security Strategy For the East Asia-Pacific Region"，The Department of Defense，1998.

　　与老布什时代相比，克林顿政府的对华战略定位虽然也没有明确中国究竟是"敌"，还是"友"，但更加具体化和有可操纵性：明确了中国在美国主导的国际体系下的地位和身份，置中国于"正在转轨为体制内国家"的一员，一方面把中国划为"体制外"，另一方面强调中国是"正在转型和融入的国家"。而在这一过程中，美国的全面接触极为重要，如果中国最终能够积极"融入"，其成为"伙伴"的前景则为大。在这一阶段，美国虽也看到了中国崛起的势头，但更多认为是一种远景，并没有迫在眉睫的压力感，因而也没有提上政府的议事日程。

　　小布什上台后，受新保守主义势力影响，在对华关注性上升的同时，有意贬低中国的战略地位。其亚太战略的矛头也指向中国，希拉里借扬日抑华和"战略竞争者"的定位旨在提升日本，贬低中国。撞机事件后，美国进一步将中国作为一个主要假想敌，国家安全智囊提出以"预防性遏制＋接触"政策替代克林顿政府的"全面接触"政策，其要点是经济上与中国交往，军事上做好预防性防范，无论中国往所谓"好"还是"坏"的方向发展，美国均能应付自如。这一政策将接触与交往放在较为次要的地位，是美国对华政策的倒退。但美中关系中的一些重要的内在因素（包括战略、经济、安全等合作的必要性）使美国不得不回到以"接触"为主的轨道上来。美国提出发展"合作、坦诚、建设性"的美中关系，"9·11"事件更促使美国出于反恐需要尽快调整了对华政策。小布什在讲话中开始多次强调中国作为一个大国在亚太和世界事务中的重要作用；2002年的美国《国家安全战略报告》也一改《四年防务评估报告》（定稿于9·11之前）将中国视为主要潜在对手的定位，而把中国看作美国在亚太地区促进稳定和平与繁荣战略的重要组成部分，并表示欢迎出现"一个强大的、和平和繁荣的中国"。自此美国对华战略重回接触加遏制的轨道，一方面，美国对华接触在各个领域拓宽和向纵深发展，另一方面，面对中国崛起所引发的日益强烈的不确定感，美国对华防范遏制也不断加深。美国对华政策手段继续呈现出接触与遏制交替使用的局面，此后这一政策内核一直没有改变。但从美国官方报告和表态来看，对华政策定位也出现了一些新的说法。一是承认中国为"具有全球影响力的地区崛起强国"，中国在美国全球战略中的地位大幅提升。美国充分感受到中国崛起带来的压力，如何应对中国崛起成为美国对华战略的核心内容。如 2006 的《国家安全报告》用了一页多篇幅专门全面论述中国；2002 年报告有 18 处提到中国，而此报告有 28 处。

二是对华认识较为客观，但对华战略两面性更趋清晰。面对中国国力的上升，承认中国是亚洲奇迹般经济成功的缩影，如果中国继续走改革及和平发展道路，美国将欢迎一个和平、繁荣、与美国合作面对共同挑战的中国的兴起。美国支持中国建立于市场的、灵活的汇率机制；中美共同面对全球化和跨国问题的挑战，并基于共同利益在反恐、防扩、能源安全、防止疾病和环保等问题上开展合作。同时，基于"中国的转变尚未结束"这一根本认识，美国一方面希望中国"作为一个负责任、颇具竞争力的大国……为国际社会的稳定与安全做出贡献"，一方面又防范有加。2006 年《国家安全战略》报告明确表示，美国新的"战略谋求鼓励中国为其人民作出正确的战略选择，同时我们要防范对冲其它的可能"。"美国对外政策的另一优先点是防止重新出现强大的、与美国分庭抗礼的竞争对手"；"要采取足够有力的对外政策应对挑战"；"中国和台湾必须和平解决分歧，双方都不能采取强制性的及单方面的行动"。而《四年防务评估》也警告说，美国必须"对一个大国或正在崛起的大国未来选择敌对道路的可能性加以防范对冲"，这无疑是指中国。以上报告还指称，中国领导人必须意识到，"不能坚持旧的思维和行事方式，包括：继续不透明地扩展军力；试图封锁全球的能源供应渠道，或试图操纵市场而非使市场开放；支持那些能源丰富的国家，而不在乎它们在国内施行暴政和在国外做出不法行为"；"中国有极大潜力与美国进行军事竞争，可以有打击性的军事技术，抵消了美国传统的军事优势"，可见，美国仍将中国作为"最大的潜在竞争对手"。

三是试图用"负责任的利益有关方"这个新提法塑造中国崛起，即如果中国崛起有利于所谓"繁荣、和平、稳定"和维护美国主导的现有体系，则美国是乐见的；如果"走向扩张"和进攻性，包括走"不透明方式的军事扩张、以扩大贸易为借口'封锁'世界的能源供应，或操控而非开放市场、支持资源丰富的暴政国家"等"不和平的道路"，则暗示美国必然会抵触和干预。在一如既往地表示欢迎"出现一个强大、和平和繁荣的中国"和中国"和平崛起"的同时，美国试图借"利益攸关方"的新定位，为中国如何崛起拟定了更为苛刻和具体的条件。

如上分析了美国对华政策定位的历史演变，大体由冷战时期的战略盟友到非敌非友再到利益攸关方，直至奥巴马时期的非零和大国关系模式，其性质仍是处于敌与友之间、缺乏共同战略目标但有共同合作愿景、且合作深度与广度不断加深而相互安全制约亦同时加深的一种复杂关系。其性状与历史定位可见图表五。

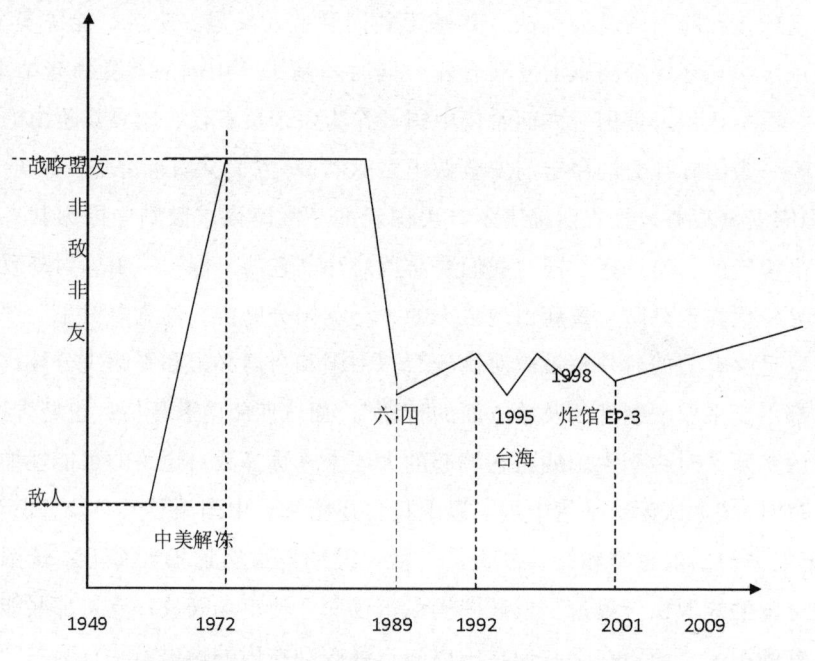

图表五 美国对华政策定位历史演变与性状分析

由上可知，由冷战后半期中美解冻导致的准盟友关系是美国对华政策历史定位最高点，但出于共同应对苏联需要，这种战略合作是非正常的，也是不稳定的，随苏联解体而缺乏共同战略目标，因而进入非敌非友状态。自冷战结束美国对华政策定位逐步清晰，就是尽可能引导中国走向体制内国家，为此最大程度接触并做好对不测的防范，这一思路持续至今。期间"六四"、1995年台海冲突、1998年炸馆、2001年撞机事件导致美中关系陷入冰点，但回复较快，未能将美国对华政策带回敌人关系，而是通过高层访问等方式尽快恢复，反映出冷战后美国谋求合作大局的总体思路。正如图示，自 2001 年 EP－3 事件后，美国对华政策基本平稳发展，未发生大的类似波动，合作深度、广度一再深化，因而在非敌非友的范畴内不断向前发展（体现为表中的上升曲线），但始终难以企及战略盟友的高度。这一方面源于缺乏真正的共同战略目标；二是意识形态分歧使然；三是台湾结构性矛盾乃至近期的南海、东海新因素发酵使然。值得注意的是，冷战后美国对华历经转轨国家到利益攸关方直至非零和大国关系的定位演变，也反映出其对中国崛起由"观望＋塑造"向"接受＋塑造"的转变。到奥巴马时期开始真正接受和承认中国崛起，美国所能做的是利用和塑造这一崛起，一方面服务于己，一方面防范风险。而奥巴马政府之所以将寻求应对中国崛起的非零和关系模式作为核心目标，所反映的一是承认中国崛起为现实；二是谋求和崛起的中国合作、和平相处；三是尽可能通过软、硬手段塑造中国崛起。就奥巴马的全球观而言，他比美国历届总统都深刻地认识到全球化时代美国必须谋求"多伙伴世界"的重要性，单靠美国一国无法解决全球化时代的挑战与跨国非传统安全问题，而其合作主要的对象国就是中国。因为中国现代化发展的路径不仅是个内政问题，更有牵动全球能源、资源、环境及军事、外交、经济各个层面折冲樽俎的冲击力，在这一过程中，把中国演变为合作的伙伴而非竞争的对手，对美国可谓利大于弊、首当其冲。这也是为什么多尼隆在 2013 年 3 月亚洲协会的讲话中承认，没有富有成效的对华关系，美国将无法适应全球化时代的挑战。①

总之，冷战后美国对华政策定位呈缓慢发展和上升趋势，如果说负责任的利益攸关方比非敌非友更近一步，因为其承认中国崛起为事实，而非零和关系则在此基础上谋求全面深化合作、管控危机，实现良性"健康"

---

① "Complete Transcript: Thomas Donilon at Asia Society New York, National Security Advisor to President Obama discusses U. S. policy in the Asia-Pacific region in 2013", http://asiasociety. org/new－york/complete－transcript－thomas－donilon－asia－society－new－york.

竞争。[1] 长远看，其未来的理想路径是"共同演进"、共同发展，即在求同存异的基础上并行发展、相互借鉴和补充而非相互冲突、抵消。当然，现实中也不排除有可能因双方误判导致全面对抗的可能性（图表六）。本书第三节将以近、中、远三个阶段对未来趋势进行预测。

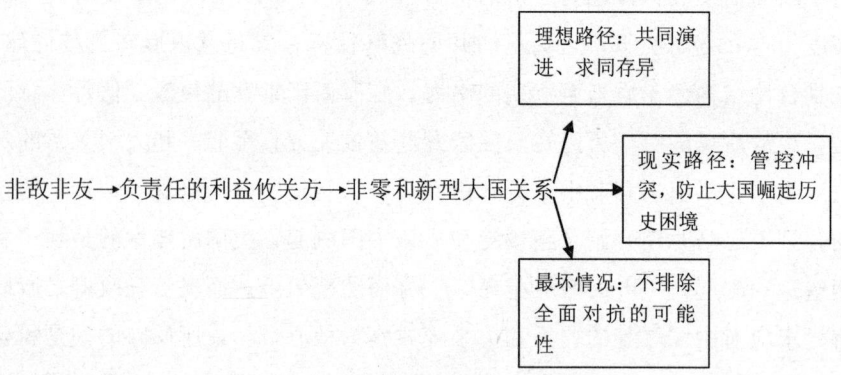

图表六　冷战后美国对华政策定位缓慢提升

第二节　非零和的理论定位：美国对华政策性质探析

上文从美国对华政策的历史纵深分析了其定位的演变，试图廓清奥巴马时代对华非零和政策的历史延续性、时代特性及未来路径。本节将回归理论，结合非零和博弈的相关特点对美国对华非零和关系模式的性质予以剖析，以拓展理论深度、更好地了解美国对华及中美关系的性质。

一、中美关系结构：非零和复合体

所谓"结构"，指为行为体之间的互动提供的某种框架。结构对行为

---

① "良性竞争"或者非零和竞争成为奥巴马二任初期对华政策的新标识。如多尼隆 2013 年 3 月在美国亚洲协会有关亚洲政策的讲话，以及美国新任财长雅各布·卢 3 月 19 日会见习近平主席时均强调中美良性竞争而非战略博弈的问题。参见 "Complete Transcript：Thomas Donilon at Asia Society New York，National Security Advisor to President Obama discusses U. S. policy in the Asia-Pacific region in 2013" 及《美高官密集访华暗藏博弈》，《世界新闻报》2013 年 3 月 22 日。

体之间的互动有决定性影响。结构为行为体提供了框架，行为体在这个框架中互动并发生联系。由此，结构塑造了互动模式，随着结构的变化，互动模式也发生了变化。[①] 现有国际关系理论认为，结构对国家间关系的性质起着决定性的影响。中美关系结构亦是决定中美关系性质的根本要素。

本书认为，中美关系结构包含三个层次：一是安全关系，二是经济关系，三是制度关系。为了便于分析和领会，本书按照价值判断的两分法，尝试将之分解为结构性合力与结构性斥力，即所谓积极结构因素与消极结构因素，从而加深对中美关系框架性认识的理解。

由图表七可知，中美关系结构的三个层次中，均有积极与消极因素，这反映出一种总体非零和的态势。就安全关系而言，尽管现阶段美国同盟体系的深化、对亚太军事资源的更多投入，积极经营导弹防御、全方位加强军事存在以及由此造成的中美军力"竞赛"使双方安全关系处于一种缺乏战略信任的状态，但这种排斥力不是单方面的，而是与一些积极因素并存，包括：两国领导人对维持合作、防止对抗的高度认同、双方均认为不能重蹈大国崛起历史覆辙、需要塑造一种新的"关系模式"；美国高度重视与中国的军事交流与合作，希望摸清中国意图从而减少误判，中国亦认识到保持军事交流的重要性，积极开展与美国军事合作，包括计划参加2014年美国环太平洋军演；[②] 在朝鲜、伊朗等攸关美国安全利益的问题上适度合作，在朝鲜问题上严格遵守联合国制裁决议，积极与美方沟通立场；此外，在二轨层面，双方也考虑过安全机制融合的可能性，包括上合组织与美国亚太同盟体系对接的问题。[③] 更为根本的是，美国对华安全制

---

① John Gerard Ruggie, "International Structure and International Transformation: Space, Time, and Method", in Ernest Otto Czempiel and James N. Roenau, eds., *Global Changes and Theoretical Challenges: Approaches to World Politics for the 1990s* (Lexington, MA, and Toroto: Lexington Books, 1989), p. 21.

② "US Navy Will Invite China to Pacific Rim Exercise", *Reuters*, March 22, 2013.

③ 中方观点参见袁鹏：《寻求中美亚太良性互动》，《中美亚太共处之道》，时事出版社2013年版，第15—19页。美方观点参见 Julie Boland, "Ten Years of the Shanghai Cooperation Organization: A Lost Decade? A Partner for the U. S. ?", 21st Century Defense Initiative Policy Paper, Brookings Institution, June 20, 2011.

约的目标不是全方位遏制或者回复到冷战时期"一个吃掉一个"的敌对状态，而是把中国纳入现体系，通过"驯服"、"规制"与威慑、强制令中国成为一个合作伙伴，帮助美国承担更多"责任"。从中国角度看，从提出和平崛起，到"欢迎美国作为一个亚太国家在地区发挥建设性作用"以及"绝不谋求霸权"的表态也表明，中国不愿意与美国形成零和对抗的安全关系，而是希望在承认美国主导权与中国维护核心利益之间找到一个平衡点。从更大的方面看，本书认同查尔斯·格拉泽关于中美核威慑与远隔太平洋的地理距离缓解了其安全困境的观点。[①] 这些战略妥协的空间决定了中美安全关系可定性为非零和竞争与合作的关系。

图表七　中美关系结构的三层次分析

性质　分类	积极：合力	消极：斥力
安全关系	●核威慑 ●地理距离 ●不愿对抗的主观愿望 ●认可构建新型大国关系 ●中美军事合作 ●中美在朝鲜事务上的合作 ●中美在 ARF 及 ADMM＋的合作 ●二轨对美国同盟体系与上合组织实现对接等探讨	●美国盟国体系强化 ●美国导弹防御体系 ●亚太再平衡的"军事支柱" ●中国军力发展 ●美国对中国南海、东海问题的介入
经济关系	●经济相互依存或曰"经济确保相互摧毁" ●全球经济（包括金融）稳定与再平衡 ●G20 等多边机制合作	●TPP Vs. RCEP ●美国对华出口管制 ●人民币问题 ●资源竞争 ●美国对华投资审查 ●美国对华国企的偏见
制度关系	●人权对话 ●中国国内选择市场经济、国际选择承担"责任" ●文化交流与相互吸引 ●中国有限接受"普世价值" ●美国降低人权、现实处理对华关系的政策选择	●价值观分歧 ●中国模式 ●美国掌控"规则"与"标准"的主导权 ●美国对华和平演变因素

---

① Charles Glaser, "Will China's Rise Lead to War?" *Foreign Affairs*, March/April, 2011.

　　从经济关系看亦是如此。经济相互依存无疑是维系中美合作最重要的粘合剂。其一，目前中美双方互为第二大贸易伙伴，2012 年中美贸易额接近 5000 亿美元，并存在发展潜力。中美经贸关系日益步入成熟期，双方虽分歧不断，但利益交融点越来越多。其二，作为世界第一大经济体与第二大经济体，中美不仅互为贸易伙伴，亦有稳定世界金融体系、实现经济再平衡的利益与需要。其三，中美相互依存过去体现为"中国生产、美国消费"的利益共同体，现在各自均面临内部转型期，如中国向内需型、环保型经济转变，而美国则致力于"制造业回归"与能源革命。双方各自的转型均离不开对方的支持与扶植，希望彼此加大投资力度，从中国角度看主要是学习西方技术，从美国角度则是为其经济"转型"注入资本。其四，美国希望最大债权国中国继续增持美国国债。在日本和欧洲双双陷入经济低迷的背景下，美国担忧"中国抛售美国国债"而使其雪上加霜。另一方面，中美经济摩擦亦为常态。美国出台多起贸易保护、贸易救济、国内立法、出口管制、投资审查等规定，贸易保护从货物向服务、投资和知识产权延伸，手段从关税措施到环保、劳工安全标准和福利标准等非关税措施；在产品移动、人员流动和开业权等方面设置更多限制，出现排外劳工、禁止外国劳工参与美国工程建设等现象，即所谓"合规性贸易壁垒"①。同时，中美贸易摩擦从农产品、化工原料、鞋类、纺织品等初级产品或劳动密集型的工业制成品向钢铁、彩电、电信等资本和技术密集型的工业制成品转移。随着美国对华发起的反倾销和调查案件的持续上升，美国成为迄今为止对华发起贸易摩擦案件最多的国家。加入 WTO 使中国融入了以规则为基础的全球贸易体系之中，中美贸易摩擦也由原来的单打

---

　　①　入世以来，美国频繁引用《中国入世议定书》第 15 条 "确定补贴和倾销时的价格可比性" 中的 "非市场经济条款"，使其取代欧盟成为对华反倾销的第一大国。此外，为了监督中国入世承诺的履行情况，美国已经形成了由政府、企业、国会组成的多层次监督机制，对中国的贸易、投资、出口管制、人权、法律、宗教政策等一系列问题加以指责。事实上，通过对美国货物贸易、服务贸易、与贸易有关的知识产权等领域进行分析，存在大量名义上符合或不违背 WTO 的有关规则，但实质上是为了保护美国相关产业和市场而滥用的一系列贸易壁垒，包括反倾销、反补贴、保障措施和技术性贸易壁垒、"绿色壁垒" 等。

独斗，转变为可利用 WTO 争端解决机制，相互开展反倾销调查已经成为中美经贸摩擦的新现象。尽管如此，在经济领域中美相互依存要大于相互竞争。而在竞争领域，尽管存在货币战、贸易战等潜在风险，但两国经贸关系整体非零和性的特点非常突出，因而对中美关系结构的利好作用更为突显。其一，相较于安全、军事、战略等高政治领域议题，经济属于低政治范畴，其对抗也是低烈度的，难以撼动整体结构的性质；其二，中美经贸关系日渐成熟理性，双方均有意将之与政治关系分开，通过机制沟通、法律诉讼、个案处理等方式解决；其三，中美相互依存事关两国国计民生及全球经济体系的稳定，而相互摩擦仅是局部性、部门性的，换言之，相互依存与矛盾摩擦是整体与局部的关系。因而，从经济关系看，相互依存更反映出中美经济结构的本质。

从制度关系看，一方面，无疑中美价值观、社会制度、意识形态有分歧甚至对立，但这种分歧和对立并非不可调和，因而也是非零和的。从邓小平时代开始，中国就淡化意识形态分歧，走上市场经济道路，并放弃"姓资"、"姓社"纷争，采用实用主义及现实态度处理国际问题。特别从90年代中后期以来，中国更加积极主动融入国际体系并承诺发展为"负责任的大国"。随着中国崛起脚步加速，中美形成全方位、深度依存的利益共同体，除构建积极稳定的战略框架，双边关系更多被分解为经贸、安全、法律、环境、人文等具体议题领域，意识形态因素相对淡化。尽管双方社会制度与价值观仍有根本区别，但均尝试在保留分歧的基础上最大程度维系合作，并通过人权对话进行沟通，陈光诚事件的解决就是一个例证；在价值观上，西方经济危机引发制度危机，西方在反思其制度弊端的同时，亦开始重新审视中国模式；与此同时中国对于"普世价值"也有了部分认同，亦在探索符合中国特色而兼具人类普遍经验基础上的发展道路。

另一方面，双方在制度层面的竞争依然激烈。尽管奥巴马政府有意淡化人权在中美关系中的影响，但出于国内因素及传统政治文化，人权矛盾仍将长期在中美关系中发酵；金融危机后中国模式崛起而美国及西方模式的式微也使双方博弈开始在制度层面显现；奥巴马对多边主义及制度、规则的信奉增加了中美博弈的规则维度，而美国利用其在这方面的制度优势和话语权一方面制约中国，一方面塑造中国的方向。

综上，在决定中美结构的三重关系中，安全关系最为决定性，制度关系最为长远，而经济关系最为稳定。通过将之分解为有利因素与不利因素，可以发现在任何一个关系领域，竞争与合作均不是单一的，而是共生并存、相互影响甚至相互转换的。这一图景反映出中美关系是竞争与合作交织的、非零和关系的复合体，它早已超越战争与和平的范畴，而向更正常、更深远的国家利益互动过渡。

二、中美关系模式：非零和博弈的实现

在第一章有关非零和概念的探讨中，提出国家摆脱囚徒困境、实现合作博弈的三个条件，结合中美关系现实，可以发现这三种情况均是成立的。首先是重复的博弈。中美关系不是孤立发展、亦非权宜之计，而是有着很强战略设计、并面向长远的政策考量。通过对美国对华及中美关系方方面面的分析，可发现任何一个问题、方面或者关系细节均可被纳入一个大的系统，即中美非零和的关系框架，这也正是本书在第三章中集中探讨的。因而，中美关系之深、之广、之大必然是处于不断重复博弈的链条中。在重复博弈的情况下，参与者有机会通过观察对方所采取的策略和博弈的结果而决定自己是否合作，并更倾向于从长远的总体收益而非眼前一时得失制定策略，因而合作的可能性增大。以奥巴马执政四年中美关系的几次危机为例，双方最终还是选择了合作而非对抗，就是重复博弈的结果。如 2009 年的"无暇号"事件很快得以修复，一方面出于双方志在使中美关系开局良好的政治意愿；另一方面也本着就分歧进行沟通合作的态度进行了有关磋商。在这一过程中，双方避免冲突、寻求合作的立场不仅为此后中美关系合作确立了典范，也为此后类似的博弈格局提供了合作参照。如同年 5 月的"胜利号"事件及 6 月的中国潜艇与美国舰麦凯恩号相撞后，美方频繁要求与中国讨论海上安全问题，奥巴马利用 G20 峰会、美国海军部长罗海德、太平洋舰队司令威拉德等都寻求与中方对话，最终

在 6 月的 DCT 会议上双方表达了避免此类事件再次发生的必要性。① 正是因为重复博弈的长期性，使前一次博弈结果为此后同类博弈提供了范例与经验，从而避免因信息不对称而导致"背叛"的可能性。

其次是事务之间的联系。毋庸置疑，中美关系中事务联系的广泛性与复杂性，为双方更多实现合作提供了议题联系与交换的可能性。一是讨价还价，包括直接的讨价还价（类似于谈判）与间接的讨价还价（通过更大范畴内相互释放信号完成的利益交换）。在第三章第五节中对此有着详细探讨。正是因为有着事务领域的相互联系，才为双方的讨价还价提供了筹码，通过自觉、不自觉的方式进行利益妥协。二是议题联系。由于中美各自核心利益是不同或交错的，这使双方可能会在对对方认为重要的利益上附带一些于己有利的条件，从而维持和推进合作。如美国在对发展中国家的援助中附带人权与良政条件就是一例。再如在对华政治关系中附带人权、气候、不扩散等议题，在经贸政策上附带劳工、环境及知识产权标准，在涉华领海问题上强调和平解决、航行安全等原则。中国对美国军事交流中提出三大障碍问题、以及核心利益概念本身都属于通过划定边界的方式使议题联系得以实现，从而避免直接冲撞而维系合作的存在。三是相互强制，指通过在一个议题上的强制换取在另一个重要议题上的合作。如美国通过拓展亚太导弹防御迫使中国在朝核问题上合作。再如中国通过停止人权对话及军事交流对美军售做出反应，迫使美国在此问题上的合作。

三是合作的制度性框架。通过活动的透明化，行为者的彼此监督，以及对可能变化的讨论，可增加彼此互信，减少合作风险。正如第三章所分析的，中美合作的机制化旨在培育合作的习惯，增加彼此信任，通过可预期的行为将合作"固化"为中美关系的内在机理，从而使合作得以永续。

综上从中美关系结构及互动两个层面分析了其非零和关系的性质及其作用机理，从而从理论高度再次印证了美国对华政策及中美关系非零和性的论断。当然，作为一种主观意愿和客观存在，美国对华非零和政策已从认知、行为、历史延续性与理论四个方面得到佐证，但这并不排除未来非

---

① 参见第三章第一节。

零和仍有转向零和的可能性，这取决于双方主客观条件的变化。下面将对其未来趋势进行预测。

第三节　趋势预测

一、近期：在竞争与合作中寻找平衡：奥巴马政府第二任期对华政策探析

总体而言，奥巴马政府第一任期对华政策取得了一定成效。在高层政治关系上，实现了两国最高领导人国事访问，通过建立 S&ED 等机制实现了常态化接触，从"积极、合作、全面"的对华关系到"新型大国关系"，两国关系确立起总体正面的基调，有利于缓冲和化解危机。在美国所关心的朝鲜、伊朗等问题上，尽管中国不可能完全按照其意志"合作"，但在美国作用下也通过相应制裁决议，并对朝鲜、伊朗施加适当压力；经济方面，人民币渐进提升币值，在知识产权、本土创新等政策上做出调整；军事方面，尽管美国两次对台军售，但中方基本维持了两军军事交流关系；同时，美国对华制约也在稳步展开，从亚太再平衡到对南海、东海的介入，美国试图为中国崛起圈定红线，塑造中国的"和平崛起"。从上一章分析可知，奥巴马对华政策及其成效也基本受到国内认可，因而在第二任期会继续推行下去。

从奥巴马自连任总统以来在对华关系上的表态及政策行动看，奥巴马政府第二任内对华政策的大方向不会发生改变。即以寻求以非零和方式应对中国崛起为核心目标，维持对华全面合作框架，强化现有 S&ED 等 90 多项对话合作机制，谋求深化军事交流合作；另一方面亚太再平衡仍将强势推进，包括深化同盟关系、实现盟友网络化、增加地区军事存在、介入东海、南海问题等，希借此塑造中国崛起的选择，防止中国改变"现状"。同时，奥巴马政府对华政策将继续在战略释疑与战略制约中矛盾前行，一方面"欢迎中国和平崛起与繁荣"，"不谋求遏制中国"，一方面通过种种

制约手段把握中国崛起的节奏，防止中国崛起脱轨。这也正是其对华非零和关系模式的实质，即不谋求全方位、冷战式的竞争与遏制，而通过合作与接触、约束与制约两手的相互结合确保中国按照美国意愿崛起，即发挥"负责任大国"的作用，同时不挑战既定的现状（包括台湾、东海、南海问题）。

未来奥巴马对华政策将依旧大体在五条线索下展开：一是高层政治关系稳步推进，对话、沟通及机制建设继续强化，对华高层表态及合作愿意积极明确，美中关系总体趋势向好发展；二是"亚太再平衡"持续深化，近期尤其借东海、南海问题加大对华威慑，但美国的底线仍在于控制冲突而非卷入冲突；三是继续以规则为先导塑造中国为"负责任的大国"，在地区与全球事务中谋求中国合作，特别在朝鲜、伊朗、叙及南亚等问题上求得中国配合，以维持其领导作用及责任分担；四是在经济上继续采取强硬政策，通过更多贸易救济措施、诉诸 WTO 等手段显示姿态、赢得舆论，同时继续通过 S&ED 及商贸联委会等机制解决美国对华市场准入、"公平竞争"等问题；五是在军事方面，持续深入谋求对华军事合作，包括更多高官互访及军事交流，特别是邀请中国参加具有实质意义的联合军演等更好了解解放军的意图与能力，在可能条件下塑造解放军"和平作用的能力"；另一方面美中军事交流的三大障碍难以在近期内消解，对台军售在第二任期内仍将发酵，对华敏感技术出口障碍重重，美国在中国 EEZ 的抵海侦察仍将是双方军方对话一个重要话题。此外，随着中国国力发展，美国对解放军军力发展的各项质疑会进一步加强，围绕军力报告、国会质询、舆论炒作乃至空海一体战等理念的完善所导致的消极现象仍会持续下去。

以下重点分析一下奥巴马政府第二任期初年对华政策走向。奥巴马政府第二任期的对华政策是第一任期的继承与发展。在其头一年主要旨在实现平稳过渡，在既有对华关系框架下进一步夯实基础，并谋求现实处理对华关系，即管控分歧、展开竞争、深化合作、寻求共同利益。在美国继续推进亚太再平衡及中国谋求构建新型大国关系背景下，奥巴马政府对华政策亦呈现诸多新特点。下面将从三个方面透视奥巴马政府第二任期的对华政策，以求概括出其总体特点、新变化及影响与趋势。

（一）把握好领导人过渡期，夯实既有基础并深化接触。

奥巴马二任当选后不久，即重申"强有力、坦诚和富有成果的美中关系"将在他第二任期继续下去，主张双方"以积极、建设性的方式处理分歧"。这一主张基本延续了其一任对华关系总体的积极论调，也代表着其二任至今对华关系的基本形态。

首先，从其二任国家安全团队的架构看总体对华较为有利。新任国防部长哈格尔（Chuck Hagel）与国务卿克里（John Kerry）均被认为有利于对华政策的改善，均支持美中扩大合作，并主张通过外交途径解决两国问题。哈格尔此前是美国大西洋理事会主席。该组织 2012 年底发表的报告称，美国 2030 年之前的战略必须深化与中国的合作，因为中国是影响国际体系形成的最重要单一因素。[①] 哈格尔反对将中国视为敌人，"中国实际上已和印度、巴西等国一样成为我们的竞争对手，但美国不应对此忧心忡忡，也不用担心中国会取代美国的全球地位"。[②] 克里则在其提名确认听证会上称，尽管美中是经济上的"竞争者"，但不应视彼此为对手，因为"这在某种程度上会削弱双方就许多问题进行合作的能力"。"中国是世界上另一种类型的重要经济体，为此应制定对所有人适用的道路规则"。克里对向亚太增兵持谨慎态度，"美国在亚太的军事基地数量超过包括中国在内的全球其他任何国家，对此中国肯定会提出诸如'美国是否在对我们进行围堵'等问题"。[③] 7 月接任多尼隆任国家安全事务助理的赖斯（Susan Rice）在对华关系上较为低调，其主要背景为中东、非洲及非传

① "Envisioning 2030: US Strategy for a Post-Western World", The Atlantic Council, http://www. atlanticcouncil. org/publications/reports/envisioning－2030－us－strategy－for－a－postwestern－world.

② Amitai Etzioni, "Chuck Hagel and China", The National Interest, January 10, 2013, http://nationalinterest. org/commentary/chuck－hagel－china－7952.

③ "Senate approves Kerry's nomination for secretary of state", Washington Times, Jan 29, 2013, http://www. washingtontimes. com/news/2013/jan/29/kerry－nomination－state－passes－senate－foreign－relat/? page＝all. Senate approves Kerry's nomination for secretary of state, Jan 29, 2013.

统安全问题，在对华政策方面影响力较小。目前其对华政策表态总体积极，符合奥巴马政府总体对华政策思路，肯定当前中美关系取得积极进展，提出双方应"以实际行动推动新型大国关系取得更多具体成果"。[①]而因班加西事件而被国会否认出任国务卿的"前科"，也使一向风格硬朗的她小心从事、保持低调。[②] 新任东亚事务助理国务卿丹尼尔·拉塞尔（Daniel Russel）在美国对华政策的操作层面上至关重要。在奥巴马一任期间他曾与白宫亚洲事务顾问贝德（Jeffery Bader）搭档，积极参与了美国重返亚太政策的出台。而其日本问题专家的背景使其在对华政策思路方面与坎贝尔（Kurt Campbell）如出一辙，即一方面保持对华关系稳定，一方面利用日本等盟友伙伴制约中国，塑造中国的"和平崛起"。不过，30 多年的职业外交官生涯使其为人低调，相较于前任坎贝尔在行动能力方面较为逊色。由上所述，奥巴马二任的对华班子总体对华温和，缺乏了希拉里－坎贝尔组合，在对华关系"戏剧性"减少的同时，多了几分理性与和缓。

其次，主要智库、学者均主张美国利用中国的政治过渡期改善对华关系。战略与国际问题研究中心（CSIS）专家唐纳德·格罗斯（Donald Gross）称，奥巴马如能在第二任期内抓住机遇、快速行动，美国在经济上可从中国崛起中获益，在人权问题上能强化声音，并避免在亚太地区出现新冷战。如果美中关系得不到改善，两国将面临彼此不断升温的冲突严重恶化并最终导致新冷战的危险。[③] 进步中心研究员尼娜·哈奇吉安（Nina Hachigian）提出，奥巴马第一任期内采取"合作并展开竞争"战

---

① 《常万全会见哈格尔和赖斯》，人民网，2013 年 8 月 21 日，http://www.people.com.cn/24hour/n/2013/0821/c25408—22635883.html.

② 美国驻利比亚东部城市班加西领事馆去年 9 月 11 日遭袭，造成驻利比亚大使克里斯托弗·史蒂文斯等 4 名美国人丧生。5 天后，赖斯接受媒体采访时说，袭击可能由自发的反美抗议触发。数天后，她改口称这是一起精心策划的"恐怖袭击"。共和党指责赖斯就袭击发生原因发表不同言论，蓄意误导美国民众。面对压力，赖斯去年 12 月请求奥巴马不要提名她为国务卿并获得同意。

③ Donald Gross, "U. S. -China Relations in Obama's Second Term", *Huffington Post*, January 17, 2013, p. 3.

略，深化了与亚洲盟友关系，拓宽了在亚太的政治和经贸接触，同时通过正式或非正式渠道与中国进行交流。奥巴马第二任期需从更大范围内审视对华政策，将中国根植于一个由"法律、规范和机制"构成的网络，全球才会有和平的未来。① 美国国会众院"美中工作小组"共同主席里克·拉森（Rick Larsen）和查尔斯·布斯塔尼（Charles Boustany）联合撰写文章，就全面加强美中双边关系提出多项建议，包括：两国领导人进行更常规与低调的会谈与讨论，以降低互不信任；美中继续通过迫切的经济改革来实现增长，中国继续采取再平衡措施，美国则寻求与中国达成双边投资协定以鼓励双向投资，并改善中国的市场准入情况；建立一种基于相互尊重与信任的两军关系，以应对东海与南海领土争议以及两国在网络、太空和核政策等问题上发生的龃龉。② 约翰·霍普金斯大学的戴维·兰普顿（David Lampton）以中国 4 月公布的《2013 年度国防白皮书》为例称，新一届中国领导人的外交政策轮廓已逐渐显现，"他们虽无意挑战现有国际秩序，但希望国际社会能接纳一个与世界第二大经济体身份相匹配的中国。这并不意味着中国要放弃长期以来奉行的优先国内发展的基本方针。中国将会逐渐回归到之前以务实、合作为基础的外交政策中，因为从长远来看，国内发展将一直会是中国领导层的核心任务，而这有赖于一个良好的国际环境"。③

第三，领导人释放的言论总体积极，对华官方交往频繁、顺畅。从领导人表态看，2 月，副总统拜登（Joe Biden）在受访时表示，美国对中国以和平与负责任的方式崛起持欢迎态度；④ 3 月，美国众院外委会主席罗

---

①　Nina Hachigian，"Sen. Kerry's Approach to China as Secretary of State"，January 24，2013，http://www. americanprogress. org/about/staff/hachigian-nina/view/.

②　Charles Boustany and Rick Larsen，"Opinion：How to improve us-china relations"，http://www. politico. com/story/2013/02/how-to-improve-us-china-relations-88040. html.

③　《美媒：中国外交越来越注重威慑力》，参考消息网，2013 年 5 月 6 日，http://app. cankaoxiaoxi. com/print. php? contentid=203964。

④　"拜登称欢迎中国以负责任的方式崛起"，德国之声转引自《南德意志报》对拜登的采访，2012 年 2 月 2 日，http://dw. de/p/17X2j。

伊斯（Ed Royce, R‐CA）在讲话中表示，中国崛起无疑给美国对亚洲政策带来挑战，但只有合作和接触才符合双方以及美国在亚洲的整体利益。[①] 同月，国安顾问多尼隆在亚洲协会的讲话中重申美国对华不搞遏制，并为构建中美新型大国关系提出具体建议（后文将讨论）。从双方沟通及机制建设看，3月14日，奥巴马打电话给中国领导人习近平，祝贺其就任国家主席，并就美中关系的未来进行了讨论。奥巴马强调坚定地致力于加强双方务实合作，以解决亚洲和世界上最紧迫的经济和安全挑战，包括朝核问题及经贸、军事、网络安全合作；中方则表示中美有着巨大的共同利益，也存在一些分歧，将"坚定不移维护和促进中美关系发展，走出一条新型大国关系之路"。[②] 此后，美国总统特别代表、新任财长雅各布·卢访华，启动双方6个月来首次高层交流，并就"中国经济改革问题重启了对话"。4月克里访华，双方就"以和平手段实现朝鲜半岛无核化"达成共识，并将建立一个网络安全工作组，以"化解两国数月来在网络攻击和网络间谍问题上互相指责所导致的紧张局面"。美中联合声明称，两国意识到气候变化正构成日益严峻的威胁，将就该问题成立联合工作小组。[③] 6月7至8日，中美首脑在加州安纳伯格的"庄园会晤"将过渡期的中美关系推向高潮。从美国的角度看，一是为新时期的中美关系定调，

---

① "美国众院外委会像主席呼吁加强与亚洲经济合作"，美国之音中文报道，2013年3月21日。

② 白宫就此次通话发布通告称，美国财政部长雅各布·卢下周即将访问中国，国务卿克里也将在未来几周访华；强调朝鲜发展核项目对美国、美国盟友及东北亚地区所带来的威胁，表示美中需密切协调，确保朝鲜履行其无核化的承诺；欢迎中国对20国集团承诺迈向一个更加具有弹性的汇率，称美中合作扩展贸易与投资，并讨论知识产权等非常重要；强调网络安全的重要性，认为这是美中的共同挑战。两国元首还同意保持经常、直接的沟通。中国外交部也就此次通话发表声明称，习近平对奥巴马的祝贺表示感谢，指出中美有着巨大的共同利益，也存在一些分歧。中方坚定不移维护和促进中美关系发展，愿同美方一道，牢牢把握两国关系大方向，增进互信，扩大合作，管控分歧，保持高层交往，维护和发展好战略与经济对话、人文交流高层磋商等机制，推进合作伙伴关系建设，走出一条新型大国关系之路。

③ "China, United States to work together to calm down North Korea", CNN, April 13, 2013, http://edition.cnn.com/2013/04/13/world/asia/china‐kerry‐koreas‐tensions/index.html.

彰显与中国发展建设性关系的决心，因为这"符合美国利益"；同时，与中国发展"稳定、有效和建设性的关系"对亚太再平衡至关重要。① 二是以非正式的宽松气氛打造更加亲密的个人关系，包括会议时间（两国领导人上任或连任初期）、长度、议题广泛性及相处的随意程度均先例难寻。② 三是寻求在具体议题上取得进展。奥巴马重点就所谓"网络商业窃密"问题对华施压，并极力辩护"这与棱镜计划所引发的网络监控问题不同"。双方就朝鲜半岛无核化、削减氢氟碳化物的生产和消费、开展网络安全对话、奥巴马二任内中美元首会晤安排等达成共识。美方通报称，中方同意"采取切实步骤实现朝鲜无核化"，并"答应考虑对网络商业窃密展开调查的问题"（"As to investigate specifically the types of activities that we have identified，China have agreed to look at it."）等。③ 后奥巴马在接受美国公共广播公司（PBS）采访中称，他与习近平的非传统会面让两人得以进行坦诚对话，他对美中关系的未来感到乐观；但美国必须明确坚守美国价值观，在中国试图占便宜时将它推回去。④ 这表明了美国总统在面对国内受众时对华态度上更为真实的看法。

7月，第五届战略与经济对话（S&D）于华府举行。战略对话包括网络安全、朝核、气候与环保议题等；经济对话则包含中美双边投资保护协定（BIT）谈判、双边扩大贸易、投资合作、以及金融市场稳定与改革等。就经济层面而言，此次会谈的大方向是进一步强化中国的市场开放，以及

① "Press Briefing By National Security Advisor Tom Donilon"，June 08，2013，http://www. whitehouse. gov/the－press－office/2013/06/09/press－briefing－national－security－advisor－tom－donilon.

② 多尼隆指出中美建交后仅有 2002 年布什与江泽民的克劳福德会晤可与之相比，但前者仅持续 1 个半小时，此次为 8 个小时；前者是在江泽民执政末期，此次则是在习近平主席上任初期，开局意义非常巨大。引自同上。

③ "Press Briefing By National Security Advisor Tom Donilon"，June 08，2013，http://www. whitehouse. gov/the－press－office/2013/06/09/press－briefing－national－security－advisor－tom－donilon.

④ Larisa Epatko，"What's on the Obama-Xi Agenda?"，June 17，2013，http://www. pbs. org/newshour/rundown/2013/06/china－meeting. html.

加强中美两大经济体的经贸合作。此次会谈最重要的突破，在于中国同意以"准入前国民待遇"及"负面清单"为基础①，尽快与美国进行 BIT 实质谈判。美国一直希望中国能在汽车制造、银行、化工和能源等行业项目对美国开放；今后双边投资协定一旦达成，则过去多数美企在中国受限情况可大幅改善，中国企业在美国也能获得类似的市场准入。双方还承诺在能源、环保、卫生、科技与农业等诸多领域加强合作。美国承诺增加投资，提高储蓄率，削减赤字，降低债务，致力于实现中期财政可持续性，并关注货币政策的外溢性和国际影响；中国则承诺推进利率市场化改革，完善分配机制，加快国企改革。战略方面，双方再次确认采取有效步骤促进朝鲜半岛无核化，美国重申对网络商业盗窃的关注，并希望与中国在网络这个"重要的新领域"达成共同规则。美中还同意在阿富汗和东帝汶开展联合项目，这是首次为针对发展问题而建立的经常性机制。奥巴马再次重申"和平解决争端"及"继续支持普世人权的国际标准"，中方则重申在亚太构筑"新型大国关系"的重要性。② 总体而言，尽管在网络、南海、人权等方面分歧明显，但双方均肯定 S&D 作为一个有价值的机制平台对双方深化关系的重要作用，并宣布建立专门的元首特别代表热线以完善机制。在 9 月召开的 G20 会议期间，习近平与奥巴马再次会面，重新确认构建新型大国关系对双方的重要性，肯定 S&D 以来双方的务实进

---

① 所谓准入前国民待遇，是指在企业设立、取得、扩大等阶段给予外国投资者及其投资不低于本国投资者及其投资的待遇。负面清单则是指凡是针对外资的与国民待遇、最惠国待遇不符的管理措施，或业绩要求、高管要求等方面的管理措施均以清单方式列明。相比于正面清单模式，负面清单更加透明，有利于为外商来华投资创造稳定、可预期的投资环境。同时，通过与美商谈负面清单，投资准入有望涵盖更大的范围，有利于扩大开放领域、提高开放水平。

② "Outcomes from U. S. -China Strategic Track", State Department，July 12. 2013，http://iipdigital. usembassy. gov/st/english/texttrans/2013/07/20130712278561. html＃ixzz2g6bK91Uo；"Facts on U. S. -China Dialogue Economic Track"，Department of the Treasury，July 12. 2013，http://iipdigital. usembassy. gov/st/english/texttrans/2013/07/20130712278556. html＃ixzz2g6bgdfpZ.

展，奥巴马重申"欢迎中国和平崛起并有利于亚太及全球的稳定与繁荣"。①

（二）竞争与合作的平衡：现实处理对华关系。

如上一系列积极表态与对华关系的深入发展并非表明美中关系中竞争与分歧已不存在，相反，接受了一任时对华关系"高开低走"、大起大落的经验教训，奥巴马二任对华关系更加理性、现实。在一任初期，奥巴马政府旨在为对华关系奠定基础，以 2009 年 9 月奥巴马访华为标志，双方关系到达顶点。但随着双方深层结构性矛盾发酵，加上奥巴马政府有意推迟了对台军售和会见达赖，到第二年这些麻烦与"天安号"事件等"天灾人祸"相结合，使中美双方均认为对方政策向强硬方摇摆。2010 年 7 月希拉里称南海为美国国家利益，以及 2011 年美国"转向亚太"（pivot to Asia）政策的出台，使中美关系几次濒临谷底。经过美国对华政策由高向低的摆动，美国逐步认识到应使其政策回调到"中间地带"，既谋求合作、又允许竞争，接触与制约或曰合作与竞争的平衡是其现阶段最理想的政策位置。由此，美国政府由合作为主—制约为主—合作与制约相结合，完成一个政策循环。这一竞合共存的对华政策一直延续到其二任。如财政部长卢（Jacob Lew）、多尼隆及拉塞尔等人在阐述对华关系时均提到"良性竞争"，② 在全方位合作的同时展开良性竞争成为其二任对华的核心词。究其实质，就是"管控分歧、展开竞争、深化合作、寻求共同利益"。即一方面承认分歧与竞争的存在，在保留和利用分歧的同时管控危机，在展开竞争的同时防止失控；另一方面最大限度地寻求共识与合作空间，同时以规则为杠杆加大其主控竞争与合作的力度。反映到具体议题上，美国一方面克制低调、沟通合作，另一方面也暗中操弄、加大制约，总体维持了斗

---

① "Remarks by President Obama and President Xi of the People's Republic of China Before Bilateral Meeting", The White House, Sep. 6, 2013, http://www. whitehouse. gov/the－press－office/2013/09/07/remarks－president－obama－and－president－xi－jinping－peoples－republic－china.

② Daniel R. Russel, "Assistant Secretary-Designate, Bureau of East Asian and Pacific Affairs, Before the Senate Foreign Relations Committee", June 20, 2013, http://www. foreign. senate. gov/imo/media/doc/Russel_Testimony. pdf.

而不破、竞合平衡的态势,并未出现重大的关系颠簸或问题失控。

在钓鱼岛问题上,美国在防止激怒中国的同时继续暗中支持日本。一方面,美国明确表示不希望中日紧张升级,对日本施加一定压力,如以"可能刺激中国"为由,反对在安倍访美时支持日本政府解禁集体自卫权。另一方面继续支持作为盟友的日本,包括商讨"最糟糕情况下的紧急方案",以便在中国占领钓鱼岛的情况下,重新夺回这个争议岛屿。① 参谋长联席会议主席邓普西(Martin E. Dempsey)表示一旦中日因东海岛屿主权争议问题发生军事对抗,美国将为日本提供防御保护。"美国不会以牺牲美日关系为代价,换取与中国建立更强劲的关系。"② 哈格尔称,"美国对于这些岛屿的最终主权问题不会选边站,但我们确实认为它们现在处于日本的管辖之下,而且属于美日安保条约的保护范围",美国"反对为寻求破坏日本对该群岛管辖控制权而采取任何单方面或胁迫性的举动"。③ 6月25日,参院外委会通过决议案称,中国海监船等在东海和南海活动日趋频繁,美国"反对在上述两个海域内利用军舰、渔船及飞机等进行威吓",希望当事方保持克制并通过外交途径解决问题④,旨在向中方施压。

---

① "US, Japan review worst-case plans for island dispute", Agence France-Presse(AFP), March 21st, 2013, http://newsinfo. inquirer. net/377425/us — japan — review — worst — case — plans—for—island—dispute.

② "Top US General Reminds China of US Commitment to Japan As tensions rise over island dispute", Apr. 24, 2013, AFP, http://www. defensenews. com/article/20130424/DEFREG03/304240012/Top—US—General—Reminds—China—US—Commitment—Japan.

③ 美国政府认为除"尖阁群岛"以外的冲绳县不存在主权争议问题。美国政府官员的讲话大致可概括为4点。几乎每次都会提到的有两点:第一,在主权归属问题上不采取特定立场。第二,希望和平解决问题。有时还会提到第三点:"尖阁群岛"处于日本管辖之下,适用于日美安保约。最亲日的第四点是:反对任何有损日本施政权的单方行为。迄今为止,明确提到第四点的只有前国务卿希拉里和哈格尔。"Press Conference with Secretary Hagel and Defense Minister Onodera from the Pentagon", April 29, 2013, http://www. defense. gov/transcripts/transcript. aspx? transcriptid=5230.

④ 《美参院通过决议对华施压》,凤凰网,2013年6月26日,转引自日本共同社6月25日日文电,"http://news. ifeng. com/mainland/special/diaoyudaozhengduan/content—3/detail_2013_06/26/26833109_0. shtml? _from_ralated。

在朝鲜问题上，美国借新一轮危机加大寻求中国合作，试图将此树立为中美新型大国关系的典范，但其借危机深化同盟、加大威慑意图仍在。朝核危机发生后，美国敦促中国加强对朝鲜制裁，并对中方警告并制裁朝鲜金融机构表示欢迎。但美国也清醒地认识到难以对中国寄予厚望，如国家情报总监克拉珀（James R. Clapper）在众院作证时称，中国似乎对其盟国朝鲜变幻无常的言行感到"失望"，但它并不希望朝鲜政权倒台，"从地缘政治角度考虑，中国在保持朝鲜的缓冲国地位方面是十分敏感的"。①目前看，尽管双方在半岛无核化方面拥有共识，中方也部分调整了对朝鲜政策、加大对朝施压，但总体看根本矛盾依然存在：美国希望的是朝鲜无核化，为此孤立、制裁、威慑并举，中国则主张半岛的无核化，反对美国借口危机加大军事存在与威慑；美国主张朝鲜必须拿出无核化的实际行动才能与朝鲜对话，而中方主张不预设条件回到六方会谈，因而朝核问题仍处胶着状态。尽管中美加大对朝政策协调，但双方对朝政策根本性对接尚待时日。

网络问题是奥巴马二任以来对华最为关注的具体议题之一。2013 年以来，围绕中国所谓利用军事手段窃取美国商业机密一事，美国政府、国会、舆论掀起几轮对华施压。对网络问题的炒作最初源于 2 月 19 日美国计算机安全公司曼迪昂特（Mandiant）发布的一篇报告，称有证据表明位于上海的一家解放军单位对 140 多个美国公司、政府部门（涉及 20 个行业）盗取秘密信息。此项报告自称通过新型技术手段获得可靠证据，证明这是中国政府授意的行为。②此后一天，奥巴马政府发布《减少盗窃美国贸易机密政府战略》，称将采取措施阻止源于中国等国的经济与网络间谍行为，包括外交接触、改善工业界防御能力、调查和起诉外国实体的偷窃行为、增强法律执行力、提供公众意识等。③自此网络问题成为中美双

---

① "Pentagon：NKorea could launch nuclear missile"，*Reuters*，April 11，2013.

② "China's Army Is Seen as Tied to Hacking Against U. S"，*New York Times*，February 18，2013，http://www.nytimes.com/2013/.../chinas－army－is－seen－as－tied－to－hack.

③ Bonnie Glaser，"Leadership Transition Ends，Bilateral Interaction Picks Up"，*Comparative Connections*，January 2013，CSIS/Pacific Forum CSIS.

边关系中最重要的问题。3月多尼隆在其亚洲协会讲话中批评中国对美国造成的网络威胁，称此已成为美国对华最重要的议程，并对中方提出三项要求：一是公开承认问题"紧迫以及其广泛的危害性"；二是采取步骤调查和停止黑客与盗窃行为；三是举行建设性对话以确立可接受的行为规范。中方对美国的指责一直持否认态度，如外交部称"没有根据"，同时表示愿意与美国合作解决网络问题，构筑规则与合作。此后奥巴马在给习近平打电话时亦提出对网络安全的关注，习近平表示反对网络不良行为，愿与美国保持磋商。克里访华时双方同意确立网络安全工作组，并计划在S&D框架下展开对话。此间美国威瑞森电信公司（Verizon）又发布一项调查报告，称在120起针对美国政府的网络间谍案中，有96％源于中国，且"这主要是因为相关跟踪技术的提升，而非这一行为本身数量在上升"。[①] 4月22日，《华尔街日报》称美国政府正考虑采取更加强硬的姿态，包括贸易制裁、WTO申诉、外交施压、在美国法院起诉中国黑客等。[②] 但美国舆论认为这些措施会泄露美国情报机密或引发贸易战，因而难以推行。5月，美国贸易代表办公室发布2013年"特别301报告"，称中国"窃取美国贸易机密"是个严重问题，"强烈敦促中国政府采取严肃措施终止这些行为，并对借助网络和常规手段窃取贸易机密的行为进行严格调查和惩处"。[③] 此间美国国会议员先后提交惩罚中国黑客行为的议案，并举行多场听证会，"用具体数据展示了美国知识产权所经受的来自中国的网络盗窃行为"，以及美国经济因此受到的伤害，如中国的网络间谍行为让美国在知识产权方面年均损失1500亿至2400亿美元，美国每年因此

---

① Bonnie Glaser, "Leadership Transition Ends, Bilateral Interaction Picks Up", *Comparative Connections*, January 2013, CSIS/Pacific Forum CSIS.

② "US considering Tough Measures against internet theft", *Wall Street Journal*, April 22, 2013, http://online. wsj. com/public/page/archive.

③ 目前美贸易代表办公室并没有因"窃取美国贸易机密"问题而将中国确定为"需要优先关注的国家"。"USTR Releases Annual Special 301 Report on Intellectual Property Rights", May 1, 2013, http://www. ustr. gov/about－us/press－office/press－releases/2013/may/ustr－releases－annual－special－301－report.

大约失去 220 万个就业岗位。[①]

然而，斯诺登事件使中美网络安全博弈中"美攻中守"的模式发生了改变。6 月 6 日，美国《华盛顿邮报》曝光政府机密文件，显示美国国家安全局（NSA）和联邦调查局直接接入微软、谷歌、苹果、脸谱、雅虎等 9 家网络巨头的中心服务器，实时跟踪用户电邮、聊天记录、视频、音频、文件、照片等上网信息，全面监控特定目标及其联系人信息，该计划被称为"棱镜"计划。计划曝光后，美国政府在网络安全上陷入被动，而对爆料者、前国家安全局（NSA）承包商雇员斯诺登的引渡问题又引发了美国与中俄之间的新龃龉。美国先是向中国施加外交压力，警告"香港当局故意选择释放斯诺登，此举会对美中关系产生负面影响"[②]，并辩称"所有国家都针对自己的潜在对手收集情报，但中国的不当行为在于窃取知识产权"。[③] 但此后美国逐步降低调门，开始淡化处理。6 月底奥巴马在访问非洲途中表示，美国不会因此与俄中两国讨价还价，常规的法律渠道足以处理美国引渡斯诺登的要求。[④] 克里亦称，斯诺登的情况不会影响

---

① 7 月 9 日，美国会众议院能源和商务委员会举行听证会，与会议员和专家"用具体数据展示了美国知识产权所经受的来自中国的网络盗窃行为"，以及美国经济因此受到的伤害。此外，3 月 24 日，美国会众院举行听证会，呼吁奥巴马政府除了向"中国等鼓励或参与网络攻击的国家"发出警告外，还应采取进一步措施，"确保相关国家为此付出代价"。5 月 7 日，由民主党参议员卡尔·莱文、杰伊·洛克菲勒以及共和党参议员约翰·麦凯恩、汤姆·科伯恩共同提出"阻止网络盗窃法案"。这项法案要求美国国家情报总监提交年度报告，列出那些"针对美国进行经济和工业领域网络间谍活动的国家"名单以及"通过盗窃网络信息受益的国家"名单。其中"违规最严重的国家"将被列入一个"特别观察名单"。根据该法案，美总统将被要求阻止相关外国产品的进口。该法案并未明确将中国当作一个专门的制裁对象，但"中国是迄今针对美国企业盗窃行动最大的来源地"。6 月 6 日，美国会众院情报委员会主席、共和党人迈克·罗杰斯、民主党众议员蒂姆·赖恩等人提交一项新法案，要求惩罚"中国、俄罗斯或其他外国政府支持的实施网络间谍和盗窃活动的黑客"。具体包括冻结外国黑客在美资产，撤销对黑客及其家属发放签证。

② "Snowden flight harms US—China relations: White House", June 24, 2013, http://en—maktoob. news. yahoo. com/video/snowden—flight—harms—us—china—162447489. html.

③ "Top officer rejects comparison of U. S. , Chinese cyber snooping", *Reuters*, June 27, 2013.

④ "Obama jabs Russia, China on failure to extradite Snowden", *Reuters*, June 27, 2013.

华盛顿和北京的相互协作。在此后的 S&ED 会上，尽管奥巴马及副国务卿伯恩斯（William J. Burns）都再次对华表示了"失望"，但双方仍就网络工作组机制建设、两国网络关系、网络空间国际规则等问题进行了深入交流，并建设性地提出合作倡议，计划年内再举行一次网络工作组会间会。由此可见，尽管事件本身对庄园会后的中美关系提出一大考验，中国采取了不引渡、不收留政策，一方面维护自己的国家利益与道义责任，一方面也注意防止过激、维续对美国关系稳定，在掣肘美国的同时留有余地；而美国则在谴责的同时将压力限制在外交层面，有意将对华关系损害限制在一定程度，并继续推动两国合作机制，双方均维持了斗而不破的大局，亦反映出两国关系的微妙之处。

军事关系上，美国积极谋求两军关系并认为进展"巨大"，同时对华战略疑虑依然存在。奥巴马政府二任甫一开始就强调对华军事关系是一个重要的优先事项。多尼隆 3 月讲话中称"美中军事对话的深化对处理彼此不安全感与潜在竞争至关重要"，应"建立开放与可靠渠道处理可能危机"，此后美国积极推动与中方全方位军事接触。一是高层联系与访问。在邓普西访华前一个月与解放军总参谋长房峰辉进行了通话，中方称愿意与美国"在平等、互利、双赢"基础上构建新型军事关系，共同促进亚太和平与稳定。此后邓普西访华开启两军高层换届以来的首次面对面交流，双方进一步推动了新型军事关系理念：中方强调在尊重彼此核心利益基础上推进安全合作，并对美国关切的网络、朝核问题积极表态，如房峰辉表示，"网络安全一旦失控，产生的影响在某种程度上不亚于一个核弹。需形成共同维护网络安全的理念，制定加强网络管控的机制"；"中国坚决反对朝鲜核试，……愿与各方一道，共同做好朝鲜工作，让他们停止进行核试验"。邓普西则肯定会谈富有成效，称两军已在人道主义救援减灾、反海盗、军事医学等领域展开很好合作，"愿加强战略对话，发展与中方的新型军事关系"。① 5 月，美国海军作战部长格林纳特（Jonathan W.

---

① 《房峰辉会晤邓普西：管好各方人员杜绝网络攻击》，腾讯网，2013 年 4 月 23 日，http://news.qq.com/a/20130423/000309.htm.。

Greenert）在新加坡出席亚洲国际海防展览会期间，与中国南海舰队司令蒋伟烈进行了交谈（此前蒋伟烈参加了美海军轮换部署于新加坡的近海作战军舰"自由号"上举行的招待会）。格林纳特表示要坚持对话承诺，设定议程继续保持中美海军接触。[①] 在7月的S&D上，双方同意探讨制定行动相互通报机制，并继续商讨空海行为准则。8月，中国国防部长常万全访美。双方就加强两军务实合作达成了多项共识：加强两军高层互访，确定解放军总参谋长2014年访美，美国国防部长、海军作战部长2014年访华；在解放军战略规划部和美军参联会战略规划与政策部之间建立对口交流机制；利用国防部防务磋商和海上军事安全磋商等机制，积极探讨建立中美重大军事行动相互通报机制，继续研究有关中美海空军事行为安全准则。[②] 根据中方会议通报，中方对影响两军关系发展的三大障碍表达了关切，并提出可成立工作组，详细探讨解决办法，对此"美方积极回应"，认为成立工作组系中美积极沟通、寻找解决办法的有效途径。[③]

美国认为中国新领导人上台以来对发展两军交流"明显积极"。"我们的方针是把握住摩擦和破坏性竞争，并发展两国一致和可合作的领域"：一是海盗、恐怖主义、扩散和流行病等地区安全威胁；二是根据普遍接受的标准确保对共有领域的准入，包括从海事领域到网络空间和太空领域，两国可帮助建立世界标准和规范；三是促使中国更多参与地区军事接触，从战略上找到两国利益重合的领域，并逐渐建立两军信任。[④] 为此，美国积极致力于推动建立美中军事对话机制。目前两军虽有国防部长和国防部

---

① 5月21日，美国海军作战部长格林纳特在华盛顿智库"新美国安全中心"举办的演讲会上，以"亚太再平衡：加强区域海上安全"为题发表演讲，并透露中国海军司令吴胜利将访美的消息。"Asia-Pacific Rebalance：Strengthening Regional Maritime Security, A Discussion with Admiral Jonathan W. Greenert, Chief of Naval Operations, May 21, 2013, http://www.cnas.org/node/10628.

② 《中美两军达成多项共识，战略规划部门建交流机制》，新华社，2013年8月22日中文电。

③ 《中国军方提议设立工作组解决美国对台售武等障碍》，中国新闻网，2013年08月21日，http://news.xinhuanet.com/mil/2013-08/21/c_117028600.htm.

④ 《海军上将表示中美两国可基于共同点发展关系》，美国国务院信息网站，2013年5月23日。http://iipdigital.usembassy.gov/st/chinese/article/2013/05/20130523147900.html#ixzz2g9fuLrZb。

对话，但美国希望实现军事将领直接通话，如太总司令与中国军方将领直接对话。美国还着重加强对华海洋领域合作，寻求进行"最大限度的多边军事演习"。① 总体看，中美对两军关系的侧重点有所不同。中方强调平等、互利与双赢等一般性原则，美方则重视对话的持续性、务实合作及降低风险等更为实质性的内容，但建立更为紧密的联系、就行事规则进行协商以防止误判是双方共同的愿景。

另一方面，美国对华战略疑虑依然存在。5 月美国国防部发布 2013 年《中国军事与安全态势发展报告》，除重点介绍中国空军和海军力量的增长外，首度以较大的篇幅介绍中日在钓鱼岛问题上的动向和态度，指出中国单方面于 2012 年 9 月公布的钓鱼岛领海基线"不恰当"，"存在法理问题"。报告还指责道，"包括美国政府在内的全球范围大批计算机系统持续受到侵入攻击，其中一些似乎直接由中国政府和军方发起"，目的是"收集美国外交、经济和国防工业基地的情报"。② 中国外交部对此反驳称，确定并公布钓鱼岛的领海基线"完全符合相关国际法和国际实践"。6 月，美中经济与安全评估委员会发布报告称，中国海军正在美国等他国的专属经济区（EEZ）扩大活动，如在夏威夷近海收集情报，向关岛海域派遣舰船，这些活动事先均未向美国海军通报。"这些活动完全违背中国政府的主张，美中应依据规范海上冲突预防措施的国际条约等推进双方对话。"③ 7 月，五角大楼发布《弹道和巡航导弹威胁》报告，称中国军队拥有世界上"最活跃和最多样的弹道导弹计划"，新型的潜射"巨浪 2"型导弹将使中国潜艇在其近海行动区域内，将目标对准美国部分领土。其洲

---

① 美军太平洋司令部司令洛克利尔 4 月 9 日在参院军事委员会接受质询时有如上表述。http://www. c—spanvideo. org/program/311961—1。

② "Military and Security Developments Involving the People's Republic of China 2013", Department of Defense, 2013, pp. 55—61, http://www. defense. gov/pubs/2013_china_report_final. pdf.

③ Kimberly Hsu and Craig Murray, "China's Expanding Military Operations in Foreign Exclusive Economic Zones", US China Economic and Security Review Commission Staff Research Backgrounder, June 19, 2013.

际弹道导弹已将目标对准美，且能射至美国的核弹头数量可能会在未来15 年内超过 100 枚。此外，美国还密切关注中国军方 8 月将 3 颗小型卫星送入轨道，称"这是北京秘密实施的反卫星作战计划的一部分"，表明中国正准备针对卫星实施太空战。[①]

以上是奥巴马二任以来对华议程中最主要的议题。此外，在南海、非洲、人权、经贸等议题上中美的竞合关系亦较为突显。总体上，美国基本上遵循了"管控分歧、展开竞争、深化合作、寻求共同利益"原则，在坦承分歧的同时谋求通过对话、沟通、外交与舆论施压乃至强化与第三方关系的方式迂回处理问题，防止与中国迎面相撞、并加紧构建更深层次的军事与经济合作。这是其现实处理对华关系的真实写照。

（三）亚太再平衡与新型大国关系：新特点、新趋势。

亚太再平衡与新型大国关系均提出于奥巴马一任后期。二者均非全新的政策转变，而是对双方几年来彼此政策的阶段性总结。从 2009 年奥巴马上台伊始的"重返亚太"到 2011 年"转向亚太"（Asia Pivot），再到2012 年的"亚太再平衡"，美国这一以应对中国崛起为中心的政策逐步清晰。而从"致力于建设相互尊重、互利共赢的合作伙伴关系"[②]到 2012 年初时任副主席习近平访美首次提出"前无古人、后启来者"的新型大国关系，谋求新型大国关系逐步成为中国对美政策的新标识。对照二者，前者给中美关系带来的影响主要是消极的，其在二任发生了哪些新变化，这对中国意味着什么，值得研究。而中美领导人过渡期以来，中方积极、全力推动新型大国关系，主动塑造良性对美关系也受到美方的认可，中美"新型大国关系"的风头有盖过"亚太再平衡"之势。如下将从这两个时下中美关系最鲜明的特点切入，以更好地理解奥巴马二任对华政策的新趋势。

首先是奥巴马二任亚太再平衡的新特点及对华影响。从特点看，一是

---

① "Ballistic & Cruise Missile Threat", The National Air and Space Intelligence Center, 2013, p. 5.

② 2011 年胡锦涛访美达成的《联合声明》，美重申"欢迎一个强大、繁荣、成功、在国际事务中发挥更大作用的中国"，中方则表示"欢迎美国作为一个亚太国家为本地区和平、稳定与繁荣做出努力"，双方"致力于共同努力建设相互尊重、互利共赢的合作伙伴关系"。

明确再平衡要持续下去。负责亚太事务的助理国防部长马克·利珀特（Mark Lippert）称，尽管面临预算削减问题，但奥巴马政府"把安全重心转向亚太"的政策将维持不变，将"按照当前的形式"继续执行下去①；海军作战部长格林纳特亦表示，尽管军费面临大幅削减，但美国"重返亚洲"的战略不会受到影响，美国海军在太平洋地区部署新的舰只和高科技武器的计划仍将继续推进。② 在6月的香格里拉对话会上，哈格尔重申2020年前将60％的海军军舰部署到太平洋，还宣布将本土以外60％的空军力量部署亚太。③ 二是强调中国在其中发挥建设性作用。美国试图淡化再平衡"包围"中国的意图，多方论证其必要性与合理性。如帕内塔称："我们向太平洋再平衡的部分原因是，在许多方面……我们未来的经济安全、贸易关系和安全关系都将与该地区息息相关。"④ 多尼隆解释道，"总统本人认为亚洲的未来与美紧密相连，而过去美国对中东和南亚投入过多，现在需要平衡到亚太"。⑤ 美国强调再平衡包括三个支柱：盟友、与新兴大国的伙伴关系、地区机制（特别是以TPP以核心的经济机制），其中包括与中国发展稳定、有效、建设性的关系。"中国对亚太地区的和平与繁荣至关重要，美国试图与其建立一种战略对话及共同应对挑战的机制。与日韩等盟国以及像中国这样的'新兴大国'保持和改善关系，是美国的战略核心。"⑥ 而接纳中国参加环太军演、呼吁美国政府接

---

① "Asia rebalance remains U. S. priority amid fiscal woes", *Reuters*, Feb. 27, 2013.

② "Chief of Naval Operations says Asia-Pacific deployments on schedule", May 10, 2013, http://www. stripes. com/news/pacific/chief－of－naval－operations－says－asia－pacific－deployments－on－schedule－1. 220402.

③ "Shangri-La Dialogue：As Delivered by Secretary of Defense Chuck Hagel", International Institute for Strategic Studies，June 01，2013，http://www. defense. gov/speeches/speech. aspx? speechid＝1785.

④ "Beijing plays key role in Asia-Pacific security：Panetta", Staff Reporter，Feb. 9，2013. http://www. wantchinatimes. com/news－subclass－cnt. aspx? id＝20130209000001&cid＝1101.

⑤ "Complete Transcript：Thomas Donilon at Asia Society, New York, National Security Advisor to President Obama discusses U. S. policy in the Asia-Pacific region in 2013", http://asiasociety. org/new－york/complete－transcript－thomas－donilon－asia－society－new－york.

⑥ 同上。

受中国加入 TPP 等，① 就是美国试图在再平衡框架内融合中国的例证。三是强调军事、经济、价值观之间、以及传统与非传统安全之间的平衡。美国国内认为奥巴马一任过于强调再平衡中的军事因素，引发中国过分反弹。二任以来美国试图强化经济、民主人权以及非传统安全的分量。最明显的一点就是深入推动以 TPP 为核心的亚太经济机制，通过高标准、规则导向架构促使"地区经济开放、透明，贸易投资自由化，环境可持续"。② 美国并不否认 TPP 的战略意图，"它既是经济性也是战略性的，希望经济伙伴关系与外交与安全同盟一样发挥作用"。③ 另一方面，美国开始系统性地强调民主与人权乃再平衡的重要内容。负责民主、人权和劳工事务的助理国务卿帮办丹尼尔·贝尔（Daniel Baer）对此有专门阐述："人权和民主进步也是再平衡的一个目标……因为一个各国都有稳定法治秩序的世界将最持久地符合美国的国家利益，而这有赖于通过人权和民主治理实现。"他认为"亚太地区尽管经济增长迅速、互惠合作机会增多，但仍面临压制人权、操纵选举、缺乏法治、虐待宗教与少数族裔、压制言论及互联网自由等情况"，而"正如奥巴马总统在 2011 年堪培拉讲话中所说的，美国将通过支持公民社会、促进所有人的权利、鼓励开放与问责的政府，实现一个更民主和更尊重人权的亚太，以确保地区的民主、安全和稳定"。④ 此外，再平衡也由传统的军事、经济安全领域向非传统安全领

---

① 前美国助理国防部长约瑟夫·奈在《纽约时报》撰文指出，美国不应该采取围堵中国的政策，2 月 14 日，美国《国际先驱论坛报》刊登美国前总统卡特的国家安全事务助理布热津斯基撰写的题为"大国，而非霸权国"的文章说，，美中应避免将经济竞争演变为政治对立。通过双边和多边方式的相互接触，而非相互排除。比如，美国不应寻求将中国排除在《跨太平洋战略经济伙伴协定》之外。参见：Joseph Nye Jr., "Work With China, Don't Contain It", *New York Times*, Jan. 25, 2013; Zbigniew Brzezinski, "Giants, but Not Hegemons", *International Herald Tribune*, Feb. 16, 2013.

② "Complete Transcript: Thomas Donilon at Asia Society, New York, National Security Advisor to President Obama discusses U. S. policy in the Asia-Pacific region in 2013", http://asiasociety. org/new—york/complete—transcript—thomas—donilon—asia—society—new—york.

③ 同上。

④ Daniel Baer, Deputy Assistant Secretary, Bureau of Democracy, Human Rights, and Labor, "Democracy and Human Rights in the Context of the Asia Rebalance", Testimony As Prepared for Senate Committee on Foreign Relations, Subcommittee on East Asian and Pacific Affairs, http://www. state. gov/j/drl/rls/rm/2013/206498. htm.

域延伸。如今年 7 月美国参院外委会就"再平衡战略中保护环境、粮食及水资源安全问题"举行听证会，批评中国的空气污染不仅是个健康问题，更是政治问题，主张美国更多在多边框架内、在政府治理层面上向中国传授经验，通过把中国纳入 TPP 框架，促其解决环保问题。[①] 最后，美国还强调再平衡是一种机遇。"再平衡提供一种机会，建设合作、信任和做出稳定预期的有韧性的相互关系，这将保护美国的利益，有助于我们随时准备好应对未来的共同挑战。"[②] 这意味着美国试图将再平衡诠释为美国领导下的和平、合作与互信，一方面消解奥巴马一任抛出这一概念时引发的地区紧张与负面效应，另一方面旨在重振美国在亚太的领导地位与"美国治下的和平"。

不过，奥巴马二任以来再平衡的命运也随国内外情势的变化而起伏跌宕。尽管其二任团队非常坚定地推动亚太再平衡，并多次在预算吃紧的情况下重申决心，但受限于内外困局，亚太再平衡也历经了一段蛰伏期。2013 年下半年以来，随着美国内由债务危机引发的两党之争及此后政府关门危机发酵，以及斯诺登、叙利亚、埃及等一系列事态发展，迫使美国暂缓对亚太投入。10 月，奥巴马取消对东南亚访问以及未能出席 APEC 及东亚峰会，更明显地暴露出美国推行亚太再平衡力有不逮。美国舆论惊呼此为"外交灾难"，批评奥巴马"不战而退，等于把此轮东南亚多边外交的主导权拱手让给了中国"；[③] 该举也引发地区国家对美国"信誉"的担忧，为美国力推尽快就 TPP 谈判达成协议的前景注入变数。

面对颓势，美国政府经过一个阶段的调整，对内暂时解决了关门危

---

① "Hearing on the Rebalance to Asia III: Protecting the Environment and Ensuring Food and Water Security in East Asia and the Pacific", Before the Senate Foreign Relations Subcommittee on East Asian and Pacific Affairs United States Senate, July 19—24, 2013. http://www. foreign. senate. gov/imo/media/doc/Economy_Testimony. pdf.

② "Complete Transcript: Thomas Donilon at Asia Society, New York, National Security Advisor to President Obama discusses U. S. policy in the Asia-Pacific region in 2013", http://asiasociety. org/new—york/complete—transcript—thomas—donilon—asia—society—new—york.

③ "Obama's Absence Leaves China as Dominant Force at Asia-Pacific", *New York Times*, October 7, 2013.

机，对外与俄罗斯就叙利亚问题达成妥协，并积极谋求与伊朗改善关系，内外环境暂处有利态势。这使奥巴马有机会腾出手来重启亚太再平衡。以11月20日国安会顾问赖斯在乔治敦大学的演讲为标志，美国亚太再平衡再次发力。赖斯在此篇《美国在亚洲的未来》为题的演讲中，基本继承了多尼隆讲话中的基本框架，强调安全、经济、人权是美国在亚太重要的国家利益。但在其列举的亚太再平衡支柱中，除了增进安全、扩大繁荣、促进民主价值观外，还增加了第四个支柱：促进人的尊严。这预示着赖斯版亚太再平衡中人权、民主的份量更重。其次，在中美新型大国关系方面，讲话指出下一步旨在实现其的"可操作化"（operationalize）。为此赖斯主要列举了朝核、伊核、阿富汗、苏丹以及两军关系合作。另一方面赖斯继续强调规制中国的重要性，包括和平解决争端、民主与人权等规则。赖斯表示"欢迎中国加入TPP"，但其前提是"符合其高标准"。最后，赖斯表示支持日本成立国家安全委员会并发挥"更积极的地区作用"；加强与澳大利亚、韩国反导合作；在朝鲜问题上坚持以非核化作为开启谈判的前提。[①]

如上表明，赖斯版亚太再平衡是既有政策的继承与发展。未来，人权、民主议题会更加突显；与中国建构新型大国关系背景下软制约会更加突出；美国强化与日、韩、澳同盟并令其发挥更多自主作用趋势会继续。

这些新变化对中国而言有双重影响。从积极方面看，美国强调与中国发展建设性关系的重要性，试图将此纳入再平衡支柱之一，以抵消强化盟友体系对华的不利影响；同时通过提升经济、人权、非传统安全的分量以弱化军事的作用，降低对华军事压力；美国强调再平衡是机遇，并重振美国领导下的地区和平、稳定、繁荣，与中国追求的地区目标有一定重合；美国强调规则、法律、秩序等软性因素使对华制约较为隐性、间接。但总体而言再平衡对华的实质并未改变，改变的仅是方式而已。即通过接触与制约、软硬手段齐备的方式规制、塑造中国崛起的方向，令中国按照美国

---

① Susan Rice, "America's Future in Asia", Remarks As Prepared for Delivery At Georgetown University, The White House, Office of the Press Secretary, Nov. 20, 2013.

的步调和认可的方式崛起。尽管其合作与接触面更加全方位，但也反映出美国更加迫切地需要影响中国崛起的方向，人权、经济、非传统安全、规则等不过增添了其实现这一目标的新抓手。

其次是美国对新型大国关系的考虑及对华影响。目前看，美国政府层面对新型大国关系的反应总体是积极的。2012 年初习近平副主席访美首次提出后的半个月，希拉里就回应道："美中关系前所未有……应共同树立典范，在合作与竞争之间达到一种稳定和对方可接受的平衡。"[①] 2013 年以来，从 3 月的多尼隆讲话到 6 月的庄园会，直至 9 月 G20 上习近平主席与奥巴马再次见面，美国对此均有积极表态。在多尼隆讲话中，勾勒出未来对华关系的基本框架：一是将对华关系作为亚太再平衡战略的重要支柱；二是列举美国对华新四原则：良性竞争、管控分歧、美国利益优先、价值观；三是提出构建新型大国关系具体建议：(1) 否定大国崛起必然冲突论断，强调领导人的主观能动性；（2）重申美国对华不搞遏制；(3) 从四个层面构建新型大国关系：军事对话、经济良性竞争与互补、规则、以及"开放、可控、安全、可信赖、稳定"的网络安全。[②] 庄园会上奥巴马表示希望与华建立"基于互利、相互尊重的新合作范例"（a new model of cooperation between countries based on mutual interest and mutual respect"；[③] 而 G20 会议上与习近平主席再次见面时，奥巴马直接使用了"新型大国关系"（a new model of great power relations）的说法，但加上了"基于务实合作与建设性解决分歧"（based on practical cooperation and constructively managing differences）的后缀。[④] 如上表明，对于

---

① Hillary Clinton, "Remebering the Nixon Trip and US-China Relations Today", US Institute for Peace and Nixon Foundation Conference, March 7, 2012.

② "Complete Transcript: Thomas Donilon at Asia Society, New York, National Security Advisor to President Obama discusses U. S. policy in the Asia-Pacific region in 2013", http://asiasociety. org/new—york/complete—transcript—thomas—donilon—asia—society—new—york.

③ "Transcript: Remarks by President Obama and President Xi Jinping of the People's Republic of China Before Bilateral Meeting", The White House Office of the Press Secretary, June 7, 2013.

④ 同上。

中国主动提出这一概念美国总体上是欢迎的，认为"中国为更好地崛起创造和平环境，也意味着更多对美国接触"，[①] 但对于如何解读和诠释其具体内容，双方既有重合点，也有明显分歧。美国强调的是务实合作及处理分歧，中国强调的则是"不冲突、不对抗，相互尊重，互利共赢"三大内涵。[②] 在不冲突、不对抗与互利共赢层面双方有共识，美国提出的合作与解决分歧均从属于这一层面。但美国更强调合作的务实性，反映出其不想"纠缠于"大的理念，而想从具体的问题入手构建新型大国关系。朝核与网络问题就被当成为检验新型大国关系的"试金石"。美国还强调建设性地处理分歧，是其所谓和平解决争端、不能单方面改变日本行政管辖权现状（钓鱼岛）、通过多边方式谈判"南海行为准则"等观点的缩影。这对中国"相互尊重彼此的核心利益与重大关切"形成一定挑战。

事实上，在中国诠释的新型大国关系中，"相互尊重"最牵动美国的神经。如国会研究局报告认为这是对美国国家利益的根本挑战。尊重中国的社会制度和发展道路挑战美国民主与普世人权价值观，而维护领海核心利益则挑战美国对台、日、菲的义务，以及美国"和平与稳定、国际法、航行自由、商业自由"等国家利益。[③] 但另一方面，美国提出"建设性处理分歧"表明其并不想因彼此的根本不同而出现冲突或摩擦，而是谋求建设性地解决。这一立场可理解为暗中呼应了中方"相互尊重"的要求，但何为"建设性"的定义权仍在美国手中。从这个意义上讲，美国对中方提出的"核心利益"至少保留了一种开放态度，即是可以通过和平、谈判的方式解决的。当然，美国将新型大国关系这张牌接过来并给予积极反馈也反映其三重意图：一是按照美国意愿塑造，特别是要中国在全球与地区问题上发挥"负责任"的作用；二是装上自身的议程，如以务实合作带动中

---

①　David M. Lampton, "A New Type of Major-Power Relationship: Seeking a Durable Foundation for U. S. -China Ties", *Asia Policy*, number 16, July 2013.

②　《习近平：中国梦与美国梦是相通的》，凤凰卫视，2013 年 6 月 8 日，http://news.ifeng. com/mainland/special/xjpmzzx/content－3/detail_2013_06/08/26248131_0. shtml。

③　Susan V. Lawrence, "U. S. -China Relations: Policy Issues", Congressional Research Service, Aug 1, 2013, http://www. fas. org/sgp/crs/row/R41108. pdf。

美新型军事关系，以及以朝核、网络窃密等议题填充新型大国关系的单子；三是约束中国的行为、塑造中国的崛起。在与中国的全面合作中融合、规制中国的行为，使其向美国意愿的方向转变。

总之，本节通过奥巴马二任以来美国对华的高层交往与机制沟通、相关表述、主要议题演变以及亚太再平衡与新型大国关系两条主线所呈现出的新特点，试图说明新时期美国对华政策是在"管控分歧、展开竞争、深化合作、寻求共同利益"中谋求一种竞争与合作的平衡。其实质是不愿对抗又不排斥竞争，以全方位合作与一定程度的制约塑造中国崛起的进程与方向，这可以说是非零和政策目标的新发展。其最佳结果是把中国演化为美国领导下的合作伙伴，最坏的结果是制造出一个全面对立的敌人。为此，美国必须软硬两手结合，一方面合作、融合与塑造；一方面制约、规制与对冲，即所谓"做好最坏打算、同时向最好的方向努力"。其所蕴含的意味是：第一，美国对华执行的是一种矛盾性的政策。既追求现实政治中的绝对安全与美国的中心地位，又承认全球化与相互依存背景下合作与共担的必要性；既承认中国强大、稳定对美有好处，又担忧中国崛起挑战美国主导权；既把中国当为亚太再平衡中的重要支柱，又借同盟体系、第三方因素、限制中方解决核心利益问题的选择等方式掣肘中国。这一矛盾性反映出美国对华定位仍处纠结之中，也为中国的主动塑造提供了空间。第二，美国对中国所关切的核心利益问题存在妥协的可能性。尽管价值观分歧依在并暗流涌动，但美国不谋求推翻中国社会主义制度及颠覆国家体制；尽管暗中插手、间接操弄犹在，但美国不支持新疆、西藏分裂或台湾独立；尽管以盟国利益为由在南海、东海问题上加大对华施压，但美国对中方以非军事方式塑造的"新现状"除口头抗议外，并无更多办法；尽管不同价值观、市场哲学、社会制度与经济模式导致双方经济摩擦频频，但双方均认识到难以承认经济"脱钩"的代价。换言之，尽管有不满和问题，但美国并无意于直接挑战中国的核心利益，其所能做的只是间接找些麻烦。而随着美国国内尽管少数但仍在上升的对华"战略妥协"派声音的上升，① 美国重新修正有关对台军售、抵海侦察、出口管制等攸关中国核心利益的政策并非没有可能。第三，实现新型大国关系有赖于双方共同的努力。考察美国对华政策必须引入中国为变量，观察中国政策与行为对美国造成的影响与反应，并主动有意识地塑造美国的政策与行为。在美国视为核心利益的核不扩散、航行自由、经济开放、国际秩序等方面，中方也无意于挑战、并存在合作的空间。而双方矛盾的焦点在于美国的盟友安全，即所谓美国的信誉（credibility）问题。这预示着中国在处理领海争端时必须考虑美国介入的可能性，以实力为后盾、以和平为手段仍为上策之选。

二、中期：取决于美国国内因素

从中期看，美国对华政策如何演变将取决于美国经济的恢复及两党政治生态的变化。从美国经济看，囿于债务上限、制造业回归乏力及其所导致的失业率居高不下等结构性问题，奥巴马今后三年经济复兴方面仍面临重大挑战。自 2011 年美国国会爆发债务上限争议以来，债务问题一直成为套在美国政府头上的紧箍咒。2011 年底，美国联邦债务总规模为 14.76 万亿美元，已达 GDP 比重的 98.7％。而如美国联邦债务规模继续膨胀，2016 年将突破 20 万亿美元，占 GDP 比重将达到 106％。公共债务入不敷出，将不仅殃及经济增长与就业，也会使社会政策陷入停顿，最终酿成 2013 年 10 月联邦政府停摆两周的后果。尽管两党在最后关头达成临时协议，同意将债务上限延长至 2 月 7 日，但这仅属暂时性，并未消除美国财政的结构性问题，两党恶斗、政府瘫痪以及美元中心地位的挑战将长期持续。其次，奥巴马所谓制造业回归初见成效，但深层问题很难解决。目前在奥巴马政府优惠税收、外贸、投资等政策刺激及总统高调的"国情号召"下，加上页

---

① 近年来美国内"接纳"中国、或与中国达成"战略妥协"的主流学者增多。如基辛格主张美中应"共同演进"，通过建立"太平洋共同体"避免形成两大集团。傅立民提出美应放弃维持军事霸权的奢望，通过美中合作延续领导世界与全球体系。罗伯特·罗斯认为，如长远看中国足够强大，美可考虑将东亚"势力范围"让给中国。以查尔斯·格拉泽、迈克尔·史文为代表的"弃台派"更主张美重申对台政策特别是军售政策，以避免美中"在 21 世纪冲突的风险"。具体可参见本书第四章。

岩气技术导致成本下降、四轮"量化宽松"带来的美国资产与人才相对便宜等优势，包括苹果、卡特彼勒、福特、GE甚至星巴克等公司均将部分制造业转回美国，创造了数万个工作岗位，也使制造业回归初见成效。尽管如此，中期看美国"逆全球化而动"的"再工业化"计划是否成功也受到多方因素制约，包括相较中国完整的产业链及制造业人才的缺乏、劳动力成本相对高位等，使其回归前景仍不确定，对缓解就业也是杯水车薪。由此，尽管中期看美国经济有复苏迹象，但完全恢复仍是个相当缓慢的过程。

未来美国对华政策仍将在相当时间内受国内经济拖累而显得力不从心。这使其在经济上会继续对华采纳强硬政策，包括更多双反措施和WTO起诉等，以缓解国内民意并对华施压。而制造业回归本身对中国而言也是一大挑战，因为中国工业结构调整的转型升级方向与美国重振制造业战略的发展方向在许多方面是一致的，相互间存在着激烈的竞争、冲突与挤出关系，预计将加大两国间的贸易摩擦。而"量化宽松"政策除可能引发货币战，还将推高全球通货膨胀，使中国面临持续流动性危机风险。而面对经济不逮，美国战略上对华崛起焦虑感会持续发酵，亚太再平衡等预防与制约措施会进一步跟进，但限于国内经济的支持能力不足，对华制约的象征性可能大于实质性。在民主化问题上亦会继续奉行较为低调的政策。当然，中期内亦不排除美国经济较快恢复的可能性，特别是如其成功利用好美元中心货币地位、页岩气革命、再工业化等优势与机遇，实现国力较快增长的可能性不是没有。美国经济向好会增强与中国打交道的信心，塑造中国崛起的能力与意愿均会增强。从而其对华的战略与民主化压力会增大，而经济压力则会相应减少。

中期影响美国对华政策的另一个变量是美国国内政治生态的演变，特别是民主党、共和党各自的变化及其影响。目前美国战略界普遍认为共和党处于冷战结束以来最为分裂的时刻，这一趋向不会在短时间内改变。与此相对应，民主党却日益发展成为一个"国家安全"政党。奥巴马被认为是自肯尼迪以来民主党在涉国家安全方面最成功的总统。① 过去共和党一

---

① 2012年6月19日，美利坚大学国际关系学院院长詹姆斯·戈德吉尔（James Goldgeier）与现代院学者座谈时谈及这一观点。

向被视为"外交型"政党，擅长于考虑大战略，特别是当美国外交有一个明确敌人时，共和党更善于推行强硬的外交政策和战略。但目前看，共和党内部已分裂为四个阵营：一是以老布什、斯考罗夫斯特等传统保守派为主的现实主义者，主张发挥美国权力、国际机制的积极作用；二是孤立主义者，要求美国实力回缩并全部撤回海外驻军；三是美国国会的"国家主义者"，在外交上有三种主张，一是扩大北约，二是升级对台关系，三是发展导弹防御；四是新保派，反对尼克松的大国外交，主张回到里根时代的"促进民主"。这四派曾在"9·11"后因反恐而站在一起，但随着伊拉克撤军问题而产生严重分裂至今。这为民主党的重新整合提供了契机。在上世纪70、80年代民主党曾被认为过于软弱，在与苏联争夺方面过于胆小，90年代的"人道主义干涉"也是出于世界"利益"而非美国利益。奥巴马上台后，进一步扩大阿富汗战争，在反恐方面非常强硬，在亚洲推行"再平衡"战略，不断强化与地区盟友关系，在外交上连连"得分"，使美国外交重新回归国家安全大战略。

吉姆斯·曼（James Mann）在其新作《奥巴马族》一书中更分析了民主党由反越战的"自由主义政党"向"国家安全政党"蜕变的漫长历程。他提出早在70年代开始民主党就出现两种思潮，一是强调美国与其他国家的相互依赖，二是认为美国是一个"不可或缺"的国家（indispensible nation），对全球稳定与进步至关重要。实际上，卡特政府在苏联入侵阿富汗后采取了相当强硬的应对措施，而人们往往关注的是其"人权外交"。民主党这一强调大战略的力量冷战后一直在积蓄能量，在小布什时期形成两大流派，一是以进步主义中心为代表的鸽派，另一个是以新美国安全中心为代表的鹰派。前者代表民主自由派，后者则以克林顿时期的前官员和参政人士为主，认为民主党在国家安全问题上并非软弱，必要时也主张动用武力。这一派为维护美国国家权力提出各种药方，如约瑟夫·奈提出的软实力，及进步中心提出的"合成力"（Integrated Power），后来演变为"巧实力"。

这些大战略人士被视为民主党的外交之星，积极谋划民主党的外交方向，包括坎贝尔、斯坦伯格、多尼隆、托尼·布林肯（Tony Blinken，民

主党在参院外委会的重要人士）、米歇尔·弗努瓦（Michèle Flournoy）、
米德伟（Derek J. Mitchell）等人。在这些人看来，第一，民主党不应由
一群和平主义者组成，而应理解国家安全问题，在必要时使用武力，特别
是针对人道主义目标。第二，美国应是世界上最强大的国家，但与布什时
期的新保守派不同，美国不应强制或命令其他国家做美国希望的事。即便
是在冷战高峰期美国都不能让古巴这样的国家服从。第三，经济力量应与
军事力量一样重要，如果不是更重要的话。第四，美国应通过确立国际秩
序的一般规则领导世界，其中美也应遵守而不是例外。第五，应特别重视
盟国的作用，以及北约、美日同盟等集体安全机制。奥巴马上台后，该派
成为影响奥巴马对外政策的主要侧近人士，主张美国在承认中印等大国崛
起的同时尽力维护美国的国际地位。[1]

　　可以预见，民主党与共和党的政治生态演变乃非一日之功，而是有着
深厚的历史脉络，也昭示着其未来趋势。从两党的政治角力看，尽管美国
政治极化现象明显，但民主党整合成功、共和党日显凄凉的状况可望持续
下去。从中期看，共和党很难扭转分裂局面，特别是非白人族裔崛起更为
共和党基本盘注入不利因素。由此，三年后民主党再次胜出的可能性要大
于共和党。特别是 2013 年以来，两党围绕"债务上限"问题恶斗明显，
共和党因导致"政府关门"而受多方诟病，更陷入不利地位，民主党成为
"两害相权取其轻"（lesser of the two evils）的选择。而民主党日趋大战
略化的走向亦会长久影响到美国对华政策。第一，谋求与中国合作应是
美国对华政策的主调；第二，经济因素在两国关系中会愈来愈突出；第
三，以规则为导向、谋求规制中国将长期伴随中国崛起；第四，美国加
大盟友关系会长期持续掣肘中国的发展方向。当然，鉴于美国两党政治
更替的现实，共和党如重整得力，或者民主党经济上失误放大，则共和
党上台亦有可能。从 2012 年竞选时两党党纲涉华部分分析看，二者在
对华政策上差距不大；而 2009 年奥巴马上台后基本延续了小布什时期

---

　　① James Mann, *The Obamaians*, *The Struggle Inside the White House to Redefine Ameri-can Power*, VIKING，2012, pp. 30—101.

对华政策的历史事实也表明，未来不管谁上台，在对华政策上的延续性总会大于变化性。

三、长期：取决于中美各自政策

长远看美国对华政策演变最主要的是取决于中国的政策。只要中国继续维持现状，不挑战美国的国际地位（包括排挤美国在东亚存在，在地区组成与美国对抗的联盟，推出中国意识形态模式），不打破现状（包括台湾、东海、南海），继续维持对美合作政策，美国对华政策也将继续奉行非零和应对模式，即全面合作加有限制约以塑造中国的崛起。在这一过程中，不排除两国关系更加走近的情况，如成为战略盟友或者实现 G2 型的美中共治。但其前提是美中价值观的趋同。换言之，双方只有在认知上达到高度认同，才有可能成为战略盟友或真正的伙伴，这取决于中国政治改革的决心，也取决于美国对非西方价值观的认同度。而从现实判断，最有可能的情况是延续目前的状态，即双方在价值观差异基础上谋求非零和的关系模式，即非对抗前提下最大程度的合作关系。这种关系旨在避免直接对抗和冲突，但难以做出战略妥协，双方均是在战术层次进行合作，不可能成为真正盟友或伙伴。因而现阶段所谓新型大国关系，应是在中国成为世界老二后，美中双方均想通过合作而非对抗锁定这对关系。其反映的是双方避免权力转移时可能发生的误判，而非真正要达成某种更高的伙伴关系。因为真正的伙伴关系取决于双方意识形态的演变及包容性。

总之，出于美中安全上的相互核威慑、经济上高度相互依序、主观上合作愿望强烈的现实，美中关系只能是一种非零和关系。而囿于价值观差异、中国核心利益问题悬而未决等结构性矛盾，双方结成更亲近的盟友关系亦是不现实的。未来，只要中国不改变现状、不挑战美国在亚洲的领导地位，双方关系的轨迹仍将在非零和框架内摆动，即不会成为盟友，也不会成为全面对抗的敌手。对此双方都必须有清醒的认识，即不能对战略互信有过多期盼，也应防止对美中关系过于悲观，用冷战或对抗来看待这组关系，因为只要中国维持现状，美国就不可能对中国奉行全面遏制政策。当然，还有一种可能是中国在不挑战现状的前提下美国对中国价值观认同发生变化，变得更加包容和求同存异，其结果就是基辛格的"共同演进"、共存共荣的理想状态，也是新型大国关系的最好归宿。

另一方面，如果中国改变现状，包括通过武力解决台湾、东海、南海问题，美国对华政策则可能发生改变。其前景有二。

（一）战略妥协。随着美国实力下降，其对外干涉的意愿与能力均可能下降。美国有可能放弃对东亚的部分领导权，通过将某些"势力范围"让渡给中国而为中国崛起"腾挪"空间。实际上，包括史文、罗伯特·罗斯、查尔斯·格拉泽等人在内的少数现实主义者已开始撰文表明这些观点，主张美国适当退出东亚而承认中国的地区主导权。但这些观点在美国国内属于极少数派，也为主流所排斥，因而在今后相当长时间内难以发挥作用。美国对华战略妥协必须有两个前提：一是美国国力下降到难以支撑在东亚的主导权；二是美国主观上愿意收缩和放弃主导权。如美国愿意同时包容中国价值观则双方可能实现"共同演进"。另一方面，从长期看，就中美实力对比而言，尽管多数预言强调美国衰落、中国崛起的趋势，但美国重振经济、引领新一轮技术革命的可能性同样存在；而让美国真正承认自身的衰落并主动放弃领导权也非轻而易举之事。当然，如果中国改变意识形态成为美国的价值观盟友，美国就像默认英国"保护马岛"一样默认中国在东亚的某些领土主权，这种可能性也存在。但应考虑到，如果没有意识形态冲突，大国之间还有文化冲突，大国的国家利益也很难一致，美国对待中国这样的大国改变现状的确缺乏应对经验，妥协绝非心甘情愿。

（二）全面对抗。美国对中国打破现状很可能有两个层次的判断：一是解决核心利益问题，二是谋求东亚霸权。对于前者美国接受的容纳度会高一些，因为不管美国愿不愿意，这些问题有一定的历史合法性，中国也未将核心利益看成是称霸亚洲而是攸关民意与历史耻辱的范畴，这使美国对抗的合法性较弱；而后者则类似于苏美争霸，对此美国全面遏制的可能性很大，但中国作出这一选择的可能性不大。由此，未来决定美国是否对华全面对抗的最重要变量是中国如何解决核心利益问题。而随着美国国力下降，美国战略妥协的可能性尽管增大，但美国动用巧实力规制中国的压力亦会增大，希望通过提高中国解决问题的成本防止中国"铤而走险"，从而将中国约束在现状中；而如中国不服"约束"，美国亦做好了"击败"中国的准备。但彼时美国是否愿意为此花一场全面对抗的代价以及是否能够"击败"中国都值得质疑。其决心将取决于中美实力对比。如美国国力衰微而中国强盛，美国在核心利益问题上做出某种妥协的可能性较大；而如美国经济恢复、国力振兴，则美国对抗的可能性大。当然，任何情况下如中国主动挑战美国霸权，则美国会毫不迟疑地实施对华全面遏制。（具体情况见图表八）

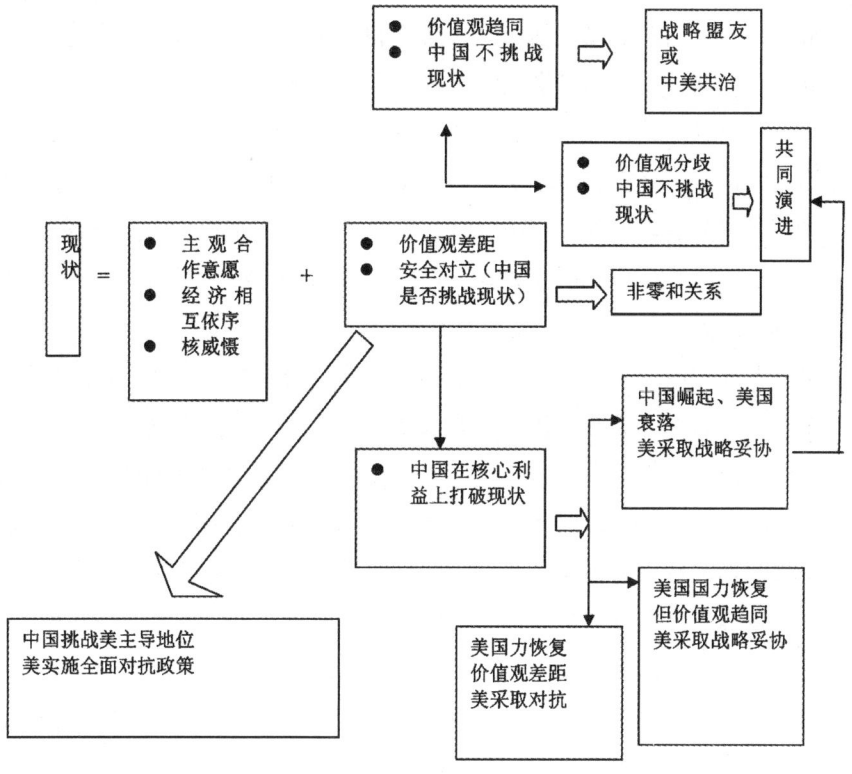

图表八 中国的政策选择及美对华长远趋势

小　结

本章试图通过将非零和政策纳入历史与理论的框架，找出其历史延续性与变化性，并通过中美关系结构的三个层次——安全、经济与制度以及中美关系非零和博弈的实现过程，再次印证其历史定位与理论适用性。在此基础上对未来近、中、远三个阶段可能走向的分析，认为近期美国会延续非零和基本框架，即在继续全方位夯实合作的同时强化制约手段；中期看，如其国内经济恢复顺利，则在战略和民主化方面对华压力会增大，经济方面压力缩小；而如经济继续下滑，则对华经济压力还会加大，在战略和民主化问题上压力会变小，或者"雷声大、雨点小"。长远看，如中国维持现状，美国会继续实施非零和政策，双方关系实质性改善难，除非中国改变意识形态；如中国打破现状，美国在国力下降的情况下可能妥协；国力恢复则可能对抗；而如中国直接挑战美国主导权，美国则极有可能实施全面遏制。

由上可知，只要中国不改变现状，美国对华大体会奉行一种合作政策。而合作如提升到真正伙伴关系或获得真正战略互信有赖于价值观变量的变化，而在近中期范围内几乎是不可能的。美国对华政策更有可能是继续一种非零和关系模式，即在全面合作与有限制约框架下求得塑造中国，令中国崛起有益于国际体系并按美国意愿进行合作。有鉴于此，中方亦应分阶段地思考和制订政策。首先，应着眼于长远，从中国崛起的战略方向上确立目标，从而为中美关系的长远发展制定合理的预期。本书认为，中国战略的长远方向仍应致力于和平崛起，通过和平手段解决核心利益问题。纵然美国衰落客观上有利于为崛起国让步权力，但这一过程绝不会轻易发生，甚至可能冒战争的代价；即便中国有望成为世界第一，但要解决有关核心利益的历史遗留问题，必须考虑周边地区与国家的立场、感情及利益，否则就是重蹈强权之覆辙，从道义及大国威望方面受损。其次，中国的和平崛起还应包括对现有国际秩序的继承与改造。应该承认，正是与美国关系的大体稳定使中国获得相对和平的国际环境，而美国接触政策本身亦强调将中国纳入国际体系，通过发展经济关系促使中国的变化。中国和平发展道路与美国要求中国改革开放的需要相互呼应，造就了今天中国崛起的诸多成就。而随着美国实力下降，未来国际体系该如何维持和发展？其中中国作为一个崛起的老二应该如何面对这样的国际体系，是与美国一道提供所谓全球公共产品，还是趁美国国力不逮，按照自己的方式改造这一体系？本书认为，中国的长远之路应是在继承的基础上予以修正。一方面，中国应改变内向型战略文化，将中华独特的文明与世界普世价值融合起来，建设性参与国际体系，从而赋予中国外交以更具合法性和接受性的道义力量；另一方面，囿于美国主导西方文明的诸多弊端，也造成尚武文化、例外主义、双重标准、二元对立等缺陷，使国际社会的诸多难症积重难返、病入膏肓，而美欧模式本身所正在遭遇的困境也削弱了其主导国际体系的能力与合法性。未来中国的崛起既不能自绝于现有国际体系之外，因为中国的改革开放已与之深深地捆绑在一起，也不能完全"拿来"，因为西方一些思想理念如武力干涉、民主输出等非中国所认可。中国所能做的是接受世界的潮流与方向，如强调国际规则、国际机制的作用，如重视非传统安全合作的必要性，如更积极地提供地区与全球公共产品，并利用中国特有的一些哲学智慧包括"和而不同"、"求同存异"、"天人合一"、"中道思想"等影响西方"二元对立"的政治哲学，从而使国际体系向更加均衡、包容、和谐的方向发展。

就近中期而言，美国对华政策会继续围绕非零和关系目标而在合作与制约之间摇摆。积极、全方位的合作仍将是主流，但对中国防范面也会同时增大，即所谓"两手都要硬"。对此，中国应做到坦然处之、心中有数。一方面，对美国寻求中国合作应有清醒认识。首先承认合作总比对抗好；其次应尽可能拓展合作的深度与广度，在机制化上继续做文章，以为两国关系找到更多压舱石；最后还应对合作的高度客观把握，因为在目前条件下双方实现关系的实质性转圜是不可能的，除非中国改变性质，或者美国改变对中国"异类"国家的认识，否则战略互疑会长期存在。另一方面，对美国的制约也应认识到位，防止过分解读。正如本书所分析的，对华实施一场全面遏制就连美国国内最极端的强硬派也认为是不可能的。美国所能做的是通过制约塑造中国崛起的选择和方向，防范中国改变现状的行为。如对中国发起一场以削弱为目的的新冷战，其受害的将不仅是中国，也有美国。从这个意义上讲，美国对华制约更是象征性而非实质性的，它不在于阻止中国崛起，而在于塑造中国崛起的方向。

综上所述，构建新型大国关系亦应分阶段、分层次：现阶段着力于避免冲突，夯实合作框架；第二阶段着力于以和平方式解决核心利益问题，在此与美国应有战略协调与默契，同时照顾到第三方立场，实现主权利益与外交利益的平衡；长远则力谋共同演进、共存共荣，共同发挥世界领导作用。今后几年对美中关系最大的考验是中国的核心利益问题。围绕这些问题美国会加大对华威慑与防范，但如果威慑失效，中国采取打破现状的行为，美国也并不必然会诉诸于武力，战略妥协的可能性是存在的。但中方应考虑这些行为所带来的外交与软实力成本，防止"赢得一场战役而输掉整个战争"的局面，从而坚定地执行和平崛起政策，通过问题的搁置、约束以寻求最终双赢的解决。

结　论

本书通过对奥巴马政府对华政策的认知与行为两个层面的分析，得出其以寻求应对中国崛起的非零和关系模式为目标，并对这一政策进行了国内考量与前景预估。首先，从认知上看，奥巴马政府执政团队的中国观及其出台的相应战略报告均认为，中国崛起已是不可逆转的事实，由此美国应谋求一种非零和的相处之道而非全面遏制，只有这样才能最好服务于美国利益。其次，从奥巴马政府第一任内对华政策的具体展开看，由最初高起点的基础奠定期，到第二阶段的螺旋下降期，再到第三年的再平衡期，直至最后的寻求建立"新型大国关系"期，美国试图摸索出一整套行之有效的应对中国崛起的非零和办法，这些办法必须既能最大限度服务于美国利益，又能令中国接受，从而使两国关系不至于倒行逆施或者全盘对抗。本书认为，这套办法是全面合作加有限对抗的结合体。全面合作体现在以合作求合作、以合作化危机，通过沟通谈判、外交施压、讨价还价、策略性妥协、战略释疑等合作行为解决多数问题；有限制约则体现在软、硬两个方面，其中软制约包括舆论、规则、外交制约及外援与公共外交，硬制约则包括威慑与预防、制裁与威胁使用制裁、情报与渗透等强制性手段。而其中奥巴马政府对华政策体现出最明显的特征就是，第一，领导人特别强调合作及不遏制中国的意图；第二，对华关系中特别重视规则等软制衡手段的运用；第三，关键时刻决不退缩，该强硬时则强硬，这是奥巴马政府体现民主党大战略思想的具体体现。不过，其强硬亦是有底线的，就是不导致真正的对抗，这是由美国国家利益决定而非以个人意愿为转移的。从这个意义上讲，美国对华的非零和关系亦是不得已而为之、不得不为之之举。

再次，在如上基础上本书对奥巴马政府的对华政策进行了整体评估和预测。奥巴马政府对华的非零和思想乃美国国内最大共识的结果。政治思想光谱左端的共荣派要求美中共治，光谱右端的遏制派则主张加大对华遏制，但其所代表的均非主流。要求塑造中国崛起方向的塑造派才是美国国内多数看法，即通过有效组合合作与制约，使中国实现有利于美国利益和现有国际秩序的崛起。奥巴马对华非零和关系模式是冷战后美国对华政策定位历史演变的结果。冷战后尽管美国对华政策几起几落，但美国试图将中国纳入美国主导国际体系的思路一直没有改变，并通过全面接触加防范对冲双轨手法实现这一目标。如果说小布什时期"利益攸关方"的定位已承认中国崛起为事实，奥巴马上台后中国GDP的实质性提升更使其将如何应对"老二"的中国摆在议事日程的第一位。奥巴马政府采取的政策是延续美国一贯政策，特别强调新时期与中国确立非零和关系的重要性。未来，美国对华关系演变最重要的问题锁定在中国所谓核心利益问题上。如果中国决心维持现状而现实也允许，则美国对华政策将继续沿现有框架进行下去，甚至存在共同演进或走向真正伙伴的可能性；如不管是主动还是被动，中国核心利益问题的现有格局被打破，美中直接冲撞的可能性会增大。中国不仅要冒险考验美国的决心，也要考验自己在地区的外交资产能否持续。由此，中国选择和平崛起是最优选择，而在这一点上亦符合美国利益，从而为美中关系的长远稳定奠定了基础。

参考文献

一、主要中文参考文献

（一）著作与编著

[1] 许嘉等著：《美国国际关系理论研究》，时事出版社 2008 年版。

[2] 阎学通、孙学峰：《中国崛起及其战略》，北京大学出版社 2005 年版。

[3] 《国际战略与安全形势评估》，中国现代国际关系研究院 2010/2011 版。

[4] 《中国国际战略评论 2012》，世界知识出版社 2012 年版。

[5] ［美］约翰·米勒－怀特、戴敏著：《奥巴马执政后的中美关系：应对共同挑战》，中共中央党校出版社 2009 年版。

[6] 《未来五年的中国——机遇与调整》，清华－布鲁金斯公共政策研究中心 2012 年版。

[7] 谢益显主编：《中国当代外交史（1949—2001）》，中国青年出版社 2004 年版。

[8] 阎学通等：《中国崛起：国际环境评估》，天津人民出版社 1998 年版。

[9] 苏格：《美国对华政策与台湾问题》，世界知识出版社 1998 年版。

[10] 翟晓敏：《冷战后的美国军事战略》，国防大学出版社 1999 年版。

[11] 刘连第、汪大为编著：《中美关系的轨迹：1993 年—2000 年大事纵览》，时事出版社 2001 年版。

[12] 陈舟：《美国安全战略与东亚：美国著名国际战略家访谈录》，世界知识出版社 2002 年版。

[13] 方连庆、王炳元主编：《国际关系史》（战后卷），北京大学出版社 2006 年版。

[14] 赵景芳著：《美国战略文化研究》，时事出版社 2009 年版。

[15] 吴心伯：《太平洋上不太平：后冷战时代的美国亚太安全战略》，上复旦大学出版社 2006 年版。

[16] 王缉思等：《冷战后的美国外交（1989—2000）》，时事出版社 2008 年版。

[17] 徐睿：《遏制与崛起——美国全面遏制中国经济发展问题之研究》，中山大学版社 2009 年版。

[18] 黄柏富主编：《"9·11"事件后美国国家安全战略文件汇编》，军事出版社 2002 年版。

[19] 王帆：《美国的亚太联盟》，世界知识出版社 2007 年版。

[20] 刘建飞：《美国与反共主义——论美国对社会主义国家的意识形态外交》，中国社会科学出版社 2001 年版。

[21] [美] 小罗伯特·普法尔茨格拉夫、詹姆斯·多尔蒂著：《争论中的国际关系理论》，阎学通等译，世界知识出版社 2003 年版。

[22] 朱锋、[美] 罗伯特·罗斯主编：《中国崛起：理论与政策的视角》，上海人民出版社 2008 年 3 月版。

[23] [英] 李德·哈特著：《战略论：间接路线》，钮先钟译，上海人民出版社 2010 年 4 月版。

[24] [美] 肯尼思·沃尔兹著：《国际政治理论》，胡少华等译，中国人民公安大学出版社 1992 年版。

［25］［美］罗伯特·基欧汉著：《霸权之后：世界政治经济中的合作与纷争》，苏长河、信强、何曜等译，上海人民出版社 2001 年版。

［26］［美］大卫·A. 鲍德温著：《新现实主义和新自由制度主义》，肖欢荣译，浙江人民出版社 2001 年版。

［27］［美］扎卡里·卡拉内尔著：《中美国：从激烈对抗到超级融合》，吴雪译，中信出版社 2010 年版。

［28］［美］约翰·伊肯伯里主编：《美国无敌：均势的未来》，韩召颖译，北京大学出版社 2005 年版。

［29］［美］约瑟夫·S. 奈著：《硬权力与软权力》，门洪华译，北京大学出版社 2005 年版。

［30］［美］约翰·米尔斯海默：《大国政治的悲剧》，唐小松、王义桅译，上海人民出版社 2003 年版。

［31］［美］布热津斯基：《美国的首要地位及其地缘战略》，中国国际问题研究所译，上海人民出版社 1998 年版。

［32］［美］克里斯托弗·莱恩：《和平的幻想：1940 年以来的美国大战略》，孙建中译，上海人民出版社 2009 年版。

［33］［美］理查德·M. 尼克松：《超越和平》，范建民等译，世界知识出版社 1995 年版。

［34］［美］罗伯特·基欧汉、约瑟夫·奈著：《权力与相互依赖》，门洪华译，北京大学出版社 2002 年版。

［35］［美］肯尼斯·华尔兹：《国际政治理论》，信强译，中国人民大学出版社 1992 年版。

［36］［美］摩根索著：《国家间政治：寻求权力与和平的斗争》，徐昕、郝望、李保平译，中国人民大学出版社 1990 年版。

［37］［美］亚历山大·温特：《国际政治的社会理论》，秦亚青译，上海人民出版社 2000 年版。

［38］［美］罗伯特·基欧汉：《霸权之后——世界政治经济中的合作与纷争》，东方编译所译，上海人民出版社 2001 年版。

[39] ［美］兹比格纽·布热津斯基：《大棋局——美国的首要地缘战
略》，中国国际问题研究所译，上海人民出版社 2000 年版。

[40] ［美］约翰·加迪斯：《遏制战略：战后美国国家安全政策》，时
殷弘、李庆四、樊吉社译，世界知识出版社 2005 年版。

（二）中文报刊文章

[41] 杨剑：《美国二元战略伙伴系统的构建与调适》，《现代国际关
系》2011 年第 10 期。

[42] 李莉、张庆彩：《美学界关于美对台军售政策的辩论》，《现代国
际关系》2011 年第 10 期。

[43] 陈东晓：《奥巴马主义及其对中美关系的影响》，《国际展望》
2010 年第 4 期。

[44] 周琪：《奥巴马主义及其在国内外的制约》，《国际经济评论》
2010 年第 3 期。

[45] 吴金平：《奥巴马的新政及美国对华政策走向》，《和平与发展》
2009 年第 2 期。

[46] 杨成：《选择性介入的回归与美国领导地位的重塑：奥巴马对外
战略思想评析》，《国际论坛》2010 年第 9 期。

[47] 萨本望、喻舒曼：《奥巴马政府〈国家安全战略报告〉评述》，
《国际政治研究》2011 年第 1 期。

[48] 韩志立：《奥巴马的国际战略变革：美国智库国际战略报告文本
解读》，《美国研究》2010 年第 2 期。

[49] 赵穗生：《奥巴马对华积极接触政策及其挑战》，《美国问题研
究》2011 年第 1 期。

[50] ［美］丹尼尔·德茨纳：《奥巴马是否有一个大战略》，《决策与
信息》2012 年第 2 期。

[51] 嵩琨：《奥巴马亚太团队的特点与执政理念》，《国际资料信息》
2009 年第 7 期。

[52] 唐彦林：《奥巴马政府巧实力外交政策评析》，《当代亚太》2010

年第 1 期。

[53] 甘钧先、申根焕：《奥巴马政府安全战略调整评析》，《外交评论》2011 年第 2 期。

[54] 房广顺、唐彦林：《奥巴马政府的二十国集团战略评析》，《美国研究》2011 年第 2 期。

[55] 钟龙彪：《奥巴马政府的国家安全战略调整及其对中美关系的影响》，《国际问题研究》2010 年第 4 期。

[56] 林冈：《奥巴马政府的两岸关系政策》，《国际问题研究》2010 年第 1 期。

[57] 吴友富：《奥巴马政府的巧实力战略》，《国际观察》2010 年第 4 期。

[58] 钱文荣：《奥巴马政府的全球战略重心东移》，《和平与发展》2011 年第 4 期。

[59] 夏立平：《奥巴马政府的台海政策及其影响》，《美国研究》2011 年第 2 期。

[60] 刘学成：《奥巴马政府的外交框架与对华政策走势》，《国际问题研究》2009 年第 2 期。

[61] 朱锋：《奥巴马政府的外交与安全战略：变革时代已经来临?》，《和平与发展》2009 年第 3 期。

[62] 付瑞红：《奥巴马政府东亚战略的特征及影响》，《现代国际关系》2009 年第 9 期。

[63] 刘鸣：《奥巴马政府东亚战略调整及其对中国的影响》，《现代国际关系》2011 年第 2 期。

[64] 唐彦林：《奥巴马政府东亚政策的调整及中国的应对》，《东北亚论坛》2010 年第 3 期。

[65] 刘鹏：《奥巴马政府对华军事战略的两面性》，《国际资料信息》2010 年第 8 期。

[66] 卞庆祖：《奥巴马政府对华政策和中美关系》，《和平与发展》2010 年第 2 期。

[67] 袁鹏：《奥巴马政府对华政策与中美关系未来》，《国际展望》2009 年第 3 期。

[68] 李振广：《奥巴马政府对台军售的深层原因分析》，《和平与发展》2010 年第 4 期。

[69] 朱锋：《奥巴马政府对外战略调整：评估与展望》，《和平与发展》2010 年第 1 期。

[70] 钱文荣：《奥巴马政府全球战略调整及对我影响》，《亚非纵横》2011 年第 2 期。

[71] 张颖：《奥巴马政府时期〈纽约时报〉对中国国家形象认知与塑造的文本分析》，《国际关系学院院报》2011 年第 5 期。

[72] 陈积敏：《奥巴马政府新军事战略评析》，《现代国际关系》2012 年第 2 期。

[73] 许嘉：《奥巴马政府亚太安全战略探析》，《和平与发展》2010 年第 2 期。

[74] 朱锋：《奥巴马政府亚太战略调整及其影响》，《现代国际关系》2012 年第 1 期。

[75] 程群：《奥巴马政府与美国外交政策军事化趋势》，《现代国际关系》2009 年第 10 期。

[76] 金灿荣、刘世强：《奥巴马执政以来的中美关系》，《美国研究》2009 年第 4 期。

[77] 刘俊波：《从战略忍耐到奥巴马的对朝政策》，《国际问题研究》2010 年第 6 期。

[78] 杨成：《从战略收缩到伙伴能力建设：奥巴马政府战略调整进入新阶段》，《现代国际关系》2010 年第 7 期。

[79] [美] 戴维·斯基德莫尔：《从布什到奥巴马：美国对国际制度政策的延续与变化》，《南京大学学报》2011 年第 4 期。

[80] 梁亚滨：《从利益攸关方到战略再保证：霸权衰落下的中美关系》，《当代亚太》2010 年第 3 期。

[81] 达巍：《对近期中美关系波折的几点反思》，《外交评论》2010

年第 2 期。

[82] 阎学通：《对中美关系不稳定性的分析》，《世界政治与经济》2010 年第 12 期。

[83] 《复杂的中美关系需常态性的危机管理——与史文的对话》，《社会观察》2012 年第 3 期。

[84] 周敏凯：《后金融危机阶段美国对华新定位》，《国际展望》2011 年第 3 期。

[85] 卞庆祖：《纪念尼克松访华 40 周年——在利益与冲突中发展前行的中美关系》，《和平与发展》2012 年第 2 期。

[86] 崔天凯：《坚定不移地推进中美合作伙伴关系》，《国际问题研究》2012 年第 2 期。

[87] 倪世雄、赵曙光：《结构性互动：中美关系 60 年》，《美国问题研究》2010 年第 2 期。

[88] 阮建平：《经济与安全再平衡下的美国对华政策调整》，《东北亚论坛》2011 年第 1 期。

[89] 刘建华、张学朋：《扩张与收缩：论美国外交的周期性》，《太平洋学报》2011 年第 9 期。

[90] 潘亚玲：《冷战后美国对华战略转变的根本逻辑与手段：兼论奥巴马政府的对华政策》，《当代亚太》2010 年第 3 期。

[91] 吴心伯：《论奥巴马政府的亚太战略》，《国际问题研究》2012 年第 2 期。

[92] 袁征：《论奥巴马政府对外战略的调整》，《和平与发展》2010 年第 1 期。

[93] 王爱冬、李颖：《论现实主义权力观与奥巴马的外交战略》，《国际关系学院院报》2012 年第 2 期。

[94] 腾建群：《论中美关系的第三方因素》，《国际问题研究》2011 年第 1 期。

[95] 鞠海龙：《美国奥巴马政府南海政策研究》，《当代亚太》2011 年第 3 期。

[96] 惠春琳：《"奥巴马主义"评析》，《中央党校学报》2011 年第 6 期。

[97] 卢峰：《测量中国》，《国际经济评论》2012 年第 1 期。

[98] 崔天凯：《坚定不移推进中美合作伙伴关系》，《国际问题研究》2012 年第 2 期。

[99] 沈大伟：《2011 年的美中关系：从脆弱到实质性稳定》，《国际展望》2011 年第 6 期。

[100] 《李光耀估计：国内生产总值中国 20 年内将超越美国》，《联合早报》2011 年 7 月 12 日。

[101] 《美国国防部长帕内塔出席香格里拉对话会》，新华社华盛顿 2012 年 6 月 7 日电。

[102] 《美国礼遇中国引世界惊讶，专家呼吁保持清醒》，《环球时报》2009 年 7 月 28 日。

[103] 陈向阳：《共建中美合作伙伴关系》，《瞭望》2011 年 1 月 24 日。

[104] 丁刚：《是时候用'金融武器'来惩罚华盛顿了》，《环球时报》2011 年 8 月 4 日。

[105] 《陈德铭在 APEC 会议期间接受中央电视台专访》，商务部新闻办，2011 年 11 月 21 日。

[106] 《王岐山对美喊话：不平衡的复苏好过平衡的衰退》，《人民日报》2011 年 11 月 22 日。

[107] 《中国维护领土主权的意志不容试探》，《人民日报》2012 年 1 月 17 日。

[108] 《中国投否决票恰是对叙人民负责》，《人民日报》2012 年 2 月 6 日。

[109] 《美对华出口管制迄今口惠实不至》，《经济参考报》2012 年 4 月 27 日。

[110] 新华社时评：《警惕外来势力插手南海问题》，《人民日报海外版》2010 年 7 月 28 日。

（三）电子文献类

[111] 《美军在中国周边频繁动作强化东亚岛屿锁链》，凤凰网，2012

年 11 月 7 日。

[112] 社科院：《2030 年中国将成老龄化程度最高的国家》，http://www. chinanews. com/gu/2010/09－10/2526415. shtml.

[113] 《坎贝尔：18 大后美中关系不变》，美国中文网，2012 年 10 月 9 日，http://www. news. sinovision. net/portal. php? mod＝view＆aid＝232084.

[114] 《反倾销与反补贴调查：中国扳回一局》，中新网，2009 年 11 月 12 日。

[115] 罗援：《对台军售：要让美国知道疼》，新华网，2010 年 1 月 18 日。

[116] 《杨洁篪谈中美关系》，新华网，2010 年 3 月 7 日。

[117] 《王岐山在第二轮中美战略与经济对话的讲话》，人民网，http://world. people. com. cn/GB18212/191426。

[118] 《外交部就美韩黄海联合军演答问：密切跟踪事态发展》，人民网，2010 年 6 月 29 日。

[119] 《温家宝重申人民币未低估》，凤凰网，2010 年 3 月 15 日。

[120] 《马晓天会见美军太平洋总部司令及美国助理国防部长》，新华网，2010 年 5 月 25 日。

[121] 《马晓天称中国强烈反对在中国领水附近进行的黄海军演》，凤凰网，2010 年 7 月 1 日。

[122] 《姜瑜就美韩军演答记者问》，新华网，2010 年 8 月 6 日。

[123] 《姜瑜答记者问》，人民网，2010 年 9 月 13 日。

[124] 《中国外交部就美国航母进入黄海参加美韩军演表态》，凤凰网，2010 年 11 月 27 日。

[125] 《中国政府对伊核问题的立场》，新华网，2010 年 9 月 15 日。

[126] 《财政部副部长：中方质疑美国量化宽松货币政策》，新华网，2010 年 11 月 8 日。

[127] 《中美商贸联委会的双方承诺及后续工作》，《卡内基中国透视》，2011 年 2 月 22 日，http://chinese. carnegieendowment.

org/pubilications:fa＝42698。

[128] 罗援：《美国的三大错误决策将导致满盘皆输》，人民网，2011
年 11 月 28 日。

[129]《美中寻求军事关系的和谐之音》，美国之音中文网站，2012
年 5 月 22 日。

[130]《中美联合声明（全文）》，新华网，2011 年 1 月 19 日。

[131]《外交部：中方对 TPP 持开放态度》，新华网，2011 年 11 月
15 日。

[132]《中国警惕希拉里搅局南太》，新华网，2012 年 9 月 3 日。

[133]《外交部发言人华春莹主持例行记者会》，外交部网站，2012
年 11 月 19。

[134]《罗援：应把钓鱼岛划为靶场打响'海上人民战争'》，环球网，
2012 年 8 月 21 日。

[135]《陈德铭：美国国会新通过贸易法案不符合国际规则及其国内
法》，新华网，2012 年 3 月 7 日。

[136]《美邀请中国参加环太平洋演习，专家称可减少发生误判》，凤
凰网，2012 年 11 月 29 日。

[137]《外交部：举行中美日三边官方对话只是美方想法》，中国网，
2010 年 11 月 2 日。

二、英文参考文献

（一）英文著作

[1] James Mann, *The Obamians：the Struggle inside White House to
Redefine American Power*, Viking Penguin：2012.

[2] Jeffrey A. Bader, *Obama and China's Rise：An Insider's Ac-
count of America's Asia Strategy*, Brookings Institution Press,

2012.

[3] Martin S. Indyk, Kenneth G. Lieberthal, *Bending History: Barack Obama's Foreign Policy*, The Brookings Institution, 2012.

[4] Janathan Alter, *The Promise: President Obama, Year One*, New York: Simon and Shuster, 2010.

[5] John Gerard Ruggie, ed. , *Multilateralism Matters: The Theory and Praxis of an Institutional Form*, New York: Columbia University Press, 1993.

[6] Martha Finnemore, *National Interests in International Society*, New York: Cornell University Press, 1996.

[7] Alastair Iain Johnston and Robert S. Ross ed. , *Engaging China, the Management of an Emerging Power* (London: Routledge, 1999).

[8] Henry Kissinger, *On China*, The Penguin Press, NY, 2011.

[9] David C. Gompert, Philip C. Saunders, *The Paradox of Power: Sino-American Strategic Restraint in an Age of Vulnerability*, Center For the Study of Chinese Military Affairs, National Defense University, Dec. 12, 2011.

[10] Warren Cohen, *America's Responses to China: A History of Sino-American Relations*, Columbia University Press, 2010.

[11] James Mann, The Obamaians, *The Struggle Inside the White House to Redefine American Power*, VIKING: 2012.

[12] Steven W. Hook, U. S. Foreign Policy, *The Paradox of World Power*, Washington DC: CQ Press. 2011.

[13] Michael Swaine, *America's Challenge, Engaging a Rising China in the 21ˢᵗ Century*, Carneign Endowment for International Peace, 2011.

[14] Eugene R. Wittkopf, Charles W. Kegley, Jr. James M. Scott, *American Foreign Policy: Pattern and Process*, Peking Uni-

versity Press，2003.

[15] Joseph S. Nye，*The Paradox of American Power*，Oxford University Press，2002.

(二) 重要言论、文件与报告

[16] "Remarks by Senator Obama：The War We Need to Win," Washington，August 1，2007，http://www. barackobama. com/2007/08/01/the_war_we_need_to_win.

[17] Barack Obama，"A World That Stands as One," speech，Berlin，July 24，2008，www. huggingtonpost. com/2008/07/24/obama－in－berlin－video－of_n_114771. html.

[18] "Text：Obama's speech inCairo"，*New York Times*，June 4，2009.

[19] Hillary Rodham Clinton，"Security and Opportunity for the 21st Century"，*Foreign Affairs*，Nov/Dec，2007.

[20] Hillary Rodham Clinton，"Foreign Policy Address at the Council on Foreign Relations"，July 15，2009.

[21] Hillary Rodham Clinton，"America's Pacific Century"，Remarks，East-West Center Honolulu，November 10，2011.

[22] Hillary Rodham Clinton，"America's Pacific Century," *Foreign Policy*，Nov. 2011.

[23] Hillary Clinton，"Remembering the Nixon Trip and US-China Relations Today"，US Institute for Peace and Nixon Foundation Conference，March 7，2012.

[24] Hillary Rodham Clinton，"Forrestal Lecture at the Naval Academy"，Remarks，Annapolis，April 10，2012.

[25] Kurt Campbell，Nirav Patel，"The Power of Balance：America in IAsia"，Center for a New America Security，June 11，2008.

[26] "China's Arrival：The Long March to Global Power"，Keynote

Address by: US Deputy Secretary of State James B. Steinberg, Sep. 24, 2009. http://www. cnas. org/files/multimedia/decuments/Deputy％ 20secretary％ 20James％ 20Steinberg＇s％ 202009％20Transcript. pdf.

[27] Kurt Campbell, "The Asia-Pacific Century", June 13, 2012, http://www. cnas. org/audio － 2012 － conference － opening － keynote.

[28] "US, China can live in peace", Kurt Campbell, Australian Broadcasting Corporation, Dec. 8, 2011.

[29] "Maritime Territorial Disputes and Sovereignty Issues in Asia", Kurt Campbell, Testimony at U. S. Senate Committee on Foreign Relations, Sep. 20, 2012.

[30] Kurt Campbell, "We have been over-invested in Iraq and Afghanistan", interview conducted jointly for Weekly Toyo Keizai, and Dispatch Japan. November 2010.

[31] "Panetta endorses a sustained development of US-China military ties", Sep. 20, 2012, http://www. defense. gov/home/daily/features/0711－message.

[32] "America's Approach to Asia: Kurt Campbell Lays out His Three-pronged Approach to Engaging with Asia", Forbes, April 27, 2010.

[33] "Gates: U. S. -China Relationship Improving", The Associated Press, June 3, 2011.

[34] "Gates: Careful Revamp ofU. S. National Security Team", The Seattle Times, June 1, 2011.

[35] "In Commencement Speech, Gates Warns Against Deep Cuts", Defense News, May 22, 2011.

[36] "Panetta toursAsia to advance 'pivot'", Washington Times, Sep. 15, 2012.

[37] "Panetta: Asia Pivot not aimed atChina", *The New York Times*, Sep. 18, 2012.

[38] "President Obama outlines a New Global Military Strategy", *The Boston Globe*, Jan 6, 2012.

[39] "Rebalancing Toward The Asia-Pacific Requires The 'Three Mores', Dempsey Says", July 18, 2012, *Defense Daily*. [40] "Remarks by Deputy Secretary of Defense Ashton B. Carter at the Woodrow Wilson Center", Asia Program, October 03, 2012.

[41] Kathleen Hicks, "U. S. Forward Presence in the Asia-Pacific Region", Keynote Speech, Conference at CSIS, Sep. 21, 2012.

[42] "U. S. Pacific Commander Wants 'Candid' Talks in Beijing", *Voice of America*, July 10, 2009.

[43] "Biden Tells West Point Cadets: prepare for new threats", *Reuters*, May 26, 2012.

[44] "Remarks by the Vice President at Sichuan University", The White House, Aug. 21, 2011.

[45] Joseph R. Biden, "China's Rise isn't Our Demise", *The New York Times*, Sep. 7, 2011.

[46] "Press Conference of U. S. Chief of Naval Operations Admiral Gary Roughhead", Press Release, Embassy of the U. S. in Beijing, April 19, 2009.

[47] "Gates, Willard Seek More Engagement With China", http://www. allmilitary. com/board/viewtopic. php? id=26090.

[48] "Keating Queries Stance on China", http://www. theage. con. an/national/keating—queties—stance—on—china—20090702—615. html.

[49] "North Korea: Working to Produce Strong Resolution", Deputy Secretary Steinberg, http://www. state. gov/s/d/former/steinberg/steinbergtravel/2009. 169360. htm.

[50] "State of the Union With John King, Interview With Barack Obama", *CNN*, Sep. 20, 2009.

[51] "State's Steinberg on Recent Trip to Asia", March 29, 2010, http://iipdigital. usembassy. gov/st/english/text/2010/04/2010402175740.

[52] "Obama Wants 'Positive' Ties With China-White House", *AFP*, Mar. 30, 2010.

[53] "Obama, Hu Talk Nuclear, Economic Issues By Phone", *CNN*, April 2, 2010.

[54] "Adm. Mullen's Speech at the 2010 Asia Society Washington's Annual Dinner", June 9. 2010, Asia society.

[55] "US Warns Over Recession Risks as G20 Meeting Starts",June 27, 2010, *BBC News*. [56]"Remarks by President Obama and President Medvedev of Russia at Joint Press Conference", The White House, Press Release, June 24, 2010.

[57] "Senator Questions Arms Sales to Taiwan", *Reuters*, June 16, 2010.

[58] Hillary Rodham Clinton, "Foreign Policy Address at the Council on Foreign Relations", July 15, 2009, http://www. america. gov/st/peacesec—chinese/2009/July/20090717143527xjsnommis9. 745425e—02. html? CP. rss＝true.

[59] James B. Steinberg, "First Session: The United States and China: Visions of Global Order", The keynote speech to the Eighth Institute of International Strategic Studies (IISS) Global Strategic Review conference held in Geneva, Switzerland, Sep. 2010.

[60] "US South Korea Announce Yellow Sea Exercises", News, U. S. Department of Defense, Aug. 18, 2010.

[61] Hillary Clinton, "Remarks at Press Availability", , Hanoi, Vietnam, http://www. state. gov. secretary/rm/2010/07/145095. htm.

［62］ "China Taking 'More Aggressive' Stance at Sea"：US Admiral，http：//www. spacewar. com/reports/china－taking－more－aggressive－stance－at－sea－us－admiral－999. html.

［63］ "China must act responsibly：US Commander"，*Reuters*，Sept. 19，2010.

［64］ Kurt Campbell，"Briefing on Secretary Clinton's Upcoming Travel to the Asia-Pacific Region"，Oct. 26，2010，http：//usraustralia. state. gov/us－02/2010/10/26/dsl. html.

［65］ "Mullen Criticizes China Over North Korea"，*The New York Times*，Dec. 8，2010.

［66］ Hillary Rodham Clinton，"America's Engagement in the Asia-Pacific"，Oct. 28，2010，Honolulu，The State Department.

［67］ "Gates：US Seeks Stronger Security Relationship in Asia"，Nov. 6，2010，US Dept. of Defense.

［68］ "Obama：China's Prosperity Needs Guidance in An International Framework"，http：//www. wantchinatimes. com/news－subclass－cnt. aspx? id＝20101110000146&cid＝1101.

［69］ "Press Gaggle by NSC Senior Director for Asian Affairs"，Jeff Bader，Nov. 9. 2010，http：//www. presidency. ucsb. edu/press－briefing. php? year＝2010.

［70］ "Lieberman Warns China Not to Undermine South Korea Sanctions"，http：//thecable. foreignpolicy. com/node/413451.

［71］ "China Agrees to Significant Intellectual Property Rights Enforcement Initiatives，Market Opening，and Revisions to its Indigenous Innovation Policies"，Press Release，Commerce，Dec. 15，2010.

［72］ "Pentagon Talks Advance US-China Relations"，Defense Department，Dec. 10，2010.

［73］ "US-China Strategic and Economic Dialogue 2011：Outcomes of the Strategic Track", The State Department, May 10, 2011.

[74] "Remarks With Philippines Foreign Secretary Albert Del Rosario After Their Meeting", June 23, 2011, The State Department.

[75] "Press Availability With General Chen Bingde", Joint Chiefs of Staff, July 11, 2011.

[76] "Remarks by President Obama and Prime Minister Gillard of Australia in Joint Press Conference", Nov. 16, 2011.

[77] "From GMA, Our Interview With Secretary Hillary Clinton", *ABC News*, Nov. 18, 2011.

[78] "US Appeals Court Disappointing Ruling Against Countervailing Duties", htt://www. tradereform. org/2011/12/us－appeals－court－disappointing－ruling－against－court.

[79] "Press Gaggle by Michael Froman", Deputy National Security Advisor for International Economic Affairs, Nov. 12, 2011, http://fpc. state. gov/177058. htm.

[80] Michael Schiffer, "China Report Notes Military Modernization", US Department of Defense, Aug. 24, 2011.

[81] "Panetta Praises China for Response to Taiwan Arms Sale", *VOA*, Oct. 13, 2011.

[82] "Gates: North Korea will pose direct threat to US", *AP*, Jan. 11, 2011.

[83] "Press Conference by Obama, Japanese Prime Minister Noda", The White House, April 30, 2012.

[84] Hillary Clinton, "Remarks With Timor-Leste Prime Minister Xanana Gusmao", June 9, 2012.

[85] Thomas Donilon, "President Obama's Asia Policy and Upcoming Trip to the Region" ,Speech on CSIS Conference, Nov 15, 2012.

[86] "Top US official meets families of Tibetan self-immolators",

Reuters, Dec. 1, 2012.

[87] Leon E. Panetta, "Shangri-la Security Dialogue, As Delivered by Secretary of Defense", US Dept. of Defense, June 2. 2012.

[88] Thomas Donilon, "President Obama's Asia Policy and Upcoming Trip to the Region", Speech on CSIS Conference, Nov 15, 2012.

[89] "US Commander reaffirms Philippines defense treaty", *ABS-CBN News*, April 22, 2012.

[90] Patrick Ventrell, "South China Sea", Press Statement, The State Department, Aug. 3, 2012.

[91] "Obama to Press Hu on North Korea, Iran at Seoul Nuclear Summit", March 20, 2012, http://www. bloomberg. com/news/2012 — 03 — 20/obama — to — visit — dmr — during — south—korea—trip—white—house—says. html.

[92] "Launch of the Interagency Trade Enforcement Center", Office of US Trade Representative, Feb. 28, 2012.

[93] John Ikenberry, "China's Rise and the future of the West", *Foreign Affairs*, Jan/Feb. 2008.

[94] "Senator Lugar Urges More Action on Internet Freedom", Feb. 15, 201, http://www. state. gov/pdcommission/library/174951. htm.

[95] "Full Text of S. 3254(112th): National Defense Authorization Act for Fiscal 2013", http://govtrack. us/congress/bills/12/s3254/text.

[96] "US-China Relations: A View from the US Senate", Keynoted by John Kerry, Center for American Progress, Dec. 7, 2010.

[97] "A National Security Strategy for a New Century", The White House, Oct. 1998.

[98] "The United States Security Strategy For the East Asia-Pacific

Region", The Department of Defense, 1998.

[99] "The National Security Strategy of The United States of America", The White House, September 2002.

[100] "The National Security Strategy of The United States of America", The White House, March 16, 2006.

[101] "Quadrennial Defense Review Report", The U. S Department of Defense, September 30, 2001.

[102] "Quadrennial Defense Review Report", The U. S Department of Defense, February 6, 2006.

[103] "The National Military Strategy of the United States of America: Redefining America's Military Leadership", Feb. 2011.

[104] "Sustaining U. S Global Leadership: Priorities for 21st Century Defense", the Department of Defense, 2012.

[105] "Global Trends 2030, Alternative Worlds", National Intelligence Council, Dec. 2012.

[106] Bonnie Glaser, "U. S.-China Relations", *Comparative Connections*, *A Quarterly E-Journal on East Asian Bilateral Relations*, CSIS/Pacific Forum CSIS, 2009—2012.

[107] Kenneth Lieberthal and Wang Jisi, "Addressing U. S.-China Strategic Distrust", John L. Thornton China Center Monograph Series, Number 4, March 2012.

[108] Kurt Campbell, Nirav Patel, "The Power of Balance: America in IAsia", Center for a New America Security, June 11, 2008.

[109] "The Super-Cycle Report", http://www. standardchartered. co. id/_documents/press－releases/en/the％20super－cycle％20report－12112010－final. pdf.

[110] "The World Fact book", 2010, http://www. cia. gov/library/pulications/the－world－fact/index. html.

[111] "Dreaming With Brics: The Path to 2050", Global Econom-

ics，Paper No：99，Goldman Sachs，http：//www. goldmansa-
chs，com/china/ideas/brics/brics—dream—2050—pdf.

[112] Richard Fisher，"Less is not Enough：Reflections on China's
Military Trajectory and the US Pivot"，CSIS，Nov. 25，2012.

[113] "The Armitage-Nye Report：US-Japan Alliance：Anchoring
Stability in Asia"，Aug. 15，2012，CSIS，http：//csis. org/e-
vent/us—japan—alliance—anchoring—stability—asia.

[114] "US Force Posture Strategy in the Asia-Pacific Region：An In-
dependent Assessment"，CSIS，Aug. 15，2012.

[115] Mark Redden，Phillip Saunders，"Managing Sino—U. S Air
and Naval Interactions：Cold War Lessons and New Avenues of
Approach"，Center for the Study of Chinese Military Affairs，
National Defense University，Sep. 2012.

[116] Nirav Patel ed. ，"China's Arrival：A strategic Framework for
a Global Relationship"，Sep. 2009，Center for a New Ameri-
can Security.

[117] Dan Blumenthal，Aaron Friedberg，"An American Strategy
for Asia"，The American Enterprise Institute，Jan. 2009.

[118] Xenia Dormandy，"US Election Note：China Policy after
2012"，Americas Program Paper AMP PP 2012/01，Chatham
House，May 2012.

（三）其它英文报刊、媒体与网站文章

[119] C. Fred Bergsten，"Partnership of Equals，*Foreign Affairs*，
July/Aug，2008.

[120] David Shambaugh，"A NewChina Requires a New US Strate-
gy"，*Current History*，Sep. 2010.

[121] Ian Bremmer，"China VS. America：Fight of the Century"，
Prospect Magazine，April 2010.

[122] John Ikenberry, "China's Rise and the future of the West", *Foreign Affairs*, Jan/Feb. 2008.

[123] Joseph Nye, "Power BetweenChina and U. S. after Financial Crisis", *Washington Quarterly*, Oct. 2010.

[124] Andrew J. Nathan, Andrew Scobell, "HowChina Sees America", *Foreign Affairs*, Sep/Oct. 2012.

[125] Zbigniew Brzezinski, "From Hope to Audacity: Appraising Obama's Foreign Policy", *Foreign Affairs*, Jan/Feb. 2010.

[126] "Barack Obama, US-China Policy Under An Obama Administration", *China Brief*, Oct. 2008.

[127] Joseph Nye, "Power BetweenChina and U. S. after Financial Crisis", *Washington Quarterly*, Oct. 2010.

[128] "Pacific Command Faces New Set of Challenges", *Signal Magazine*, Oct. 2010.

[129] Michael Auslin, "Views from Hawai", *National Review*, Sep. 11, 2011.

[130] "Biden GetsChina", *The Atlantic*, Jan 2, 2012.

[131] James Fallows, "Last words on Obama andChina", *the Atlantic*, Nov. 2009.

[132] Ian Storey, "Impeccable Affair and Renewed Rivalry in the South China Sea", *China Brief*, Vol. 9, Issue 9, April 30, 2009.

[133] Oriann Skylar Mastro, "Signaling and Military Provocation: A closer Look at the Impeccable Incident", *Washington Quarterly*, March 18, 2009.

[134] Ian Storey, "Shangri-La Dialogue Hightlights Tension in Sino-US Relations," *China Brief*, Vol. 10. June 24, 2010.

[135] Michael Chase, "China Assesses President Obama's Asia-Pacific Trip", *China Brief*, Vol. 11, Issue 23, Dec, 20, 2011.

[136] Drew Thompson, "Think Again: China's Military", *Foreign*

Policy，Mar/Apr. , 2010.

［137］ "Administration reversing course on fighter sales toTaiwan"，
The American Enterprise Institute，Apr. 30，2012.

［138］ Prasharth Parameswaran，ASEAN at a Crossroads，*The Dip-lomat*，Nov. 27，2012.

［139］ China's Strategic Assistance To North Korea's Nuclear Pro-gram，*World Defense Review*，April 2012.

［140］ Robert Axelrod and Robert Keohane，"Achieving Cooperation Under Anarchy：Strategies and Institutions，"*World Politics*，October 1985.

［141］ Chas W. Freeman，"Nobody's Century：The American Pros-pect in Post-Imperial Times"，Remarks to the 27th Class of MIT's Seminar，Sep. 4，2012.

［142］ ZBigniew Brzezinski，"After America"，*Foreign Policy*，Jan/Feb. 2012.

［143］ Robert Ross，"China's Naval Nationalism：Sources，Pros-pects and the US Response"，*International Security*，Fall 2009.

［144］ Richard Bush，"Japan-China Should Ease With Island Deal"，The Brookings Institution，Sep. 5，2012.

［145］ Douglas Paal，"Asia Maritime Disputes：How to Over the Heat"，Carneign Endowment for International Peace，Sept. 6，2012.

［146］ Michael O' Hanlon，"The case for a Politically Correct Penta-gon：Why We Need to Move from Air-Sea Battle to Air-Sea Operations"，*Foreign Policy*，Sep. 18，2012.

［147］ Andry Oxley，"Exploring the Possibilities for Collaboration between the US and Chinese Navies in the Western Hemi-sphere"，July 10，2012，the Brookings Institution.

［148］ Charles Glaser, "WillChina's Rise Lead to War? Why Realism Does not Mean Pessimism", *Foreign Affairs*, March/April, 2011.

［149］ Zachary Keck, "The Interview: Zbigniew Brzezinski", *The Diplomacy*, Sep. 10, 2012.

［150］ Joseph Nye, "American and Chinese Power after the Financial Crisis", *Washington Quarterly*, Volume 33, Issue 4, 2010.

［151］ David Lampton, "Power Constrained: Sources of Mutual Strategic Suspicion and US China Relations", June 2010, The National Bureau of Asian Research.

［152］ Bruce D. Jones, "Largest Minority Shareholder in Global Order LLC: The Changing Balance of Influence and US Strategy", The Brookings Institution, March 2011.

［153］ David Shambaugh, "Coping with a Conflicted China", *Washington Quarterly*, Winter, 2011.

［154］ Thomas J. Christensen, "Shaping the Choices of a Rising China: Recent Lessons for the Obama Administration", *Washington Quarterly*, July 2009.

［155］ Andrew J. Nathan, Andrew Scobell, "How China Sees America", *Foreign Affairs*, Sep/Oct. 2012.

［156］ Nina Hachigian, "Managing Insecurities Across the Pacific", Feb. 9, 2012, Center for American Progress.

［157］ Robert D. Kaplan, "The Geography of Chinese Power", *Foreign Affairs*, May/June, 2010.

［158］ Robert D. Kaplan, "Center Stage for the Twenty-first Century: Power Plays in the Indian Ocean", *Foreign Affairs*, Sep. 2009.

［159］ David Lai, Peter Dutton, Richard Weitz, "The PLA Navy Sets Sail", *China Security*, Vol. 5, NO. 1, Winter, 2009.

［160］ Michael Mazza, "China's Naval Gambit, A Challenge to America's Dominance of the Seas", *the Weekly Standard*, April 8, 2009.

[161] Marvin C. Ott, "Deep Danger: Competing Claims in the South China Sea", *Current History*, Sep. 2011.

[162] Ian Bremmer, "China VS. America: Fight of the Century", *Prospect Magazine*, April 2010.

[163] Michael J. Green, "China the Aggressor?" *The National Interest*, Sep. 2, 2010.

[164] Dan Blumentral, "Obama's Asia Trip: A series of Unfortunate Events", *Foreign Policy*, Nov. 8, 2009.

[165] Patrick M. Cronin, "Power Play", *Foreign Policy website*,, Jan. 5, 2012.

[166] Dan Blumenthal, "Bull in the China Shop", *Foreign Policy website*, Feb. 13, 2012.

[167] Michael Green, "Post-game analysis of the Obama Asia Trip", *Foreign Policy*, Nov. 26, 2012.

[168] Clyde Prestowize, "What if Kissinger was wrong to go to China?" *Foreign Policy*, June 7, 2011.

[169] Aaron Friedberg, "Bucking Beijing: An Alternative US China Policy", *Foreign Affairs*, Sep/Oct, 2012.

[170] Dan Blumenthal, "Networked Asia", *the American Interest*, May/June, 2011.

[171] Michael Auslin, "Don't Forget About the East China Sea", Center for a New America Security, May 3, 2012.

[172] Robert Atkinson, "Enough is Enough: Confronting Chinese Innovation Mercantilism", The Information Technology & Innovation Foundation, Feb. 2012.

[173] "China's Investments Prompt Call for New Rules", *Wall Street Journal*, Jan. 6, 2013.

[174] "Chinese Missile Tilts Power in the Pacific", *Financial Times*, Dec. 26, 2010.

[175] Richard Wolffle, "The Next Rahm?" *The Daily Beast*, Sep. 28, 2012.

[176] Paul Krugman, "Macroeconomic Effects of Chinese Mercantilism", *The New York Times*, Dec. 31, 2009.

[177] "China PLA Officers Urge Economic Punch against U. S", *Reuters*, Feb. 9, 2010.

[178] Anatol Lieven, "Avoiding a U. S.-China War", *The New York Times*, June 12, 2012.

[179] Edward Wong, "Chinese Military Seeks to Extend Its Naval Power", *New York Times*, April 23, 2010.

[180] "China Gives US Assurances on Rare Earth Minerals", *Reuters*, Oct. 30, 2010.

[181] "Center for American Progress Discussions on US-China Relations", *C-SPAN*, Dec. 7, 2010.

[182] "Nobel Peace Prize Winner Liu Xiaobo Should be Freed", Dec. 10, 2010, *CBS News*, Dec. 10, 2010.

[183] "US to Press China, UAE, Others on Iran Sanctions", *AFP*, August 2, 2010.

[184] "South Korea Backs Six-Party Talks With North", *BBC News*, Dec. 29, 2010.

[185] "Adm. Mike Mullen: China's Leadership Is Absolutely Critical in North Korea", *ABC News*, Nov. 24, 2010.

[186] "North Korea Warns of Retaliation If Provoked", *CBC News*, Nov. 24, 2010.

[187] "North Korea Relies on China but Resists Advice", *New York Times*, Nov. 23, 2010.

[188] "Sino-US Talks Ease Maritime Concerns", *China Daily*, Oct.

18，2010.

［189］"Chinese Leader Hu Jintao to Visit USA during Tense Times", *US Today*, Nov. 18, 2011.

［190］"Hu's US Visits Sets New Tone But Tensions Remain", *Reuters*, Jan. 21, 2011.

［191］"Friction and Cooperation for China", US, *Asia Times*, Sep. 29, 2011.

［192］"US Pivots Eastward to Address Uneasy Allies", *New York Times*, Oct. 24, 2011.

［193］"Chinese General: We're no Match for US", *The Associated Press*, May 18, 2011.

［194］"On US Visit, Xi to Address 'Trust Deficit'", *Wall Street Journal*, Feb. 10, 2012.

［195］Joel Achenbach, "Analysis: Obama makes decisions slowly, and with head, not gut", *Washington Post*, Nov. 25, 2009.

［196］Paul Kennedy, "Crossing a Watershed, Unawares", *New York Times*, October 25, 2011.

［197］Patrick Smith, "US China Policy: Incoherent and Dangerous", *The Fiscal Times*, Sep. 24, 2012.

［198］Michael Auslin, "An Obama Freedom Agenda for Asia", *Wall Street Journal Asia*, Mar. 10, 2010.

［199］"As Xi Visits, US Urges More Open Chinese Military", *AFP*, Feb. 14, 2012.

［200］"Dissident Chen Guangcheng's Case Complicates US-China Ties:, *Los Angeles Times*, April 30, 2012.

［201］Andy Merten, "Presidential Candidates DebatePakistan", *NBC News*, Feb. 28, 2008.

［202］"China Denounces U. S. Arms Sales to Taiwan," *China Daily*, Jan. 9, 2010.

[203] Edward Wong, "China Sees Separatist Threats," *New York Times*, Jan. 20, 2009.

[204] Martin Fackler, "Cables Show U. S. Concern onJapan's Disaster Readiness," *New York Times*, May 3, 2011.

[205] "Obama's Journey To Tougher Tack On a Rising China", *New York Times*, Sep. 21, 2012.

[206] "The Doctrine of 'Strategic Reassurance'", Oct. 22, 2009, *Wall Street Journal Asia*.

[207] Robert Kagan, Dan Blumentral, "'Strategic Reassurance' That isn't", *Washington Post*, Nov. 10, 2009.

[208] "What Will Hillary Clinton's Diplomatic Legacy be", *USA Today*, May 17, 2012.

[209] David Rothkoph, "Hillary Clinton Redefining State Department and Her Own Role", *Washington Post*, Aug. 23, 2009.

[210] Joseph S. Nye, Obama's Pacific Pivot, *The Straits Times*, Dec. 07, 2011.

[211] "Hu Sets out Vision for US Ties", *China Daily*, June 21, 2012.

[212] "No Movement on Major Disputes asClinton Meets With Chinese", *New York Times*, Sep. 5, 2012.

[213] "Nobel laureates urge China to release jailed Peace Prize winner Liu Xiaobo", *Reuters*, Dec. 4, 2012.

[214] "US call for cool heads in China Japan island dispute", *Reuters*, Sep. 28, 2012.

[215] "In Asia Trip, US Group Will Tackle Islands Feud", *New York Times*, Oct. 19, 2012.

[216] "USIs Seeing Positive Signs from Chinese", *New York Times*, Apr. 26, 2012.

[217] "Financial the project:Chinese bank "backs off" form Iran gas

pipeline", *The Herald Tribune*, Mar. 14, 2012.

[218] "China Exempted from Sanctions on Iranian oil", *Washington Times*, June 28, 2012.

[219] "New Iran Sanctions: Why President Obama Is Tightening the Screws", *Christian Science Monitor*, July 31, 2012.

[220] "White House Orders New Iran Sanctions", *Wall Street Journal*, July 31, 2012.

[221] "Russia, China veto UN draft backing Arab plan for Syria", *Reuters*, Feb. 5, 2012.

[222] "US, EU, Mexico take on at WTO over rare earths", *Reuters*, Nov. 11, 2012.

[223] "US Declines to name China currency manipulator", *Reuters*, Nov. 27, 2012.

[224] Elisabeth Bumiller, "US Military's New Focus on Asia Becomes Clearer", *New York Times*, Nov. 11, 2012.

[225] "Obama Waiver of China Sanction Draws Questions", *Reuters*, Oct. 13, 2010.

[226] "The Dalai Lama's Great Escape", *The Daily Beast*, Dec. 31, 2010.

[227] Robert B. Zoellick and Justin Yifulin (林毅夫), "Recovery Rides on the G-2", *Washington Post*, March 6, 2009.

[228] "Brzezinski's G2 Grand Strategy", *Asia Times*, April 22, 2009.

[229] "It's Time to End Empty Talks with China", *Wall Street Journal*, Aug 3, 2012.

[230] Dan Blumenthal, "To Change US China Policy?", *Washington Post*, Feb. 3, 2010.

[231] Sol Saunders, "China may soon become the problem", *Washington Times*, Dec. 4, 2011.

[232] Paul B. Farrell, "China VS. USA: WWII Great Innovation

Wars", *Market Watch*, *Wall Street Journal*, Jan 10, 2012.

[233] "Asia Will Continue on its Upward Economic Path without the US-America isn't invited to this part", *Wall Street Journal*, Nov. 28, 2012.

[234] "Chinese ASAT Missile Test Looms", *Washington Free Beacon*, Jan. 4, 2013.

[235] Henry Kissinger, "Power Shifts and Security", Keynote Address, The 8ᵗʰ IISS Global Strategic Review, http://www. iiss. org/conferences/global－strategic－review/global－strategic－review－plenary－sessions－and－speeches－2010/keynote－address/henry－kissinger.

[236] Douglas H. Paal, "Frenemies? US-China Relations", Nov 23, 2012, http://carnegiendowment. org/2012/11/09/frenemies－us－china－relations/58r.

[237] "Obama and China's Rise: An Insider's View of America's Asia Strategy", Event, March 8, 2012, http://www. brookings. edu/events/2012/03/08－obama－china.

[238] "Stwart M. Patrick, China's Role in the 'New Era of Engagement'", Nov. 10, 2009, http://www. cfr. org/china/chinas－role－new－era－engagement/p20700.

[239] John Lee, "How China Stiffed the World in Copenhagen", *Foreign Policy*, Dec. 21, 2009, http://www. foreignpolicy. com/node/79929.

[240] ·"Air Sea Battle: A point of Depart are Operational Concept", May 18, 2010, Center for Strategic and Budgetary Assessments, http://www. csbaonline/org/publications/2010/05/airsea－battle－com/5/.

[241] "China Provides Pakistan With Equipment, Intelligence in Battle Against Taliban", http://voice. yahoo. com/China－

provides—pakistan—equipment—intelligence—3606067. html?
cat＝9.

[242] "Mark Kirk: I Told China not to Believe US Budget Number", http://www. csis. org, June 8, 2009.

[243] "Iran/Nicaragua: Hillary Clinton's New Life", July 28, 2009, http://www. voltairnet. org/article161324. html

[244] Ira Kasoff (former deputy assistant secretary forEast Asia at the US Department of Commerce), "Impact of the US-China Strategic & Economic Dialogue", May 16, 2011, http://www. vitualvantagepoints. com/impact—of—the—strategic—economic—dialogue/

[245] Daryl G. Kimball, "P5＋1 and Iran Nuclear Talks Slowly Moving Toward a Deal?" June 19, 2012. http://armscontrolnow. org/2012. 06/19/251—iran—talks—slowly—moving—toward—d—deal/.

[246] F. William Engdahl, "Risky Geopolitical Game: Washington Plays 'Tibet Roulette' withChina", April 10, 2008, http://www. global/research. ca/index—php? context＝va&Taid＝9625.

[247] David Gosset, "While America Returns to Asia, China Regains Centrality", *Huffington Post*, June 16, 2012, http://opinion. dwnews. com/news/2012—06—25/58768123—2. html.

[248] Nina Hachigian: A Progressive Strategy towards China, http://www. americanprogress. org/wp—content/uploads/events/2012/08/ar/chinatranscipt. pdf. \

[249] Bonnie Glaser, Statement before the House Foreign Affairs Committee, "Beijing As An Emerging Power in the South China Sea", Sep. 12, 2012, http://csis. org/files/ts120912—glaser. pdf.

[250] Yasheng Huang, "Talking to Main Street China" *Foreign*

Policy，Nov. 8，2010，http：//www，foreignpolicy. com/art-
cles/2011/11/08/talking－to－main－street－china.

[251] "Inman also suggested in the South China Sea issue"，Oct.
20，2012，http：www. mecanicaedia. com. br/jonerh2456/
blog/54853.

[252] Mark J. Valencia，"A Code of Conduct for the South China
Sea：Politics，Principles and Possible Provisions"，http://
globalasia. com/UTN3_Fall_2012/Mark_J－Valencia. html.

（四）参考网站

[1] 中国外交部网，http://www. fmprc. gov. cn/chn/gxh/tyb/

[2] 中华人民共和国商务部网，http://zhs. mofcom. gov. cn/

[3] 百度网站，http://www. baidu. com/

[4] 谷歌网站，http://google. com

[5] 中国网，http://www. china. com. cn/chinese/index. htm/

[6] 中国知网，http://www. edu. cnki. net/

[7] 凤凰网，http://www. ifeng. com/

[8] 新华网，http://www. xinhuanet. com/

[9] 人民网，http://www. people. com. cn/

[10] ［新］联合早报网，http://www. zaobao. com/

[11] ［新］海峡时报网，http://www. straitstimes. com/Home. html

[12] 中评网，http://www. china‐review. com/

[13] 中国国关在线，http://www. irchina. org/index. asp

[14] 环球网，http://www. chinanews. com. cn/

[15] 美国白宫网站：http://www. whitehouse. gov

[16] 美国国务院网站：http://www. state. gov

[17] 美国国防部网站：http://www. dod. gov

[18] 美国贸易代表办公室网站：http://www. ustr. gov

[19] 美国驻华大使馆网站：http://chinese. usembassy－china. org. cn/

［20］ 美国国会研究局网站：http：//www.fas.org

［21］ 布鲁金斯学会网站：http：//www.brookings.edu

［22］ 战略与国际问题研究中心网站：http：//www.csis.org

［23］ 卡内基和平基金会网站：http：//www.ceip.org

［24］ 新美国安全中心网站：http：//www.cnas.org

［25］ 美国进步中心网站：http：//www.americanprogress.org

［26］ 企业研究所网站：http：//www.aei.org

［27］ 詹姆斯基金会网站：http：//jamestown.org

［28］ 外交政策网站：http：//www.foreignpolicy.com

［29］ 对外关系委员会网站：http：//www.cfr.org

［30］ 纽约时报网站，http：//www.nytimes.com/

［31］ 华盛顿邮报，http：//www.washingtonpost.com/

［32］ 时代周刊网，http：//www.time.com/time/

［33］ 洛杉矶时报，http：//www.Latimes.com

［34］ 华尔街日报，http：//www.wallstreetjournal.com

［35］ 福布斯杂志，http：//www.forbes.com

［36］ 赫芬顿邮报网站：http：//www.huffingtonpost.com

［37］ CNN 网站：http：//www.cnn.com

［38］ 美国之音网站：http：//www.voa.com

［39］ 路透社网站：http：//www.reuters.com

［40］ 美国公共广播网网站：http：//www.pbs.com